개정
증보1판

정보관리기술사 &
컴퓨터시스템응용기술사

Information Management
Computer System Application

vol.9 | 인공지능

권영식, 권대호 지음

BM (주)도서출판 성안당

머리말

필자는 기업에 입사 후 학습량이 절대적으로 부족한 상태에서 여러 번 응시한 적이 있었고, 그때마다 답안 작성을 위해 참고할 만한 서적이 있었으면 하는 생각이 간절했었습니다.

1.6mm 볼펜으로 400분 동안 자신이 알고 있는 내용을 요약해서 해당 교시별로 14페이지에 논리적으로 기술하기란 쉬운 일이 아닙니다. 심지어 알고 있는 내용일지라도 답안에 기술하기란 또한 쉽지 않습니다.

이 책은 이런 어려움을 극복하기 위한 차원에서 학원 수강을 통해 습득한 내용과 멘토링을 진행하면서 스스로 학습한 내용을 바탕으로 답안 형태로 작성하였고, IT 분야 기술사인 정보관리기술사와 컴퓨터시스템응용기술사 등 자격을 취득하기 위해 학습하고 있거나 학습하고자 하는 분들을 위해 만들었습니다.

기술이란 과거 기술의 연장선으로 성능을 향상하였거나 보안요소, 그리고 저전력, 사용자 편의성을 지향하는 방향으로 발전되고 있습니다. 해당 기술은 어떤 필요성에 의해 탄생되었을까? 그리고 어떤 기술 요소를 가지고 있고 다른 기술과의 관계는 어떻게 형성되는지? 그리고 향후에는 어떻게 발전될 것이며, 현업(실무자 차원)에서 경험한 문제와 해결 방법 등을 답안에 기술해야 고득점을 획득할 수 있습니다.

답안은 외워서 작성하는 것보다 실무 경험에서 쌓은 노하우를 논리적으로 기술하는 방법이 제일 좋습니다. 특히 IT 분야는 매우 다양하기 때문에 현업을 수행하면서 주위의 동료나 다른 부서 팀원과의 교류를 통해 간접적인 경험을 많이 축적해 보는 것이 학습에 많은 도움이 되며, 직접 경험하지 못한 분야에 대해서는 간접적인 경험을 통해 습득하는 것도 좋은 방법입니다.

인공지능(人工知能, Artificial Intelligence) 또한 실무 업무 분야와 밀접한 연관 관계가 있어 실무자 입장에서 접근하게 되면 보다 빨리 이해되리라 판단합니다. 즉, 기술사 학습이란 현업에서 이루어지는 모든 업무의 연장선이라고 볼 수 있습니다.

항목	분류	내용
1	인공지능의 개요	약 인공지능(Weak AI)/강 인공지능(Strong AI)/초 인공지능(Super AI), 인공지능의 특이점(Singularity), 아실로마(ASILOMA) AI(인공지능) 원칙, 규칙기반모델, 추천엔진(Recommendation Engine), 전문가시스템(Expert System), 유한오토마타(Finite Automata), 튜링테스트(Turing Test), Agent, 킬 스위치(Kill Switch), 트롤리 딜레마(Trolley Dilemma), 인공지능(AI) 윤리의 개념, 주요 사례, 고려사항 및 추진방향, 이용자 중심의 지능정보사회를 위한 원칙 등
2	인공지능 알고리즘	유전자 알고리즘, 그리디 알고리즘, 상관분석(Correlation Analysis), 회귀분석(Regression Analysis), 로지스틱 회귀분석, 군집분석(Cluster Analysis), 자카드계수, 해밍거리, 유클리디안 거리(Euclidean Distance), 마할라노비스거리, Apriori 알고리즘, 지지도(Support)/신뢰도/향상도(Lift), 앙상블학습(Ensemble Learning), Bagging과 Boosting, 랜덤 포레스트(Random Forest), 의사결정트리(Decision Tree), K-NN(K-Nearest Neighbor), 시계열 분석(ARIMA), SVM, 베이즈(Bayes) 정리, K-Means, DBSCAN, 차원축소, 특징추출, PCA, ICA, 마르코프 결정 프로세스, 몬테카를로 트리 탐색(MCTS), Q-Learning, Tokenization(토큰화)/N-gram, Word2Vec, Skip-gram, 평균제곱오차(MSE, Mean Square Error), 오차검증(Error Validation), 텐서(Tensor), 선택 편향(Selection Bios), 공분산(Covariance), 편상관분석(Partial Correlation Analysis), 최소 제곱법(Ordinary Least Squares), 부트스트랩(Bootstrap), 모수검증과 비모수검증 등
3	심층 신경망 상세	일반적인 프로그램 방식과 기계학습 프로그래밍 방식, 귀납적(Inductive)/연역적(Deductive) 사고, AI/ML(Machine Learning)/DL(Deep Learning), ML과 DL 차이, 기계학습 모델링과 모델옵스(ModelOps), 기계학습, 지도학습(Supervised Learning), 비지도(비감독)(Unsupervised Learning)학습, 강화학습(Reinforcement Learning), 딥러닝(Deep Learning), MCP 뉴런, 뉴로모픽 칩(Neuromorphic Chip), 헵 규칙, 퍼셉트론(Perceptron), 아달라인, 활성화 함수(Activation Function), FFNN, 딥러닝의 파라미터(Parameter)와 하이퍼파라미터(Hyperparameter), 역전파법(Back-propagation), 기울기 소실 문제(Vanishing Gradient Problem), 경사하강법(Gradient Descent), 과적합(Overfitting)과 부적합(Underfitting), Overfitting과 Underfitting의 문제점과 대응방안, Dropout, ANN, DNN, CNN, R-CNN, YOLO, RNN, LSTM, GRU, RBM, DBN, DQN, GAN, 딥페이크(Deepfake), DL4J, 신경망 처리장치(NPU : Neural Processing Unit), 혼동행렬, 기계학습의 평가방법, 정확도/재현율/정밀도, F1 Score 등
4	인공지능 활용	음성인식기술-ASR(Automatic Speech Recognition)/NLU(Natural Language Understanding)/TTS(Text to Speech), 음성인식(Voice Recognition), 챗봇(ChatBot), 가상개인비서(Virtual Personal Assistant), 패턴인식(Pattern Recognition), 머신러닝 파이프라인(Machine Learning Pipeline), 자연어 처리, 엑소브레인(Exobrain)과 Deepview 기술요소, 딥뷰(Deepview), SNA(Social Network Analysis), 텐서플로(Tensorflow), 파이썬(Python)의 특징 및 자료형(Data Type), 패션 의류용 이미지를 분류하는 다층 신경망 예시, STT(Speed To Text), IVR(Interactive Voice Response), 생성형 AI(Generative AI), 생성형 AI의 보안위협과 대응방안, AI 에이전트(Agent), MCP(Model Context Protocol), Physical AI, Vertical AI, On-Device AI, Soveregin AI, Multimodal AI, AI TRiSM(AI Trust, Risk and Security Management), AI 거버넌스 플랫폼(AI Governance Platforms), 인공지능 전환(AX, AI Transformation) 등

항목	분류	내용
5	AI 주요 기술 등	GPU와 CPU, 교차검증(K-fold Cross Validation)기법, 머신러닝 모델의 평가방법, 머신러닝 보안 취약점, 머신러닝 학습과정에서의 적대적 공격 4가지, 적대적 공격의 방어 기법, 데이터 어노테이션(Data Annotation), AIaaS(AI as a Service)와 도입 시 고려사항, 전이 학습(Transfer Learning), Pre-Crime, 인공신경망의 오류 역전파(Backpropagation) 알고리즘, 인공지능 소프트웨어 개발 프로세스를 V 모델, 인공지능 개발과정에서 중점적으로 점검할 항목, 인공지능 데이터 품질 요구사항, XAI(eXplainable AI), 디지털 카르텔(Digital Cartel), 인공지능(AI) 데이터 평가를 위한 고려사항, 파인튜닝(Fine-Tuning), 초거대 AI Data 품질관리 지표, 머신러닝(Machine Learning) 성능지표, 인공지능(AI) 신뢰성, AI 서비스를 위한 데이터 센터 구축 기술, 회피공격(Evasion Attack), 인공지능에서 적대적 공격(Adversarial Attack)과 대응방안, AI 리터러시(AI Literacy), ChatGPT, 랭체인(LangChain), LLM, RAG(Retrieval Augmented Generation), 그래프(Graph) RAG, Vector Database, Prompt Engineering 등

위와 같은 형태로 Domain별 세부 내용과 전체 구성을 미리 파악하면 학습에 많은 도움이 됩니다.

본 교재는 발전 동향, 배경, 그리고 유사 기술과의 비교, 다양한 도식화 등 25년간의 실무 개발자 경험을 토대로 작성한 내용으로 풍부한 경험적인 요소가 내재되어 있는 장점이 있습니다.

다시 한번 학습자 여러분의 답안 작성 방법에 많은 도움이 되었으면 하는 바람입니다

교재 구입 후 추가로 궁금한 내용이나 문의 사항에 대해서는 운영 중인 카페 http://cafe. naver.com/96starpe에 질문 답변을 통해 언제든지 성심성의껏 답변 드릴 것을 약속드리며, 본 교재 내의 내용도 지속적으로 보완하여 학습자에게 도움을 드리고자 합니다.

집필하는 동안 옆에서 묵묵히 내조해 준 사랑하는 아내와 딸 지혜, 아들 대호에게 고맙고, 또한 출판을 위해 여러모로 도움을 주신 성안당 관계자분들께 감사드립니다.

저자 권영식, 권대호

차 례

PART 1   인공지능[人工知能, Artificial Intelligence]의 개요

(A,B) (A,C) 간의 거리

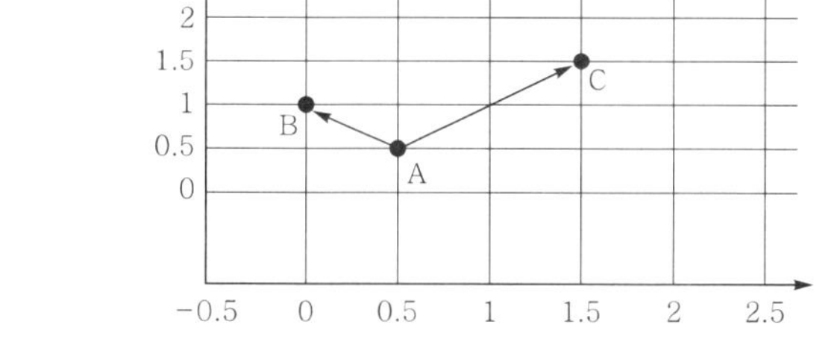

(A,B) (A,C) 간의 거리 공분산 행렬은 다음과 같다.

$$\Sigma = \begin{pmatrix} 0.3 & 0.2 \\ 0.2 & 0.3 \end{pmatrix}$$

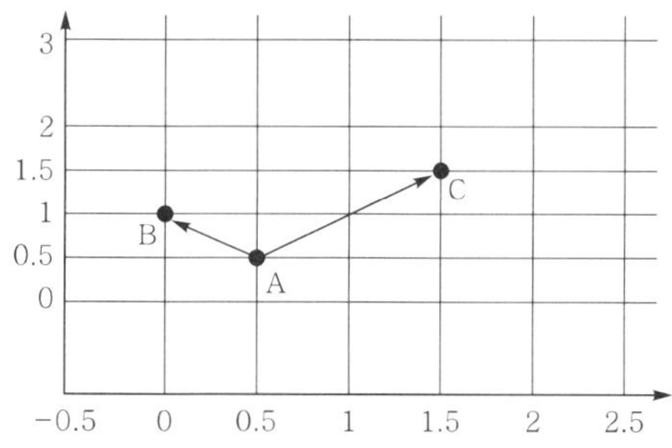

〈사례 1〉

판매 품목	거래수
TV 구매	4,000
DVD 구매	2,000
TV와 DVD 동시 구매	1,000
전체 거래수	10,000

〈사례 2〉

트랜잭션 ID	구매한 상품
101	우유, 빵, 주스
792	우유, 주스
1130	우유, 계란
1735	빵, 과자, 커피

상자 A 상자 B

가. SOM 정의 및 특징

PART 3 심층 신경망 상세

```
번호 : [ 1    2    3    4    5    6  ]
정답 : [ 음치  음치  음치  음치  정상  정상 ]
예측 : [ 음치  음치  정상  정상  정상  정상 ]
```

PART 4 인공지능 활용

PART 5   AI 주요 기술 등

인공지능[人工知能, Artificial Intelligence]의 개요

약 인공지능(Weak AI)/강 인공지능(Strong AI)/초 인공지능(Super AI), 인공지능의 특이점(Singularity), 아실로마(ASILOMA) AI(인공지능) 원칙, 규칙기반모델, 추천엔진(Recommendation Engine), 전문가시스템(Expert System), 유한오토마타(Finite Automata), 튜링테스트(Turing Test), Agent, 킬 스위치(Kill Switch), 트롤리 딜레마(Trolley Dilemma), 인공지능(AI) 윤리의 개념, 주요 사례, 고려사항 및 추진방향, 이용자 중심의 지능정보사회를 위한 원칙 등을 학습합니다.

[관련 토픽 – 17개]

문	1)	인공지능의 역사

답)

1. 인공지능 (Artificial Intelligence) 역사의 개요

가. 인공지능 (人工知能)의 역사

학습하는 기계 → 전문가 System → 뉴럴 N/W 유전자 알고리즘 → 머신러닝, 딥러닝 → 피지컬 AI

앨런튜닝이 언급 → Expert ----→ CNN RNN ----→ Deep Learning ----→ Physical AI

4. 인공지능의 발전

태동기 · 관심기 · 암흑기 · 활성기 · 융성기 · 현재 → 미래 AI

2. 人工知能 역사의 상세 & 이력 (& : 및)

가. 인공지능 (AI) 역사의 이력

퍼셉트론 → XOR 문제 → Multi-Layered 퍼셉트론 → SVM → CNN, RNN, DNN등

1950년대   1980년대 XOR문제개선 ──────→ 지능화

4. 인공지능 (AI)의 상세 발전 역사

연대	설 명
태동기 (1943~ 1956)	Alan Turing : "계산기계와 지능"논문 발표로 학습기계 정의, 뉴런 명제논리 → 튜링 테스트 트 → 신경회로망 컴퓨터 언급
관심기 ~1969	LISP 언어, Advice Taker (최초 AI 프로그램) Perceptron 이론 ← Adaline 이론 정립

		AI 겨울 암흑기 ~1974	-복잡한 AI program ← 많은 자원 필요 -기본 구조상 문제 (퍼셉트론 한계)
		활성기 ~1988	-전문가 시스템 (Expert System) 상용화 -전문가 지식활용 → 규칙 기반 System 대두등
		융성기 ~2000	-Neural N/W 연구활발, AI 융합(타산업) -Agent 활용 정보 검색등
		~현재	-자율적 학습모델, AI 활용도 증가 　등 -대용량 처리 (Data) ← 빅데이터 활용 모델 생성
3			인공지능 개발 접근법의 발전

인공지능 개발 접근법의 발전

시대 / Computer Science

시대	1936 튜링머신	1948 이진법	퍼셉트론 1957	WWW	2010
	폰노이만 Computer 구조	논리적 언어학	신경망 학습	1989 웹	
Computer Science	Computer 구조 정립	인공지능. 규칙기반 AI	신경망 기반 AI	통계적 AI	CNN DNN RNN등

"끝"

문2) 인공지능(Artificial Intelligence)

답)

1. 인간 묘사 System, 인공지능의 개요

가. Deep/Machine Learning, 인공지능의 정의

인간의 인지, 추론, 학습의 사고 과정에 필요한

능력을 Computer System을 통해 구현함으로써

문제를 해결할수 있는 기술

나. 인공지능의 발전과정

컴퓨터 구조정립	규칙 기반AI	신경망 기반AI	통계 기반AI	Deep/Machine Learning
-튜링머신	-이진법	-Perceptron	-Multi-Layered Perception	⋯→강인공지능
-컴퓨터구조	-정보이론	-신경망학습		
(폰노이만)	-논리언어학	-XOR문제 해결		

2. 인공지능의 분류 체계 & 설명

가. 인공지능의 분류 체계

- AI는 BigData와 Data Mining과 밀접한 연관 있음

나. ML과 DL 설명

ML	컴퓨터가 수 많은 Data를 스스로 학습하여

			ML	DL
		ML	AI의 성능정확도 향상시키는 학습 방법	
		DL	신경망 알고리즘 적용, 빠르고 인간과 유사하게 행동하는 Computer 프로그램을 구현한 학습 방법	

3. 학습 알고리즘의 종류

구분			ML	DL
지도 학습	분류		-SVM (Support Vector Machine) -Logistic Regression	-CNN (Convolution Neural Network) -RNN (Recursive NN)
	회귀		-Linear Regression -의사결정트리) -Support Vector Regression	-LSTM (Long Short-Term Memory)등
비지도 학습	군집		-K-means -DBSCAN	-GAN (Generative Adversarial N/W)등

"끝"

문 3) 인공지능(AI)의 특이점(Singularity)

답)

1. 인공지능(人工知能: AI)의 특이점의 정의

   인공지능이 비약적으로 발전해 인간의 지능을 초월하는 시점. 강인공지능을 넘어 초(Super)인공지능으로 발전하는 시점을 특이점(Singularity)이라고 함

2. AI 특이점의 도식 & 설명

3. 인공지능(AI)의 분류

   가. AI와 관련기술

4. 인공지능(AI)의 유형

분류	설명	사례

		약 AI (Weak AI)	주어진 조건 아래에서만 작동 가능	자율자동차, RPA, 챗봇, 자동 번역 등
		강 AI (Strong AI)	인간과 같은 사고가 가능한 인공지능	배서로봇 공장로봇, 터미네이터 등
		초 AI (Super AI)	모든 영역에서 인간을 훨씬 뛰어넘는 인공지능	인간 대비 고차원의 명령 수행도 가능

"끝"

문 4) 아실로마 (ASILOMA) AI (인공지능) 원칙

답)

1. 아실로마 인공지능 원칙의 개요
   - AI연구는 인간에게 유용하고, 인간의 존엄성/권리/자유/이상등과 양립불가. 장기적 위험에 대응하고 공동의 이익을 위해 활용되어야 한자는 원칙
   (미국 캘리포니아 아실로마 - AI컨퍼런스에서 발표)

2. 아실로마 AI원칙 상세 항목

   가. 연구이슈 (5항목)

연구 목표	연구비 지원	과학 정책 연결	연구 문화	경쟁 피하기
인간에게 유용, 혜택	지원	연구자와 정책입안자의 교류	협력, 신뢰 투명성	안전기준, 부실한개발 회피

   나. 윤리및 가치 (13)

원칙	설명
안전	작동수명 전반에 안전우선, 기능 검증확인
장애투명성	시스템 장애서 정확한 원인및 개선 보장
사법의투명성	인권기구가 감사할 경우 만족스러운 설명제공
책임	사용에 따른 책임부여
가치관 정렬	인간의 가치와 일치하도록 설계 필요.
인간의 가치	인간의 존엄성, 권리, 자유에 적합하게설계
개인정보 보호	Data Access, 관리 & 통제 권리부여

		자유와 개인정보	개인정보 적용시 인지된 자유가 부당 처리 불가
		공동이익	최대한 많은 사람들에게 혜택, 권한부여
		공동번영	AI 경제적 번영은 공유되어야 함
		인간통제	AI 통한 의사결정 방법 & 여부 선택해야함
		비파괴	건강한 사회 지향, 상호존중, 상호개선
		인공지능무기	치명적인 AI 무기의 군비 경쟁 피해야 함

3. 장기 이슈 (5개 항목)

원칙	설명
능력주의	향후 AI 능력의 제한에관한 전제를 피함
중요성	AI는 지구상의 생명, 역사의 변화 초래, 관리필
위험	AI 위험의 영향, 예상문제, 완화노력 필요
자기복제 자기개선	자기복제/자기개선 System은 안전&통제 필요
공동의 선	윤리적 이상 추구, 인류의 이익을 위해 개발

"끝"

문 **5**) 규칙 기반 모델

답)

1. If~Then~Else 구조, 규칙기반 모델의 개요.

가. 규칙(조건설정) 사용, 규칙 기반 모델의 정의
- 사람이 하는 판단을 If~Then~Else 구조로 규칙(조건설정)을 사용하여 조건분기 프로그램으로 실행하는 System

나. 규칙 기반 AI(인공지능) 발전

규칙 기반 AI	→	신경망 기반 AI	→	통계 기반 AI	→	딥러닝

머신러닝, 강AI

규칙기반 AI로 시작하여 강 인공지능까지 발전

2. 규칙 기반의 예시와 전문가시스템 활용

가. 규칙기반의 Code 예시 (18세 이상만 1억이상 인출가능서)

규칙 기반 Code 예시	Code

IF 고객의 나이 < 18
AND 현금인출액 > 1억원
THEN 부모서명필요
ELSE 현금인출
	if(Age < 18 &&
	withdraw > 1억)
	sign = Parent;
	else
	withdraw = Money;

나. 규칙 기반 전문가시스템 활용

규칙 기반 If~THEN

지식DB

DB 사실

- 관계, 추천, 지시
- 전략
- 휴리스틱(경험치)

추론 Engine

설명화면, 사용자인터페이스

옷 (사용자, End user)

3	규칙 기반 AI 모델의 종류		
	종류	설명	사례
	규칙기반 모델	규칙(조건 설정)을 사용, 조건분기 프로그램을 실행하는 시스템	의사결정 트리 구축
	지식기반 모델	프로그램과 Data의 분리를 통해 규칙을 변경하는 지식기반 모델	지식 기반 System
	전문가 시스템	규칙기반 모델을 이용하는 추론엔진(Engine)에 기반한 System	전문가 System
	추천 엔진	콘텐츠 내용에서 유사정보 추출하거나 사용자와 연관된 정보를 추천	상품 추천, 선호도 예측

"끝"

문 6) 추천 엔진 (Recommendation Engine)
답)

1. 전문가 시스템의 하나, 추천 엔진의 개요
   가. 추천엔진 (Recommendation Engine)의 정의
      - Contents 내용에서 유사한 정보를 찾거나, 사용자와
        연관된 정보를 추천하는 일종의 전문가 System
   나. 추천엔진의 분류

구분	설 명
Contents-기반 (콘텐츠)	- Contents 내용 자체를 분석하여 유사한 상품 기사 등을 추천. - 상품설명에 의존 - 적은 자료로 추천 가능하나 좁은 추천 범위
User-기반 (사용자)	- 사용자의 활동이력(검색, 구매력)을 이용하여 추천. - 여러사람의 평가 정보를 활용 - 많은 자료 필요, 다양한 범위 추천 가능

      - 사용자 기반의 추천엔진, 협업필터링을 주로 활용

2. 사용자기반의 추천엔진, 협업필터링
   가. 협업필터링(Collaboration Filtering) 개념도

사용자 기반 필터링	(그림)	나와 가장 유사한 성향지닌 사람을 기반 으로 그 사람에게 아이 템을 추천해 주는 것

Item 기반 필터링	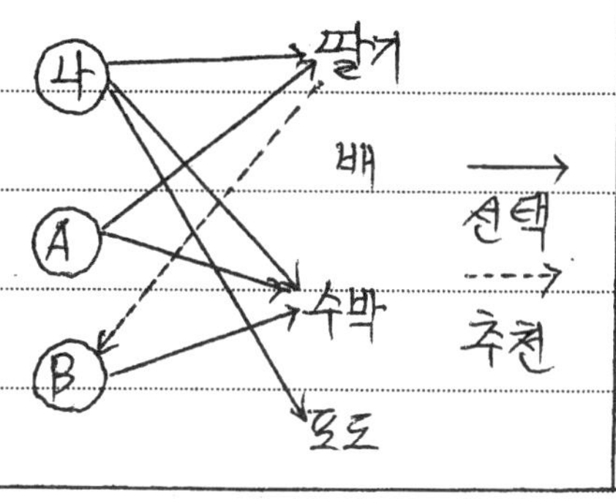	내가 선호하는 Item을 기반으로 가장 유사한 성향의 Item을 추천해 주는 것

나. 협업 필터링 과정의 설명(협업 필터링 알고리즘 설명)

구분	User-Based 필터링	Item-Based 필터링
개념	나와 유사한 성향을 지닌 사람을 기반으로 그 사람의 성향의 유사도를 측정하여 추천	내가 선호하는 Item을 기반으로 Item의 유사도를 측정하여 추천
절차	① 같은 패턴을 가지는 사용자 찾음 예) A Item에 별 5개 부여 고객이 있을 경우 동일하게 부여한 B 고객을 찾음 ② 같은 유형의 사람들이 했던 패턴을 예측(Prediction) 정보로 제공함	① Item에 대해 서로의 관계를 알 수 있는 매트릭스(Matrix)를 만듦 ② 사용자와 일치하는 데이터를 찾아 Matrix에 대입하여 현재 사용자의 선호도를 예측

3. 협업 필터링(CF) 알고리즘의 상세 분류

가. Collaboration Filtering(CF)의 분류

Memory-Based CF(협업필터링) — Model-Based CF — Hybrid CF

		- CF의 분류는 Memory-Based, Model-Based, Hybrid 협업 클러링으로 분류 가능함		
	4	Memory-Based CF의 개념, 알고리즘, 사례, 관점 설명		
		개념	사용자의 선호도(Rating) 기반으로 사용자(User) & Item의 유사도를 계산하는 방법	
		알고리즘	Nearest Neighbor 알고리즘, Top-N 추천 알고리즘. User-User / Item-Item Based	
		사례	쇼핑몰이나 VOD 서비스에서 제공하는 대다수의 추천기술	
		단점	-사람의 선호도(Rating)에 의존적 -표본 데이터 모수가 적으면 성능도 떨어짐 →새로운 사용자나 Item이 추가되는데 따른 확장성이 떨어짐	

		항목	Model-Based CF	Hybrid CF
	라	Model-Based CF와 Hybrid CF의 비교		
		개념	Usage 데이터를 기반으로 Training을 하여 패턴을 발견하는 과학적인 기법	Memory-Based CF와 Model-Based CF를 혼용하는 방법
		알고리즘	베이지안, 클러스터링, 회귀, 시맨틱등 수학적 모델 등	Contents-Based CF Combining 알고리즘
		사례	-일기예보등 -실제 Data에 대한 예측	Google의 뉴스추천 서비스
		단점	-반대로 모델을 만드는데 고비용 -데이터가 클수록 성능떨어짐	적은 모수의 소스(Source)에 대해서도 대응이 가능

4. 추천알고리즘의 문제점, 필터 버블(Filter Bubble)

Filter Bubble : 추천시스템이 고도화될수록 사용자의 입맛에 맞는 정보만 제공되고 나머지 정보는 감추어지는 위험한 현상

문제점 : 정보의 편향적 제공, 극단적 양극화 같은 문제

보완 : 정보의 객관성 확보, 사용자 전체정보 제공등

"끝"

문 7) 전문가시스템 (Expert System)

답)

1. 해당분야 전문가 지식 활용, Expert System 개요

가. 특정문제 해결, 전문가 시스템의 정의
- 전문가 지식, 경험, 노하우(Knowhow)를 컴퓨터에 저장하고 필요시 문제해결을 위해 활용할 수 있도록 만들어진 System (Stored 전문가 지식)

나. 전문가 시스템의 활용 (예시)

사용자		전문가
전문가적 분석	Expert System	지식
문제해결		경험
Best Practice 확보및 실현		Knowhow

- 사용자는 전문가 System 통해 전문가 지식, 경험등 활용

2. Expert System의 구성과 구성요소의 설명

가. 전문가 시스템의 구성

나. Expert System의 구성요소 설명

구성요소	설명	비고
사용자 Interface	사용자 ↔ Expert System 상호작용	질문 & 답변

설명모듈	사용자 Query에 대한 추론답변	챗봇활용
추론엔진	지식 기반 정보의 추론, 전달	정보추론
스케줄링	사용자 Query의 스케줄링	작업순서결정
지식베이스	해당 전문가 지식 도메인별 저장	if-then-else 추력(저장)
지식획득 System	정보수집, 정리후 지식베이스에입력	자동 지식 습득

3. Expert System의 활용

유형	전문가 지식 활용
교육	학생들의 행동을 진단 하고 교정
모의시험	System 구성요소간의 상호작용을 모형화
제어	시스템 행위를 진단, 디버깅, 수리 & 통제
진단등	관찰결과로부터 System 고장을 추론등

" 끝 "

문 8) 정규표현식과 유한오토마타

답)

1. 정규표현식과 유한오토마타의 관계

AI학습, BigData등 대용량Data → (문자열,음성,영상 어노테이션(Annotation) 주석화) → 정규표현식 (Regular Expression) → (변환, 프로그래밍 가능) → 유한 오토마타 (Finite Automata)

프로그래밍 가능

대용량, 실시간 Data 검색및 성능향상 위하여, 검색대상 문자열, 음성, 영상등의 정보를 Annotation (주석)하여 정규 표현식으로 변환후 Computer 프로그래밍 가능.

2. 정규표현식과 유한오토마타의 개념

가. 정규표현 (Regular Expression)의 개념

구분	설명
개념	전산기호사용, 특정규칙을 가진 문자열 집합 표현
메타문자	$\wedge$x : x문자열로시작, x$: x문자열 종료등
장점	대규모 문자열 치환, 검색 효율성, 성능향상
단점	직관적 이해불가, 작성및관리의 어려움

나. 유한 오토마타(Finite Automata)의 개념

구분	설명
개념	유한한 개수의 상태를 가지는 State-machine
구성 요소	상태(State) : 현재상태, 전이대기
	전이 (Transition) : 조건 만족시 수행되는 일련의동작

| 유형 | 비결정적 유한오토마타
(Non Deterministic
FA, NFA) | -하나의입력 → 여러개의 결과값가점
-하나의 NFA → 다수의 DFA로 변환 |
| | 결정적 유한오토마타
(Deterministic FA
DFA) | -하나의 입력 → 하나의 결과값가점
-프로그래밍 가능 |

-전산처리 (Computer가이해)를위해서는 프로그래밍

가능한 DFA로의 변환이 필요

3. 정규표현식과 유한오토마타의 활용방안

구분	활용분야	설명
H.W	디지털회로	설계 가능한 논리소자, 프로그래머블 로직 컨트롤러, 논리회로, 플립플롭
S.W	문자열검색, 필터링	AI 학습용 Data, Cloud, Big Data 등
	N/W 보안	IPS, UTM 등 Signature를통한 트래픽검색

"끝"

문	9)	유한 오토마타 (Finite Automata)
답	)	
1.		상태변화모델, Finite Automata의 개요
	가.	State, Transition (전이)로 구성, FA의 정의

정 의	유한 오토마타
이산적인 입력과 출력을 가지는 시스템의 수학적 모형으로 유한한 상태들의 집합과 전이들의 집합으로 구성된 디지털 컴퓨터의 수학적모델	$\boxed{\emptyset\ 1\ 1\ \emptyset\ 1\ 1}$ 입력테이프 ↑ ---> 좌우이동 탐색 유한제어

| | 나. | 상태(state)와 전이(Transition) |

(8) —a→ (P)	상태	8 : 시작상태 p : 최종상태
	전이	상태 8에서 입력 a시 P로 변환

| 2. | | Finite Automata의 유형 (Finite : 한정된, 유한의) |
| | 가. | 결정적 유한 오토마타 (DFA, Deterministic FA) |

정의	모든 상태는 입력에 대해 정확히 하나의 변화된 상태를 가짐
예시	start →(A) —a→ (B) ⟲a —b→ ((C))
설명	⒜ 상태에서의 입력시 ⒝ ⒝ 상태; a입력시 B, b→ⓒ 입력에 따라 상태 결정

| | 나. | 비결정적 유한오토마타 (NFA, Non-Deterministic FA) |

정의	주어진 상태에 대해 여러 가지의 변환된 상태를 가질수있음
예시	start →(A) —a→ (B) ⟲b —b→ ((C))
설명	- a입력시 B로 전이 - b입력시 B, C로 전이 - 하나의 입력에 대해 여러 상태가 가능

	나.	유한오토마타의 표현식

유한오토마타 $M = (Q, \Sigma, \delta, q_0, F)$

Q : 상태들의 유한집합

Σ : 입력 알파벳 (Input Alphabet), 유한개의 심볼들의 집합

$\delta : Q \times \Sigma \rightarrow Q$ 인 상태 전이함수 (Transition Function)

$q_0 : q_0 \in Q$ 인 시작상태 (Start State)

F : 최종상태의 집합 (Set of final states)

3. DFA와 NFA (비결정 유한오토마타)의 예시

가. DFA인지 확인하고 상태 전이도 표현하기

$M = (Q, \Sigma, \delta, q_0, F)$	δ	0	1
$Q = \{q_0, q_1, q_2, q_3\}$	q_0	q_2	q_1
$\Sigma = \{0, 1\}$	q_1	q_3	q_0
$q_0 = \{q_0\}$	q_2	q_0	q_3
$F = \{q_0\}$	q_3	q_1	q_2

- 위의 주어진 유한오토마타에서 DFA 확인 & 상태 전이도

DFA임 : 하나의 입력에 대해 다음 상태가 단 하나임.

4. 다음 NFA가 문장 baabb를 인식하는지 여부

$M = (Q, \Sigma, \delta, q_\phi, F)$

$Q = \{q_\phi, q_1, q_2, q_3\}$

$\Sigma = \{a, b\}$

$\delta = \delta(q_\phi, a) = \{q_\phi, q_1\},\ \delta(q_\phi, b) = \{q_\phi\}$

$\quad \delta(q_1, b) = \{q_2\},\ \delta(q_2, b) = \{q_3\}$

$q_\phi = \{q_\phi\},\ F = \{q_3\}$

- 위의 주어진 유한 오토마타에서 상태 전이도 도시

Start → q_ϕ (a, b 자기 루프) $\xrightarrow{a} q_1 \xrightarrow{b} q_2 \xrightarrow{b} q_3$

- baabb 인식 가능경로

① $q_\phi \xrightarrow{b} q_\phi \xrightarrow{a} q_\phi \xrightarrow{a} q_\phi \xrightarrow{b} q_\phi \xrightarrow{b} q_\phi$

② $q_\phi \xrightarrow{b} q_\phi \xrightarrow{a} q_\phi \xrightarrow{a} q_1 \xrightarrow{b} q_2 \xrightarrow{b} q_3$

- 시작 상태에서 출발하여 도달 가능한 모든 상태를 도련, 입력 문자열 baabb를 모두 읽은 후 도달 가능한 상태는 $\{q_\phi, q_3\}$임.

- $\{q_\phi, q_3\} \cap F = \{q_3\}$

- 문장 baabb는 주어진 NFA에 의해 인식됨

4. 유한 오토마타 활용분야

구분	활용분야	설명

		H/W 활용	디지털 회로	-설계 가능 논리소자, PLC 등 -논리회로, FF(플립플롭), 전자계산기
			응용 프로그램설계	- Program 대응 Event - event 프로그램 상태
		S/W 활용	텍스트 필터링	-텍스트 적합성 판별 예) "문자열"+"@"+"도메인" 판별
			컴파일러 설계 (어휘분석기)	-특정언어를 다른언어로 옮김 -입력코드를 의미 단어로 분리
			패리티 Bit 생성	-오류 검사 위한 parity 추가 -짝/홀 parity를 오토마타로 생성

"끝"

문 10) 튜링 테스트 (Turing Test)

답)

1. 인공지능의 인간묘사도 평가, 튜링 테스트 개요

| 정의 | 기계가 인간과 얼마나 비슷하게 대화를 할수 있는지를 기준으로 기계에 지능이 있는지를 판별하고자 하는 Test (앨런튜닝-"컴퓨팅 기계와 지능" 논문) |

2. Turing Test의 절차, 설명 & 판단기준

절차	설명
① 컴퓨터 화면통한 문자로만 대화 A (AI) ← Text → B (사람) ② A, B 모두 사람이라고 주장 격리 심사위원 … 심사위원 … 심사위원 ③ 어느 쪽이 사람인지 구분시도	① 환경구성 - 두 방에 AI와 피실험자 위치 - 격리된 공간에 심사위원 위치 ② Test 수행 - 인공지능과 피실험자는 심사위원의 질문에 대해 문자답변 ③ 테스트 평가 - 양쪽의 답변을 보고 사람 여부 판단, 불가능시 사람사고 판정
판단 기준	일반인으로 구성된 심사위원이 인공지능과 대화해서 사람으로 판정하는 비율 30% 이상이면 지능보유

3. Turing Test 활용사례

구분	활용사례	설명
이미지	CAPTCHA	접근사용자 봇(Bot) 여부판단

		이미지	CAPTCHA	-문자, 숫자, 그림판단
		인식분야	구텐베르크 프로젝트	-문학작품전자화, 배포 project -인식어려운부분 CAPTCHA 활용
		의료분야	엘리자 (Eliza)	-인공지능 소프트웨어 -질문자 진술 키워드로 활용
			패리 (Parry)	-정신분열증환자 묘사 프로그램 (이상) -엘리자와 대화 기록

-Turing Test는 20세기 중반에 제안된 기술이므로
최신 동영상, 이미지, 데이터로 Test 필요

"끝"

문 11) Agent - 1교시형

답)

1. 사용자가 원하는 작업 자동 수행 SW, Agent의 개요
    가. 기존 경험에 대한 추론 → 결과 반영 → 행동, Agent 정의
        SW 내에 과거 학습 경험을 바탕으로 추론과 지각 능력을
        탑재, 사용자 입장에서 자율적으로 수행하는 program
    나. 에이전트(Agent)의 특징

자율성	반응성	능동성	상호 작용성	적응성	이동성	유연성
스스로 판단	적절한 반응	친절문 행동	사용자와 대화	환경 적용	장소 무제한	확장성

2. Agent의 구조 및 종류

Agent의 구조	Agent의 종류	
통신 모듈 서비스 요구 ↓ ↑ 결과 전달 처리부 Agent 엔진 ↕ 지식 DB	협동	타 Agent와 공동 작업 수행
	인터페이스	특정 응용 SW, System과 연동
	이동	NW상 한 Node에서 다른 노드로 이동
	정보/인터넷	정보원으로부터 정보 습득, 관리, processing 가능
	반응	상호 작용 가능, 외부 자극에 반응
	혼성	협동+인터페이스, 이동+반응
	지능형	자율적 학습능력과 적응능력

3. Agent의 응용 분야

분야	내용

인공지능 분야	Big Data 수집시 Agent 통해 수집
문서 오류 수정	Excel, Word 등 문서내 문구 자동 교정
인터넷 정보처리	정보 검색, 정보여과, 웹 Site Agent 등
전자상거래	상품추천, 비교구매, 물품 배달 가능 시간
사용자 I/F	Macro 통한 Service, 사용자 습성 파악
메세징	Messaging, 전화 메세지, 온라인 메세지 처리

I/F = Interface　　　　　　　　　"끝"

문 12) Agent - 2교시형

답)

1. 사용자 대신 특수 목적달성, Agent 개요

가. 자율 process (Autonomous 프로세스), Agent 정의
- Computing 환경에서 사용자 혹은 다른 프로그램을
대신해 특정한 일을 수행하는 자율적인 process

나. Agent Software의 특징

자율성	지능성	사회성	이동성
스스로판단/동작	스스로지식터득	Agent간 상호작용	타 Host로 이동작업수행

능동성	반응성	시간 연속성	목표 지향성
스스로목표 지향적 행동	시간상 적절히반응	지속수행하는 데몬(Demon)	고수준작업 처리

2. Agent Software의 구조 및 기술요소

가. Agent Software의 구조

Server - DB내에존재
자식베이스 ↔ Agent Engine
통신모듈 ← 조정자 ← 타 Agent
Agent 응용 프로그램

- Agent Engine의 내용을 통신모듈을 통해 인터페이스

4. Agent의 구성요소

구성요소	설 명	핵심기술
Agent Engine	-Agent 생성, 작업수행, 종료등의 작업 조정 - 제어 기능, 추론능력 등 각각의 환경 정보 연계	검색엔진 제어 & 정보 제어
지식베이스	특정응용분야 해결위한 지식저장	MMDB
통신모듈	와 Agent & S/W와 통신	TCP/UDP
조정자	다른 Agent와 통신 & 프로토콜 컨버팅, 세션 연결, 인증, 해제 등	P2P통신

다. Agent Software의 기술요소

구분	구성요소	설 명
엔진 (Engine)	Rule DB	지식추론, 연역위한 추론 Logic
	Inference Engine	Sensor(센서)로부터 들어온 정보를 기반으로 상황(State)을 분석하는 Logic
지식 영역	지식 Map	특정분야 작업수행, 체계화된 지식영역
	Ontology	Agent S/W가 필요로 하는 지식에 대한사전
에이전트 통신	KQML	-Knowledge Query Manipulation 언어 -지식과 정보를 공유하려는 Agent들에게 기초적인 구조를 제공하는 Agent간 통신언어(표준)
	ACL	-Agent Communication 언어 -미국방부에서 만든 Agent간의 통신언어

3. Agent 처리유형별 비교및 기술

가. Agent 처리유형 (숙고형, 반응형)의 비교

구분	숙고형 Agent	반응형 Agent
구성도	환경 → 감지기 → 환경의 상태인식 → 행동의 결과예상 → 목적 → 추론 → 행동	환경 → 감지기 → 환경의 상태인식 → 행동결정 ← 조건-행동규칙
개념	행동수행여부를 결정하는 Agent	Best Action Selector
행동결정	논리적 추론으로 결정	센서(Sensor)등 감지 선호
특징	목적 미부합시 No Action	가장최선의 행동반드시수행
장점	추론과 행동학습→행동결정	환경변화에 빠르게 반응
단점	시간내 효과적인 추론필요	추론과정 미사용

나. Agent S/W의 유형별 기술

분류(Agent)	설 명	특 징
멀티 Agent	분산환경, Agent간 상호협력	KQML, ACL등
모바일 Agent	타킷서버를이동해 가면서 작업수행	Web모니터링서비스
인터페이스	Agent간 상호 Interface	WWW 탐색
학습	행동관찰, 맞춤형서비스	Web 마이닝
Desktop	OS에 상주한 S/W	응용프로그램 Agent
Internet	인터넷&웹 정보 습득관리	Web Agent
협동	Agent간 필요시 도움	전자상거래 (가격비교 사이트)

4. Agent S/W의 장/단점, 해결방안

구분	설 명
장점	-필요한 정보수집시 시간절약, 전자상거래 활성화 기반 -상품비교 및 정보제공 용이
단점	-Agent의 서버 접근권한부여 & 서비스 거절 -타 Computer의 자료유출, 변조, 파괴, 탈취로 인한문제 -(신뢰성) Agent 프로그램 자체 오류로 인한 사고 발생 가능성. -N/W 부하증가
해결 방안	-접근 권한제어로 일정영역만 활동 -Agent platform간 상호인증 & Agent 자체 보안 기능 추가. -감사기능강화 & Log 기능강화

"끝"

문 13) 킬 스위치 (Kill switch)

답)

1. 인공지능(AI)의 폭주 방지 대책, 킬 스위치의 개요

가. AI 통제 기술, Kill switch의 정의
- 인공지능 기술이 인간의 통제를 벗어날 경우 이를 제어하기 위해 로봇의 기능을 멈추게 하는 기술

나. Kill switch의 원래의미
- 분실한 정보기기내의 정보를 원격으로 삭제하거나 그 기기를 사용할 수 없도록 하는 기술.

2. 킬 스위치의 필요 이유및 동작절차

가. Kill switch의 필요 이유 (최소한의 안전장치 필요)

필요이유	설 명
SW오유	AI 자체의 Software 결함 발생시
사람을 적으로 인식	사람과 동등한 지능을 가진 AI가 사람을 적으로 인식하여 사람을 공격하게 되는 경우
악의적 해킹	Hacker가 자신의 목적으로 인공지능을 해킹하여 오류 발생시키거나 불법 사용

나. Kill switch의 동작 절차

동작절차	내 용
결함발생	SW오류나 해킹으로 인한 AI의 결함발생
AI통제불가	인공지능이 인간의 통제를 벗어난 상태 지속
킬스위치작동	인공지능을 강제로 종료하기 위한 킬스위치 작동

		인공지능 복구	결함 원인분석 & 오류 해결
		인공지능 재실행	인공지능의 완전성 (안전성) 여부 검토후 인공지능 기능 재 실행

- Kill switch가 필요한 이유는 오류 발생시의 최소한오 내에서 안전장치 구동이 필요함

3. 킬 스위치의 시사점

- 강 인공지능도래서 AI을 인간이 더이상 통제하지 못 할수 있다는 사상을 기반으로 Kill switch 연구가 진행

- 최악의 시나리오 대비하여 최소한의 안전 장치인 Kill switch의 연구개발이 인공지능발전에 필요함.

"끝"

문 14) 트롤리 딜레마 (Trolley Dilema)

답)

1. 윤리학분야의 사고실험, 트롤리 딜레마의 개요

가. Trolley (전동차) Dilema의 정의

다수인원 소수인원 오오오 오 오오오 스위치 작동 가능 트롤리 스위치작동은 어느쪽이옳은가?	사람들에게 브레이크가 고장난 트롤리 상황을 제시하고 다수를 구하기위해 소수을 희생할수 있는지를 판단하게 하는문제상황을 가리키는 말.

나. 트롤리 딜레마에서 인간의 판단

오 사람의 결정 → 이성적 판단 → 사람의 활성화 판단 선택 윤리적 결정 → 정서적 판단 사람의뇌	딜레마상황에서 윤리적 결정 할때는 옳고 그름의 판단과는 별개로 뇌의 이성적/정서적 판단중 활성화된 쪽을 선택 할 가능성이 있음.

2. 트롤리 딜레마와 유사한 신경윤리학문제 사례

- 인공지능(AI)및 원격제어와관련된 알고리즘의 작성시 트롤리 딜레마의 문제를 어떻게 처리 해야 할지 Issue 사항임 (이성적판단 VS 윤리적판단)

무기로서의 드론제어	드론조작 미사일 발사시 감성적판단(인명피해) 없이 오로지 명령 수행 (윤리적 갈등을 미루어 버림)
자율주행 자동 차의 긴급 상황제어	고속이동 차량 앞에 다수의 사람들장, 회피 불가능시 차량은 전방의 다수의 사람과 운전자 중 희생자을 골라야 함.

3. 보편적 윤리와 상충되는 경우
   - 정서적 판단의 개입이 줄거나 인공지능(AI) 같이 정서적
     판단이 없는 기계에 의한 판단의 경우, 상황에 따라
     윤리적인 문제가 발생가능 하며 이를 기계의 알고리즘
     으로 이성적으로만 해결할 경우 보편적 윤리와 상충됨
                                                "끝"

문 15) 인공지능(AI) 윤리의 개념, 주요사례, 고려사항및
추진방향을 설명하시오

답)

1. AI Kill Switch, 인공지능의 윤리의 개요

가. Safety AI, 인공지능 윤리의 정의

AI, 자율주행차, 로보어드바이저, 로봇, 지능형 개인비서
거거등을 연구 개발하는 이해관계자 들이 준수 해야 할
보편적 사회규범 & 관련 규칙 & 법·제도·규정등

나. 인공지능(AI) 윤리의 개념적 범위

고의	인공지능윤리 (AI Ethics)	오류/실수	인공지능안전 (AI Safety)
정책 적대응	인공지능윤리 / AI 안전	기술적 대응	인공지능윤리 / 인공지능안전 / 인공지능안전

- R&D및 제품/서비스개발, 제품/서비스 상용화및 활용

다. 인공지능 윤리(Ethics)와 안전(Safety)

AI 윤리	인공지능 개발자 및 사용자가 특정및 의도를 가지고 악용하는 경우에 대응하는 영역
AI 안전	기술적 오류 또는 관련 이해관계자의 고의가 아닌 실수로 인해 생긴 사건/사고에 대응하는 영역

인공지능윤리와 AI 안전성의 범위(Range)를 규정하고 대응방안 수립

2. 인공지능(AI) 윤리의 주요사례

가. 해외 인공지능 윤리의 주요사례

구분	AI 윤리 사례	설명
AI 원칙	Google : 인공지능원칙발표 구글 자체 원칙	AI at google Our principle 발표
	M/S : 6가지 개발 원칙 제시	개발자가 준수 해야 될 원칙(principle)
	IBM : AI 위한 일상윤리발표	개발자에 가이드라인 제공
AI 전문가	KPMG : AI(인공지능) 윤리 전문가 선정	인공지능(AI) 윤리 전문가 채용
	우버 : 최고 준법 윤리 책임자 임명	신규 정책 생성, 의사 결정 참여
AI 전담 부서	구글 : Google 딥 마인드 윤리 전담부서	DeepMind 윤리 & Society Unit
	M/S : 인공지능(AI)윤리 위원회 신설	엔지니어링 및 연구 윤리부서

국내에서도 대기업/학회등을 중심으로 총론적 차원에서 AI 윤리 정례중

나. 국내 인공지능 윤리 주요 사례

구분	AI 윤리 사례	설 명
AI 원칙	카카오: AI알고리즘윤리 헌장	알고리즘 윤리 관련 논의
	네이버: Privacy By Design 원칙 적용	privacy 보호 관점 접근
AI 커뮤니티	삼성전자: AI컨소시엄 가입	인간과 AI공존협력 방안
AI 전담 조직	인공지능협회: AI윤리 공동선언문	AI윤리 + 교육포럼 진행
	인공지능법학회: AI 기술/법제도/정책	AI관련 이슈(Issue) 분석 대안 제시
	한국로봇학회: 로봇윤리 가이드라인	3대 기본 가치 + 5대 실천원칙

- 인공지능윤리는 초기 정비단계로 정부/기업/학계 측면에서 다양한 고려 필요

3. 인공지능(AI) 윤리의 고려사항

가. 정부측면, AI 윤리 고려사항

구분	고려사항	설 명
국가 정책	AI 데이터 관련법 정비	데이터 3법, 빅데이터 윤리등
	AI 윤리 가이드라인 개선	지능정보사회 윤리 가이드라인 제시
법/ 제도	시급성/용이성/파급성 고려 (정보보호법, 도로교통법등)	EU GDPR 개인정보 이동권, 알고리즘 투명성과 설명요구권
투자	AI 기초/원천기술 지속투자	저 강건한 AI (AL)개발

알고리즘(Algorithm)

나	기업측면, 인공지능(AI) 윤리고려사항		
	구분	고려사항	설명
	개발자 원칙	기업 내부 윤리헌장/ 가이드 제시	카카오 윤리헌장 네이버 privacy 보호
	기술적 대응	AI phobia (공포증)/ 특이점 기술적 예방조치	AI kill switch, Safety AI, XAI
	지속적 관리	AI 보안 거버넌스, 상벌 제도운영	징벌적 과태료, 패널티 적용

- 정부/기업뿐만 아니라 학계/협회/기구에서 다양한
  윤리 지침/방법론 제시

다.	학계/협회/기구 측면, AI 윤리고려사항		
	구분	고려 사항	설명
	윤리지침	윤리강령, 조항제시	UN: 살상로봇 개발금지지침
	윤리교육	윤리교육 강좌, 방법론연구	AI윤리교육 주기적 시행
	윤리 방법론	Privacy 보호, Blackbox 방지	AI윤리수행 방법론 발표

- 인공지능(AI)의 특이점(Singularity)에 도달함에
  따라, 인공지능 윤리 추진 방향도 지속적 관리 필요

4.	인공지능(AI)윤리의 추진방향

- 해외 우수 사례 BM(Bench Marking)
- 정부/기업/학계/기관등의 솔선수범 자세 필요

- 인공지능 윤리 발전 방향

1.∅ AI 자체윤리 (기계)
2.∅ 사람의 윤리 (개발/이용자)
3.∅ 산업분야별 윤리 (제조, 의료, 자율차등)

해외우수사례 BM, 국내 AI 윤리사례 보강 →
정부/기업등 적극적인 참여와 소통강화 →

해외사례 BM, 국내 다양한 이해관계자 간의 윤리적 이슈논의 대응통한 발전기대

- AI 윤리적 이슈 및논의 활성화 통한 지능정보화사회 구현

"끝"

문 16) 이용자 중심의 지능 정보 사회를 위한 원칙

답)

1. AI 시대 이용자 권리와 이익 보호, 지능 정보 사회 원칙의 배경과 원칙의 목적

배경	목적
- 공정하고 책임있는 AI 알고리즘 중요성 부각	- 지능 정보 사회 시대 적응
- 인간 의사 결정 보조 / 대체 혁신 서비스 출현 (AI 스피커등)	- 신기술의 위험으로부터 안전한 환경조성 - 지능 정보 사회의 공통 원칙

- 방송통신위원회에서 AI 시대 구성원이 지켜야 할 원칙 제시

2. 이용자 중심의 지능 정보 사회 위한 원칙의 주요 내용

주요 내용	상세 설명
사람 중심의 서비스 제공	지능 정보 서비스의 제공과 이용은 사람 중심의 기본적 자유와 권리를 보장, 인간 존엄성 보호
투명성과 설명 가능성	이용자 기본권에 피해 유발 시 여득, 추천, 결정의 기초 주요요인에 대한 설명 필요
책임성	지능 정보 서비스의 기능과 사람 중심 가치의 보장을 위한 공동 책임 인식, 법령과 제약 준수
안전성	지능 정보 서비스가 초래할수 있는 피해에 대한 자율적인 대비체계를 마련하고 서비스를 수립
차별금지	사회적 / 경제적 불평등이나 격차 초래 방지. 개발과 사용의 모든 단계에서 차별적 요소 최소화

		참여	이용자 정책과정에 차별없이 참여가능
			제공자와 이용자 간의 의사소통
		프라이버시와	개발, 공급 & 이용과정 개인정보 & 프라이버시 보호
		데이터 거버넌스	구성원 간 지속적인 의견교환 제시, Data 품질확보

3. 이용자 중심의 지능정보 사회를 위한 윤리의 시사점.

시사점	- 구성원들은 윤리에 입각하여 지능정보사회 가치 수호
	- 향후 구체적인 AI 기술/서비스 규제 방향 결정
고려 사항	- 이용자 보호 위한 실질적, 지속적 협의 필요
	- AI기술 개발 기업들은 추가논의에 적극 참여 등

"끝"

문 17) 약인공지능(Weak AI), 강인공지능(Strong AI), 초인공지능(Super AI),   AI 학습데이터 품질

답)

1. 인공지능과 일반 프로그램과의 차이

프로그램 : 입력 → [규칙코딩] → 결과 (output)

Machine Learning : 자료 → [알고리즘] → 규칙 (모델)

머신러닝은 Bigdata(자료)에서 모델을 생성

2. Weak AI, Strong AI, Super AI

Weak AI	특정분야에 특화된 인공지능	
	-AlphaGo(바둑), 이미지분류, Agent 등	
Strong AI	인간이 할수 있는 모든 능력을 갖추고 있는 AI	
	-스스로 사고, 문제를 해결할 수 있는 컴퓨터 가 반영 AI. 지각력이 있고 스스로를 인식하며 독립성을 가졌다는 것이 특징	
Super AI	인간이 할수 있는 능력 이상의 지능	
	인간보다 1000배 이상 뛰어난 지능을 가진 AI. 효율, 자기보존, 자원획득, 창의성 등의 원초적 욕구를 기반으로 끊임없이 자가 발전	

3. AI를 위한 학습데이터 품질의 중요성과 품질저하요인

가. AI 수준은 학습데이터의 Volume과 규칙, Quality와 비례
① 정확성을 위한 데이터의 수량은 절대적으로 많아야 함

② 일관성 없는 데이터는 정확도 저하 요인

③ 수준 높은 학습자료일수록 수준 높은 결과 도출

4. AI 수준 위한 Data 품질 저하요인

요인	내용
출처	데이터의 출처는 정확성, 신뢰성, 대표성에 영향 미침 -데이터 수집시 품질 보증 프로세스 적용 -시간에 따른 데이터 패턴 변화 추이 모니터링등
오류	오류가 불규칙한 경우 제거하거나 통제하기 어려움 -(시각화) 간단한 Data 시각화는 이상값이나 체계적인 오류를 발견하기에 가장 좋은 방법
편견	잠재적인 편견이 데이터 분석 결과에 미치는 영향 고려 (측정편견) 모집단을 대변하지 못하는 데이터 (설문조사) 낮은 응답률로 인한 응답 편향성 초래등

다. 모델(Model)의 예시

- Model은 패턴(Pattern)을 배우는 도구

모델	내용	의미
스팸(Spam) 메일 필터 모델	이메일에서 Spam 메일 걸려 내는 모델, 이메일 제목, 내용, 발신자등 특정 정보로 판단	무료 당첨, 금전 요구, 익명 등은 스팸 가능성 높음
이미지 인식 모델	사진 속 고양이 존재 유무를 판단하는 모델 수많은 고양이 사진 유무를 학습하는 모델	새로운 Image 에서 고양이 유무 을 예측함

| | | 음성 인식 모델 | 사람이 말하는 소리를 Text로 변환 (Speech to Text) | "안녕하세요" 소리 들으면 글자로 변환 |
| | | 추천 System 모델 | 넷플릭스나 유튜브에서 "당신이 좋아할 만한 영상"을 추천하는 모델(Model) | 사용자의 시청 기록을 학습해서 비슷한 영상 보여줌 |

"끝"

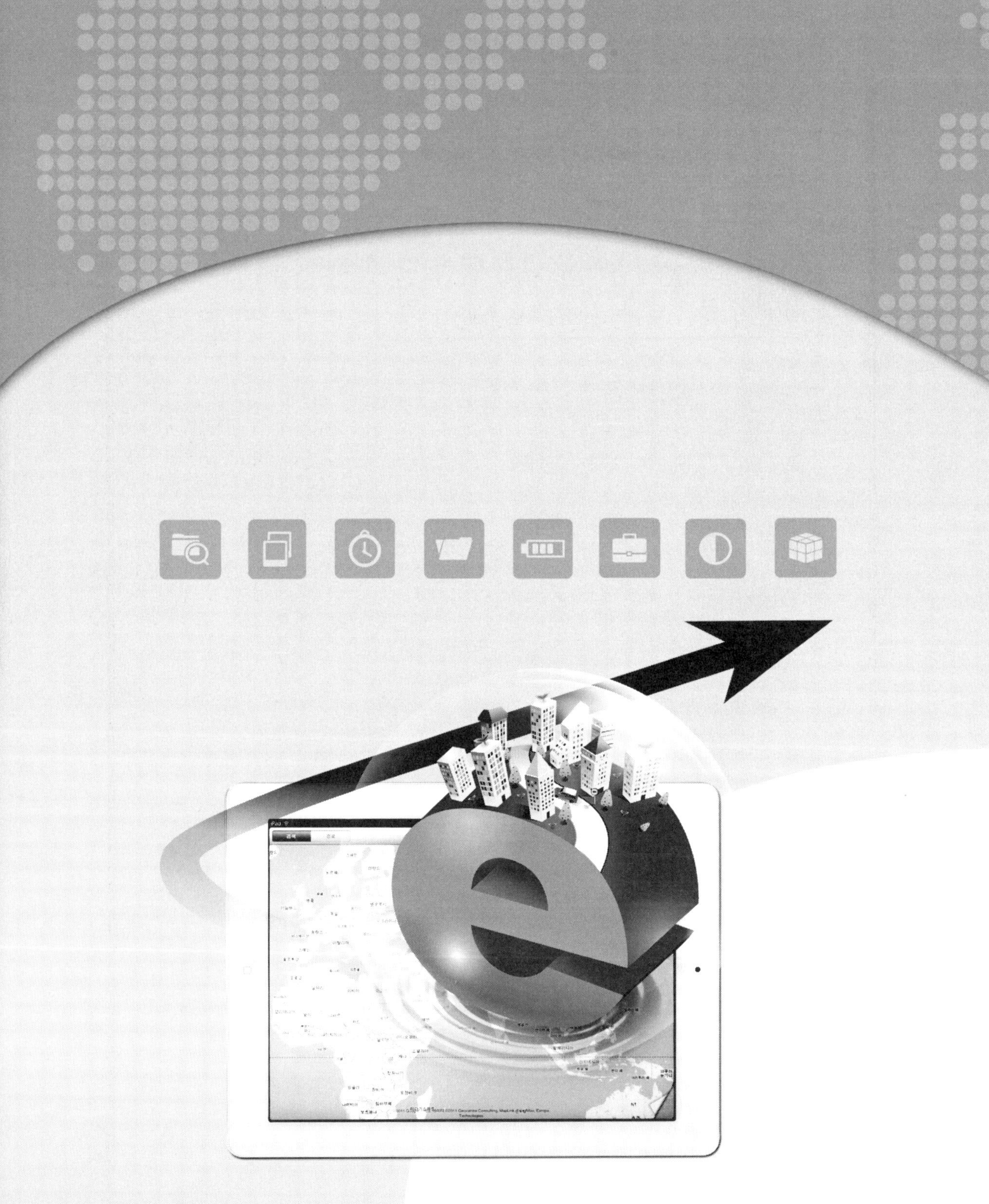

인공지능 알고리즘[Algorithm]

유전자 알고리즘, 그리디 알고리즘, 상관분석, 회귀분석, 로지스틱 회귀분석, 군집분석(Cluster Analysis), 자카드계수, 해밍거리, 유클리디안 거리, 마할라노비스거리, Apriori 알고리즘, 지지도(Support)/신뢰도/향상도(Lift), 앙상블학습, Bagging과 Boosting, 랜덤 포레스트(Random Forest), 의사결정트리(Decision Tree), K-NN, 시계열 분석(ARIMA), SVM, 베이즈(Bayes) 정리, K-Means, DBSCAN, 차원축소, 특징추출, PCA, ICA, 몬테카를로트리탐색(MCTS), Word2Vec, Skip-gram 평균제곱오차(MSE, Mean Square Error), 오차검증, 텐서(Tensor), 선택 편향(Selection Bios), 공분산(Covariance), 편상관분석(Partial Correlation Analysis), 최소 제곱법(Ordinary Least Squares), 부트스트랩(Bootstrap), 모수검증과 비모수검증 등을 학습합니다.
[관련 토픽 - 60개]

문 18) 유전자 알고리즘(Genetic Algorithm)

답)

1. 탐색 & 최적화 문제 해결, 유전자 알고리즘의 개요

   가. 유전자 알고리즘(Genetic Algorithm)의 정의

   탐색과 최적화 문제 해결을 위한 알고리즘으로 진화론의

   적자생존과 자연선택의 유전학에 근거한 적응탐색 기법

   나. 유전자 알고리즘(진화적 알고리즘)의 중심이론 Darwin 이론

구성 요소	설 명
적응도	개체가 장래의 세대에 영향을 주는 범위를 결정
생식 오퍼레이터	개체가 다음세대에 자손을 생성
유전자 오퍼레이터	부모의 유전자 정보로부터 자손의 유전자정보를 결정

2. 유전자 알고리즘의 flow 및 알고리즘

<알고리즘>

시작 → 초기 집단 생성 → 적합도 평가 → 선택, 재생 → 교배 → 돌연변이 → 적합도 평가 → 종결 조건 (No: 적합도 평가로 복귀 / Yes: 끝)

```
procedure SGA()
    initialize(Population)
    evaluate(Population)
    while not (terminal condition
            satisfied) do
        MatingPool = reproduce(Population)
        MutationPool = crossover(MatingPool)
        Population = mutation(MutationPool)
        evalute(Population);
    end while
end procedure
```

3.	유전자 알고리즘의　장단점과　응용분야	
	장점	-복수개의 개체 선택 & 교배등의 조작, 상호 협력 탐색
		-알고리즘 단순, 번거로운 미분 연산등이 불필요
	단점	-개체수, 선택방법이나 교배법의 결정, 돌연변이의
		비율등 parameter의 수가 많음
	응용 분야	-비선형성과 불연속성이 강한 문제에 강점
		-최적화, 디자인, 예측, 제어, 계획등에 사용

"끝"

- Mating Pool : 교배 집합
- Mutation Pool : 돌연변이 집합

문 19) 그리디 알고리즘 (Greedy Algorithm)

답)

1. 순간 최적 해 도출, Greedy Algorithm의 정의 & 특징

정의	특징
특정순간 최적해를 구하기 위해 최적성과 효율성 개선을 통해 최적의 해를 도출하는 알고리즘	- 최적성의 원리 - 최적해 도출 - 효율성 개선

2. Greedy Algorithm 흐름도 및 수행절차

- Greedy Algorithm 흐름도 & 수행절차

flow (흐름도)	수행절차
시작 → 문제 정의 (동전의 액면) → 해 선택 → 적합성 확인 (부적합 / 적합) → 해 검증 (해 아님 / 정답) → 해 도출 → 끝	# 목표: 860원 거스름돈 최소 동전 수 ∥ 선택: 500원 / 100원 50원 / 10원 ∥ 현재 고를 수 있는 가장 큰 단위 동전을 하나 선택 (최소 동전수가 목적이므로) ∥ 설정한 돈이 거스름돈을 초과 했는지를 검사, 초과했다면 제외하고 해 선택으로 이동 ∥ 설정한 돈이 거스름돈 검사 일치하지 않으면 해 선택으로 이동 ∥ 해도출후 End

3. Greedy Algorithm의 소스 구현

```c
#include <stdio.h>
int com[4] = {500, 100, 50, 10}; //순서주의
int count[4];
int main()
{
    int m = 860, i = 0, f = 0; //m=목표거스름돈
    while (i < 4) {               //초기화(변수)
        if (com[i] > m)          // Main Logic
                                  // 최근해 도출 때까지
            i++;                  // 동전 선택 후 반복 차감
        else if (com[i] <= m) {
            m -= com[i]          // com 값 차감
            count[i]++;
        }
        else {
            f = 1;                //printf문에서 활용
            count[i]++;
            break;
        }
    } //while문 End
    if (f)                        // 각각의 동전 개수 확인
    {
```

```c
        printf("%d원 - %d개 \n", Coin[0], Count[0]);
        printf("%d원 - %d개 \n", Coin[1], Count[1]);
        printf("%d원 - %d개 \n", Coin[2], Count[2]);
        printf("%d원 - %d개 \n", Coin[3], Count[3]);
        return 1;
    }
    else {
        printf("해를 구하지 못함.\n");
        return 0;
    }
}
```

4. 수행후의 배열결과 및 변수 최종결과, 결과 값

Coin 배열	Count 배열	m	i	f	최종결과
Coin[0] = 500	Count[0] = 1				500원 1개
Coin[1] = 100	Count[1] = 3	0	4	1	100원 3개
Coin[2] = 50	Count[2] = 1				50원 1개
Coin[3] = 10	Count[3] = 1				10원 1개

"끝"

문 20) 상관 분석 (Correlation Analysis)

답)

1. 두 변수 사이의 상관관계를 측정, 상관분석의 개요

가. 상관분석(Correlation Analysis)의 정의

하나의 변수와 다른 변수와의 어떤 밀접한 관련성을 갖고 변화하는가를 분석하는 방법으로서 두 변수 간에 어떤 선형적 관계를 갖고 있는지 상호관계 정도를 분석하는 통계적 기법

나. 상관분석의 종류

단순상관관계	두 변수 간의 상관관계
다중상관관계	두 개 이상의 독립변수에 가중치를 부여한 상관[관계]
부분상관관계	어떤 변수를 통제한 상태에서의 두 변수의 상관[관계]

2. 상관분석의 개념도 및 관계분석

가. 상관분석의 개념도

상관분석은 변수간의 선형관계를 분석하기 때문에 두 변수 간의 공분산(Covariance) 분석부터 시작됨

※공분산: 순서에 2개 변수 값들을 갖는 개별 관측치들이 각 변수의 평균으로부터 어느 정도 산포되어 있는가를 나타냄

4.	관측치간의 선형관계		
	양(+)의 선형관계	음(-)의 선형관계	선형관계 없음
	Positive 상관관계	Negative 상관관계	No 상관관계

3.	상관계수의 종류	
	Pearson (피어슨)	Spearman (스피어만)
	- 상관분석에서 기본적으로 사용되는 피어슨 상관계수	- 스피어만 상관계수 (p = rho)
	- 연속형 변수의 상관관계 측정 (신장, 몸무게)	- 변수값 대신 순위로 바꿔서 이용하는 상관계수 (학교등급, 졸업 Level)
	- 모수 검정	- 비모수 검정

"1끝"

문 21) Data 분석에서 상관관계(Correlation)와 인과관계(Causation)의 비교설명

답)

1. 두 결과의 관계분석, 상관관계와 인과관계 정의 & 개념도

구분	상관관계	인과관계
정의	변수간 선형관계 (양/음/무의 관계)를 표현하는 수학적 함수관계	선행의 Action이 원인이 되고 원인에 따른 결과관계
개념도	y / 상관관계 (x, y의 변화) / x	원인 — 인과관계 Input → 결과 / Input output
설명	원인이 아닌 다른변수간 변화관계	결과 도출시 원인에 초점

2. Correlation과 Causation 상세 비교

구분	Correlation (상관)	Causation (인과)
분석목적	두가지 중 한쪽이 변화서 다른 한쪽도 변화하는 관계분석	한 현상은 다른 현상의 원인 (Input)과 동시에 결과관계
관계분석	두 변수간 선형적 관계 (양/음/무의 상관관계)	선행 사건에 따라 후행 사건에 영향을 주는 비대칭적 관계
관련성	원인과 결과의 관련성 없음	원인과 결과는 관련성 있음
시간성	결과 도출시 변수 연관성	원인은 결과보다 앞선 시간
관리지표	선행지표, 후행지표	선행지표
분석기법	시계열분석, 생존분석	회귀분석, 이상치분석 등
도출모형	상관계수 (피어슨, 스피어만)	기준선 모형

3	상관관계와 인과관계 의사결정 활용비교	

- 상황 : 아이스크림 판매량 증가시기와 의사 사고 발생 증가시기가 유사

구분	상관관계	인과관계
목적	예측	설명 (결과)
주분야	경제학, Data과학등	의학, 약학, 심리학등
수준	상관관계로 충분, Big Data로 분석 가능	- 인과관계를 설득하기위해서는 비 허위성이 반드시 필요함
	판매량 증가 (여름)시 의사 사고 증가 예측가능	- 판매량과 의사사례처럼 잘못된 인과관계 극도로 경계

- 문제 해결위해 어떤 관계모형을 적용할지 고려 필요

"끝"

문22) 회귀분석 (Regression Analysis)

답)

1. 대표적인 분류분석 기법, 회귀분석 (Regression분석)의 개요

　가. 변수들 간 경향성분석, Regression Analysis의 정의

관찰된 연속형 변수들에 대해 두 변수 사이의 모형을 구한 후 적합도를 측정해 내는 분석 방법

　나. Regression Analysis의 표준 가정

선형성	오차항은 모든 독립변수 값에 대해 등일한 분산
정규성	오차항의 평균(기대값)은 $\emptyset$
정규분포	수집된 데이터의 확률분포는 정규분포
독립성	독립변수 상호간에는 상관관계가 없어야 함
No Noise	수집된 Data들은 잡음의 영향을 받지 않아야 함

2. 회귀분석의 유형 (Regression Analysis (이하 RA))

　가. 독립변수의 수에 따른 유형

독립변수수	유형	회귀식 (사례)
독립변수 1개	단순회귀분석 Simple RA	$y = \alpha + \beta x + \varepsilon$ 종속변수 ↑ 　모회귀계수 　독립변수 ($\alpha, \beta, \varepsilon$는 상수)
독립변수 2개이상	다중회귀분석 Multiple RA	$Y_i = \alpha + \beta_1 X_{1i} + \beta_2 X_{2i} + \cdots$ $+ \beta_k X_{ki} + \varepsilon_i$

- y = 절편, β는 기울기로 독립변수 1개를 가지는 회귀식은

기울기가 있는 직선의 상관관계를 가짐.

다. 종속변수의 형태에 따른 유형

연속형	범주형(이산형)
종속변수 Y가 확률값을 갖는 연속형	종속변수 Y가 범주형(이산형) 변수
회귀분석, 직교회귀분석	로지스틱 회귀분석

- 직교회귀분석은 종속변수 Y값과 방정식간의 직각거리를 최소화하는 기법이며 로지스틱 회귀분석은 종속변수가 2개 이상인 다항 로지스틱 회귀분석과 분화 로지스틱 회귀분석으로

3. 변수와 관계의 이해

가. 변수(x, y와 같이 여러가지로 변함)의 이해

$$y = 500x$$

종속변수 상수 독립변수

변수 : x, y
상수 : 일정한 값
관계식 : 변수사이의 관계식

독립 변수	종속 변수
설명 변수	반응변수
예측 변수	목표 변수
방정식(관계식)에서 x값	관계식에서 Y값
Input	Output

4. 관계의 이해 (도식통한 이해)

선형관계	비선형관계	단조관계
양의 (+) 선형관계		

- 선형관계는 우측으로 가면서 높아지는 양의 선형관계
  반대로 우측으로 가면서 낮아지는 음의 선형관계도 있음
- 단조관계는 독립변수와 종속변수가 동시에 증가 하기는
  하지만 비율로 증가하지 않음

4. 회귀식의 과적합 방지위한 정규화 선형회귀

가. 과적합과 부적합의 정의

과적합 (Over-fitting)		- 학습 데이터가 지나치게 잘 학습됨 [상태] - 데이터는 오류나 잡음을 포함할 개연성이큼. 학습데이터에 대해서는 매우 높은 성능보임. 학습되지 않은 데이터에 대해서는 성능확보 미흡
부적합 (Under fitting)		- 학습 데이터(Data)를 충분히 학습하지 않은 상태
적합 (good fitting)		- 적절하게 학습된 상태 +, O 구분을 명확히 구분됨

나. 정규화 선형회귀(Regularized Linear Regression)
- 선형회귀 계수(Weight)에 대한 제약조건을 추가함으로써 모형이 과도하게 최적화되는 현상, 즉, 과최적화를 방지하는 회귀분석 기법

다. 정규화 선형회귀의 유형

유형	설 명	Python 함수명
Ridge (릿지)	가중치들의 제곱합을 최소화하는 것을 추가적인 제약조건으로 하는 기법	Ridge()
LASSO (라쏘)	Least Absolute Shrinkage & 선택 Operator 가중치의 절대값의 합을 최소화 하는것을 추가제약조건으로하는 기법	LASSO()
Elastic Net	가중치와 절대값의 합과 제곱합을 동시에 최소화하는 것을 추가 제약 조건으로하는 정규화 선형회귀 기법	Elastic Net()

"끝"

문 23) 로지스틱 회귀분석 (Logistic Regression Analysis)

답)

1. 범주(범위)형 종속변수의 회귀식, 로지스틱 회귀분석의 개요

　가. 로지스틱 회귀분석(Logistic Regression분석)의 정의

　　분석 대상들이 여러 집단으로 나누어진 경우, 독립변수의 선형 결합을 이용하여 개별관측치가 어느 집단에 속하는 확률을 계산하는 분류 기법

　나. Logistic Regression의 특징

| 승산비 | Odds Rate : 사건 발생 확률과 일어나지 않을 확률의 비 |
| Logit & Log | 0과 1 사이 값을 취하기 위해 log를 이용하여 변환(Logit 변환), 최종 로지스틱 함수를 얻어 분석에 이용 |

2. 로지스틱 회귀분석의 Graph 및 주요개념

　가. 로지스틱 회귀분석의 Graph

$$E(y) = \frac{e^{\beta_0 + \beta_1 x}}{1 + e^{\beta_0 + \beta_1 x}}$$

확률 (probability)

1.0　0.8　0.6　0.4　0.2　0.0

(로지스틱 함수)

　나. 로지스틱 회귀분석의 주요개념

구분	설　명	관련식
승산비	Odds Rate(OR)	odds =

		승산비 (가망)	어떤 사건이 일어날 확률과 일어나지 않을 확률의 비	$= \dfrac{P(y=1\|x)}{1-P(y=1\|x)}$
		Log	log는 $(-\infty, \infty)$의 값 가능하여 회귀 모형 성립이 가능	$Log(odds)$ $=Log(P/1-p)$
		Logit	Log 연산을 통한 Logit 확률($0~1$)	$logit(p)=$ $log\ P/1-p$

3. Logistic Regression 에 사용되는 변수 유형

가. 연속형 변수유형 (회귀분석 위한)

연속형 변수 → 단순회귀분석 · 독립(설명)변수
가 1개인 경우
숫자로 예측 $Y=a+b*X$

→ 다중회귀분석 · 독립(설명)변수가
2개 이상인 경우
$Y=a+b1*x1+b2*x2+b3*x3$

· 종속 변수가 연속형 변수 예) 매출액

나. 이산형 변수

이산형 변수 → 이항로지스틱 회귀분석 · 종속 변수의 값이
2개인 경우
Classification Y값 = 제출여부(Y,N)

→ 다항로지스틱 회귀분석 · 종속변수의 값이
3개 이상인 경우
Y값 = 제출상태(거절, 보류,승인)

· 종속변수가 이산형 변수
예) 선호제품(A,B,C)
제출여부(Y,N)
제출상태
(거절, 보류, 승인)

4. 회귀분석의 실제 예시

가. 단순회귀분석

X (hours)	y (Score)	
10	90	공부시간을 바탕으로 한
9	80	최종시험 점수 예측
3	50	
2	30	

나. 이항로지스틱 회귀분석

X (hours)	y (Score)	
10	P	공부시간을 바탕으로 한
9	P	합격(P) / 불합격(F)
3	F	분류 (종속변수 - Output
2	F	값이 2개인 경우)

다. 다항로지스틱 회귀분석

X (hours)	y (Score)	
10	A	공부시간을 바탕으로
9	B	한 등급분류
3	D	(종속변수 - Output 값이
2	F	3개 이상인 경우)

"끝"

문 24) Cluster (클러스터) 분석 - 1교시형

답)

1.		군집 데이터 대표값 → 전체 특성 파악, Cluster 분석개요	
	가	Cluster Analysis의 정의 (군집분석의 정의)	
		전체 데이터를 몇개의 집단으로 그룹화 하여 각 집단의	
		성격을 파악함으로써 데이터 전체의 구조에 대한	
		이해를 돕고자 하는 분석법.	
	나	군집화 (clustering)의 구분	
		군집화의 기준	동일한 군집에 속하는 개체는 여러 속성이 비슷하고 서로 다른 군집에 속한 관찰치는 그렇지 않도록 구성
		군집화를위한 변수 예) 고객 세분화	-인구통계변수 : 성별, 나이, 거주지, 직업, 소득등 -구매 패턴 변수 : 상품, 주기, 거래액 등 -생활 패턴 변수 : 라이프스타일, 성격, 취미등
2.		군집분석의 사례 및 활용	
	사례	수익 / 집단B / 마케팅 공략대상 / 집단A / Brandy Royalty	군집분석은 속성이 비슷한 잠재고객들끼리 그룹화 하여 시장을 세분화 하는 방법에 자주 활용
	활용	기업의 수익에 기여정도	-우수고객의 인구통계적 요인, 생활패턴 파악 -개별고객에 대한 맞춤관리
		구매패턴	-신상품 판측, 잠재고객관리, 지속관리 가능 -교차 판매를 위한 목표집단구성

구분	설명
탐색적인 기법	주어진 자료에 대한 사전정보 없이 의미있는 자료구조를 찾아 낼 수 있음
다양한 형태의 Data에 적용가능	Distance(거리)를 잘 정의하면 → 모든 종류의 자료에 적용가능
분석자에 의존	자료의 사전정보 없이 자료를 작악하는 방법으로 분석자의 주관에 결과가 달라짐
분석방법 용이	분석방법의 적용이 쉬움
가중치 & 거리	가중치와 거리의 정의가 어려움
결과 해석	결과의 해석이 어려움
초기군집수 K결정	초기 군집수 k의 결정이 어려움.

"끝"

문 25) 군집분석 (Cluster Analysis) - 2 교시형

답)

1. 개체집합내 유사성분석, 군집분석의 개요

가. 군집분석 (Cluster Analysis) 의 정의

군집내 객체간 유사성와 군집 간 상이성 (이질성)을 규명하기 위해 관측치 또는 개체를 의미 있는 몇개의 부분 집단으로 나누는 비지도학습 기반의 분석 기법

군집분석이란 비슷한 내용을 묶고 다른 내용와는 멀리 하덧

나. 군집분석 (cluster Analysis) 의 특징

탐색적	사전정보없이 의미있는 자료구조 탐색
데이터	거리가 정의된 다양한 형태의 데이터에 적용가능
유사도	물리적 거리가 가까운 항목들은 동일 집단으로묶음

- 비지도학습기반으로, 유사도 측정을 통하여 군집을 형성.

2. 군집분석 (Cluster Analysis) 의 거리

가. 군집분석 (Cluster Analysis) 의 거리척도

거리척도	측정값이 작을수록 비슷하다는 것을 의미함
유사도척도	값(Value)이 클수록 비슷한 것을 의미함
알고리즘	K-means, DBSCAN, GMM, 클러스터링등

4. 거리 측정의 종류	구분	측정	설명
	유클리디안 거리		좌표상에서 데이터들 간의 직선거리를 의미함. $d(x,y) = \sqrt{\sum_{i=1}^{n}(x_i - y_i)^2}$
	맨하튼 거리 (Distance)		- 점선은 유클리디안 거리 - 절대값을 합산하는 방식, 실선은 모두 맨하튼 거리임. $d(x,y) = \|x-y\|$ $= \sum_{i=1}^{n}\|x_i - y_i\|$
	마할라노비스 거리 (Mahalanobis)		변수의 분산과 상관성을 고려한 거리측정 방법으로 변수간의 상관관계가 있을때 유용함. $d(A,B) = (A-B)\Sigma^{-1}(A-B)^T$ Σ^{-1} = 공분산 행렬의 역행렬, T는 변환행렬

3	군집분석 (Cluster Analysis)의 유사도 척도		
	구분	측정	설명
	코사인 유사도 (Cosine Similar-ity)	A, B, θ, $\|A\|\cos\theta$	좌표상에서 데이터들 간의 Cosine 값 $$\cos\theta = \frac{A \cdot B}{\|A\|\,\|B\|}$$ $$= \frac{\sum_{i=1}^{n} A_i \times B_i}{\sqrt{\sum_{i=1}^{n}(A_i)^2} \times \sqrt{\sum_{i=1}^{n}(B_i)^2}}$$
	자카드 (Jaccard) 유사도	상품 A, 상품 B	집합 간의 교집합 크기를 이용해서 유사도를 측정하는 방법 $$자카드 유사도 = \frac{A \cap B}{A \cup B}$$ A = { A상품을 구매한 소비자 } B = { B상품을 구매한 소비자 }

─ 유사도 척도는 값이 클수록 비슷한 것을 의미함

4	군집분석 (Cluster Analysis) 알고리즘		
	구분	설명	특징
	K-means	· K개 평균값 (중심점) 이용한 군집	· K값 명시적 지정 · Outlier 민감

K-means	·대용량 데이터 처리	·구형분포에 부적절
D.B.SCAN	·개체들의 밀도를 계산후 군집 ·cluster 형성 반복	·다양한 분포 가능 ·범위 (epsilon)
GMM (Gaussian Mixture Model)	·가우시안 분포의 조합을 가정 ·각 분포에 속할 확률 높은 데이터끼리 군집 형성	·분산이 일정하지 않은 유형도 분석 가능 ·계산량이 많음
계층 Clustering	·분포와 평균측정 불가시 사용 ·유사도 높은 개체 수로 계층관	·반복 (Repeat)적 ·유사도 계산에 적음

-데이터의 중복, 크기를 고려하여 군집분석 Algorithms 을 선택할 수 있음.

"끝"

문 26) 계층적 군집분석 (Hierarchical - clustering)

답)

1. 병합(Agglomeration), 분할(Division), H-clustering 개요

　가. 계층적 군집분석의 정의

　　가까운 관측값들끼리 묶는 병합과 먼 관측값들을

　　나누어가는 분할에 의해 계층적으로 전체군집들간

　　구조적 관계를 분석하는 기법

　나. 계층적 군집분석의 분류

병합계층 군집화	단일개체로부터 시작하여 서로유사한 개체들 끼리 병합하는 방법 (Agglomeration)
분할계층 군집화	단일그룹에서 시작하여, 두개의 하위 그룹으로 분할하는 방법 (Division)

2. 병합방법 예시 및 설명

방법들	설명
최단거리	① n개의 Data를 각각 하나의 군집으로 취함
	② n개의 군집중 가장 거리가 가까운 두개의 군집을 병합하여 n-1개의 군집형
최장거리	③ n-1개의 군집중 가장 가까운 두군집을 병합하여 군집을 n-2개로 줄임
	④ 이를 반복하여 계속수행후 군집수줄임
중심거리	⑤ 최단거리, 최장거리, 중심거리 등 여러방법 존재

3.　계층적 군집분석의 활용

- 주로 병합방법 활용함, 전체군집들간의 구조적 관계를 쉽게 (Easy) 살펴볼수있음.

- 데이터가 불규칙하고 내부 특징이 알려지지 않은 분류 초기 관계에 적합

- 패턴인식, 시장과 고객 분석, Text Mining 등에 활용

"끝"

문 27)	자카드 (Jaccard) 계수
답)	
1	유사도 측정기법, 자카드 (Jaccard) 계수의 개요
가	비교 대상의 유사도 측정계수, 자카드계수의 정의
	Boolean ($\emptyset$, 1) 속성의 두개 오브젝트 A, B에 대하여
	A와 B가 1(True)의 값을 가지는 교집합의 개수를
	A와 B가 1(True)의 값을 가지는 합집합의 개수로 나눈수
나	Jaccard 계수의 수식

$$J(A, B) = \frac{|A \cap B|}{|A \cup B|} = \frac{|A \cap B|}{|A| + |B| - |A \cap B|}$$

2	Jaccard 계수의 예시

- User Based 데이터 셋 (구매 : 1)

	Item 1	Item 2	Item 3	Item 4
User1	$\emptyset$	1	$\emptyset$	1
User 2	$\emptyset$	1	1	1
User 3	1	$\emptyset$	1	$\emptyset$

- 위의 데이터 셋에서 사용자1과 사용자2의 Jaccard 유사도를 계산하면

$$J(A, B) = \frac{|A \cap B|}{|A \cup B|}$$

분모) $|A \cup B|$, 즉 두사람이 산(구매) 상품의 합집합의 개수는 3

분자) $|A \cap B|$, 두사람이 산 상품의 교집합의 개수는 2

Jaccard 유사도 값은 2/3 = 0.67 임

3. 모든 사용자간 계산된 유사도

	User 1	User 2	User 3
User1	1.0	0.67	0
User2	0.67	1.0	0.25
User3	0	0.25	1.0

- User3과 User2의 경우는 4개 중 Item3만

유사도를 가져 0.25임

"끝"

문 28) 해밍거리 (Hamming Distance)

답)

1. Data 간 유사도 측정. 해밍거리의 정의

   Data 간의 유사도를 측정하기 위한 방법 (전문가

   시스템의 일종인 추천엔진에서 많이 활용됨)

2. Hamming Distance의 예시 및 구현 Code (Python)

   가. 해밍거리의 예시 (동일크기문자열에서 가능)

두문자열	해밍거리	설 명 (해밍거리)
1Φ11 & Φ111	2	몇개의 문자를 바꿔어야
acdef & bcdxx	3	두문자열이 같아지느냐

   4. Python의 Numpy 라이브러리 활용

   ```python
   import numpy as np              // numpy 선언
     a = np.array([1, Φ, 1, 1])    // array (배열)선언
     b = np.array([Φ, 1, 1, 1])
     np.count_nonzero(a != b)      // 문자비교
   ```

   - 결과값 2   (AI, 보안등 Data 유사도 측정시 사용)

3. Hamming Distance의 활용사례

   - 수신 Data의 오류 감지 & 수정에 활용 (NW/보안)

   - 자연어처리: 데이터간의 형태적 유사성 계산 (AI)

   - 유사도 측정을 위해 협업필터링등 추천시스템 (추천

     엔진)의 Data 분석시 활용

   "끝"

문 29) 해밍코드(Hamming Code)의 오류검색과 수정방법,
그리고 활용사례에 대해서 설명하시오
(Data는 4 Bit (11φ1)로 가정하고 짝수 패리티
(Even parity)를 사용한다)

답)

1. 수신측에서 오류 정정(Correction), Hamming Code 개요
   가. 오류검출(Detection) 및 정정, Hamming Code의 정의
   - Parity Bit를 활용하여 수신측에서 Data 오류를 검출
   (Detection)하고 발생위치 파악후 정정가능한 코드
   나. 해밍 Code의 특징과 필요성

특징	- Parity Bit수 $= 2^p - 1 \geq n + p$ (n: Bit수) - $2^n (n = φ, 1, 2 \cdots)$ 위치에 Parity Bit 삽입 - 홀수/짝수 parity bit 통한 위치 파악
필요성	오류시 재전송 요구에 따른 트래픽 증가와 속도문제를 개선하고 전송신뢰도를 향상

2. 오류 Code의 검색 방법
   가. 해밍코드 특징에 따른 조건의 제시(문제 기준) ↙주어진

Data 4 bit	문제 제시 기준 4 bit, 11φ1 (우측부터 1자리)
필요 parity Bit수	$2^p - 1 \geq 4 + p \to 2^3 - 1 \geq 4 + 3 \to parity = 3$ 즉, P값은 parity bit로 조건을 만족하는 정수
Parity Bit위치	1 1 φ p3 1 p2 p1

4. Hamming Code의 오류검출 방법 (1101 Bit 전송시)

① 각 Bit당 Parity Bit의 대응 Bit 위치확인

자리	p3	p2	p1
0	0	0	0
1	0	0	1
2	0	1	0
3	0	1	1
4	1	0	0
5	1	0	1
6	1	1	0
7	1	1	1

- 대응 Bit 위치 확인

p1 : 1, 3, 5, 7 대응

p2 : 2, 3, 6, 7 대응

p3 : 4, 5, 6, 7 대응

110 [p3] 1 [p2] [p1]
↑↑↑   ↑   ↑
6 5   3자리   1자리
7자리

② 각위치별 해당 Bit의 정렬

자리	7	6	5	4	3	2	1
Bit	1	1	0	p3	1	p2	p1

③ 짝수/홀수 parity에 따른 패리티 비트 생성

구분	대응Bit	대응Bit결과	짝수패리티 생성
p1	7,5,3,1	1 0 1 p1	0
p2	7,6,3,2	1 1 1 p2	1
p3	7,6,5,4	1 1 0 p3	0

④ 최종 전송할 Data (송신측에서 Parity 생성기에서 생성)

자리	7	6	5	4	3	2	1
Bit	1	1	0	0(p3)	1	1(p2)	0(p1)

3. Hamming Code의 오류 수정방법 (수신측에서)

① 실제 Data와 오류발생조건 (가정)

   - 실제 전송받은 Data : 1 1 0 [0] 1 [1] [0]

   - 오류 발생 (가정) : 1 1 [1]$_{p3}$ 0 1 1$_{p2}$ 0$_{p1}$

② 오류 위치 탐색

               Bit 5에서 오류발생 (가정)

구분	대응 Bit	대응 Bit 결과	짝수 Parity
p1	7, 5, 3, 1	1 1 1 0	1
p2	7, 6, 3, 2	1 1 1 1	0
p3	7, 6, 5, 4	1 1 1 0	1

③ 오류 위치 탐색 결과

   Parity Bit = 1 0 1 (p3 p2 p1)

          = 5번째 Bit에서 오류 발생

④ 오류정정

   - 송신후 수신 받은 실제 Data : 1 1 0 [0]$_{p3}$ 1 [1]$_{p2}$ [0]$_{p1}$

Bit	7	6	5	4	3	2	1
수정전	1	1	1	0	1	1	0
수정후	1	1	0	0	1	1	0

(↓) (↓ 정정)

4. Hamming Code의 활용사례

- 해밍코드는 단일 Bit 수신측 자체오류 정정시 유리한 기법, 랜덤오류(Random Error)와 연집오류(Burst

Error)까지 모두 정정 가능한 RS (Reed-Solomon) Code 기법으로 발전됨

구분	사례	설 명
데이터 복구	SSD ECC	- SSD Error Correction Code - NAND Flash에서 1 Bit 정정시
데이터 Backup	RAID-2	RAID-2 구성시 별도의 HDD에 패리티 비트들을 해밍코드로 구성, 백업/복구에 적용
통신	FEC (전진오류수정)	- Forward Error Correction - Parity Bit 이용, 수신측에서 Error 정정
초소형 장비	Microchip Device	대부분의 Microchip Device에서 Bit오류 정정에 적용 → 신뢰도 향상
데이터 복구	RAID-5	Parity Bit을 각 HDD에 분산하여 저장 1개의 HDD Error 발생시 복구가능

"끝"

문 30) 유클리디안 거리 (Euclidean Distance)

답)

1. 유사도 측정기법 유클리디안 거리의 개요

가. Euclidean Distance 의 정의

- 피타고라스(pththagorass) 정리의 개념을 이용, 두 점 사이의 거리 (Distance)를 측정하는 기법

나. 다 차원 변수간 유사도 측정 기법의 종류

유클리디안거리	피타고라스 정리 활용한 거리측정
마할라노비스	공분산 이용, 두 지점간의 거리 측정

2. Euclidean 거리식과 예제

가. 유클리디안 거리 계산식

개념도	계산식
- 거리 $(A, B) = \sqrt{(x_B - x_A)^2 + (y_B - y_A)^2}$	$\sqrt{(p_1 - g_1)^2 + (p_2 - g_2)^2 + \cdots + (p_n - g_n)^2}$ $= \sqrt{\sum_{i=1}^{n} (p_i - g_i)^2}$

나. User1/2/3 의 각각의 유사도 계산

사용자 선호도 점수	Item	Item 1	Item 2	Item 3	Item 4
	User 1	5	1	1	4
	User 2	4	1	2	3
	User 3	1	2	4	1

① User1 과 User2 간의 유사도 계산

$= \sqrt{(5-4)^2 + (1-1)^2 + (1-2)^2 + (4-3)^2}$

$= \sqrt{3} = 1.7320$

- 유사도가 높을수록 1에 가깝고 낮을수록 0에 가까움

- 표현하기 위해 $1/(1+d)$ 적용

$= 1/(1+1.7320) = 1/2.7320$

$= 0.366$ (User1 과 User2의 유사도)

② User1 과 User3 간의 유사도 계산

$= \sqrt{(5-1)^2 + (1-2)^2 + (1-4)^2 + (4-1)^2}$

$= \sqrt{16+1+9+9}$

$= \sqrt{35}$

$= 5.916$

유사도 $= 1/(1+5.916)$

$= 0.144$ (User1 과 User3의 유사도)

③ User2 와 User3 간의 유사도 계산

$= \sqrt{(4-1)^2 + (1-2)^2 + (2-4)^2 + (3-1)^2}$

$= \sqrt{9+1+4+4}$

$= \sqrt{18}$

$= 4.242$

유사도 $= 1/(1+4.242)$

$= 0.190$ (User와 User3 간의 유사도)

④ User1, User2, User3 간의 유사도

User 1

0.366   0.144

User 2   0.190   User 3

-User1과 User2간의 유사도가 제일 높음

3. 유클리디안 거리의 활용

활용	영역	세부 설명
머신러닝 / Data 분석	K-최근접 이웃(KNN)	새로운 Data가 어떤 Group에 속하는지 구분시 기존 Data와의 거리를 계산해 가장 가까운 이웃을 찾을때 적용
	클러스터링 (K-means 등)	Data들을 Grouping할때 중심 점과의 거리를 기준으로 군집형성
	차원축소 (PCA)	Data간의 거리를 유지하면서 차원을 줄이는 과정에 적용가능
Computer 비전	이미지 검색	두 Image의 특징을 Vector간 거리를 계산해 유사도 판별
	얼굴인식	얼굴특징 Vector간 거리를 계산 (비교)하여 동일 인물 여부 판별
자연어 처리	문서 유사도 측정	문서를 Vector화 한후, 거리를 통해 문서간 유사성 평가

(NLP)	단어 임베딩 비교	단어 벡터(vector)간 거리를 계산해 의미적 유사성 파악	
로봇공학 /경로 탐색	경로 최적화	로봇이나 드론이 목표지점까지 가장 짧은 경로 검색서 기본 거리 계산에활용	
	충돌회피	장애물과 거리 계산, 안전 거리 확보	
Game/ 그래픽스	캐릭터 이동	두 점거리 계산해 이동속도, 방향제어	
	시뮬레이션	물체 간 거리 기반으로 충돌가능판단	

"끝"

문 31) 유클리디안 거리를 계산하시오 (A, B), (A, C)간 거리

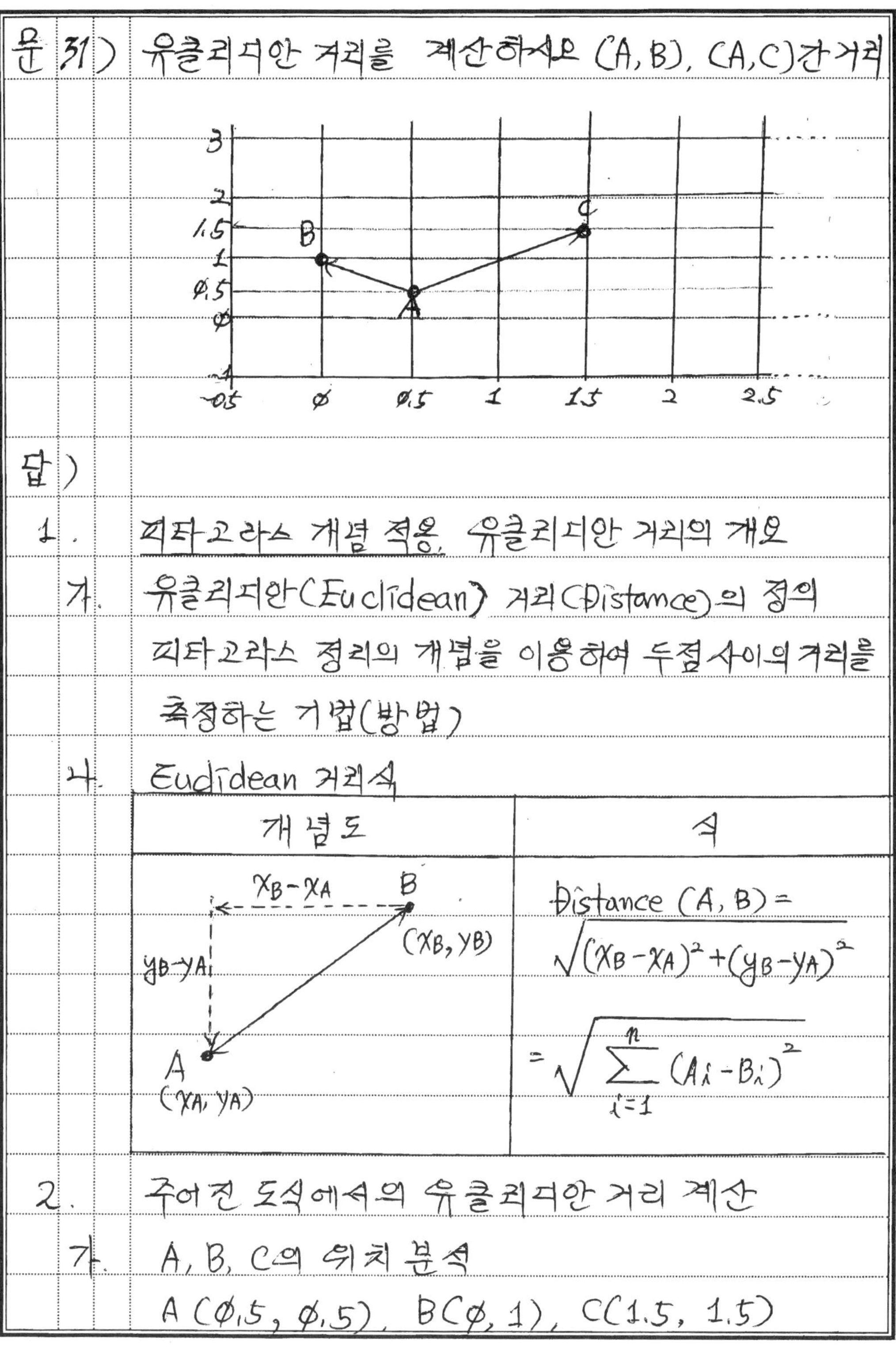

답)

1. 피타고라스 개념 적용, 유클리디안 거리의 개요

가. 유클리디안(Euclidean) 거리(Distance)의 정의

피타고라스 정리의 개념을 이용하여 두점사이의 거리를 측정하는 기법(방법)

나. Euclidean 거리식

개념도	식
개념도	$Distance(A, B) = \sqrt{(X_B - X_A)^2 + (Y_B - Y_A)^2}$ $= \sqrt{\sum_{i=1}^{n} (A_i - B_i)^2}$

2. 주어진 도식에서의 유클리디안 거리 계산

가. A, B, C의 위치 분석

A (0.5, 0.5), B(0, 1), C(1.5, 1.5)

4. A, B간의 거리 계산

$$= E(A, B) = \sqrt{(0.5-0)^2 + (0.5-1)^2}$$
$$= \sqrt{0.25 + 0.25}$$
$$= \sqrt{0.5}$$
$$= 0.707$$

다. A, C간의 거리 계산

$$= E(A, C) = \sqrt{(0.5-1.5)^2 + (0.5-1.5)^2}$$
$$= \sqrt{1 + 1}$$
$$= \sqrt{2}$$
$$= 1.414$$

라. 결과 : A, B와 A, C의 유사도 측정 결과
A, B가 1에 가까움. 즉, A, C 대비 A, B가
유사도가 높음

3. 유클리디안 거리분석의 활용
- 객체간의 유사성 분석시 사용
- 집산내의 동질성 / 이질성 분석에 활용

"끝"

문 32) 마할라노비스 (Mahalanobis) 거리를 구하시오.

(A,B), (A,C) 간 거리

― 공분산 행렬은 ―

$$\Sigma = \begin{pmatrix} 0.3 & 0.2 \\ 0.2 & 0.3 \end{pmatrix}$$

답)

1. 공분산 활용, Mahalanobis 거리의 개요

　가. 마할라노비스(Mahalanobis) 거리의 정의

－ 확률분포를 고려하여 공분산을 이용한 두 지점 간 거리 측정 │공분산│ － 확률변수의 상관정도를 나타내는 값으로 X 편차와 Y의 편차를 곱한 것의 평균값

　나. Mahalanobis 거리식

개념도	식
	변수의 분산과 상관성을 고려한 거리측정방식 $d(A,B) = (A-B)\Sigma^{-1}(A-B)^{T}$ /* T = 변환행렬 /* Σ^{-1} : 공분산 행렬의 역행렬

2. 주어진 도식에서의 마할라노비스 거리 계산

　가. A, B, C 지점의 위치분석

A(0.5, 0.5), B(0, 1), C(1.5, 1.5)

나. 주어진 공분산 행렬에서 역행렬 구하기

$$A = \begin{pmatrix} a & b \\ c & d \end{pmatrix} \text{ 일때 } A\text{의 역행렬}$$

$$A^{-1} = \frac{1}{ad - bc} \begin{pmatrix} d & -b \\ -c & a \end{pmatrix}$$

$$\Sigma^{-1} = \frac{1}{0.05} \begin{pmatrix} 0.3 & -0.2 \\ -0.2 & 0.3 \end{pmatrix} = \begin{pmatrix} 6 & -4 \\ -4 & 6 \end{pmatrix}$$

(공분산 행렬의 역행렬)

$20 \qquad (20 \times 0.3) = 6$

$* \ 0.05 = (ad - bc) = ((0.3 \times 0.3) - (0.2 \times 0.2))$

$$= 0.05$$

다. 마할라노비스 거리구하기

구분	계산과정 & 결과
A, B 간 거리	$(0.5 \ -0.5)\begin{pmatrix} 6 & -4 \\ -4 & 6 \end{pmatrix}\begin{pmatrix} 0.5 \\ -0.5 \end{pmatrix} = 5$
A, C 간 거리	$(-1 \ -1)\begin{pmatrix} 6 & -4 \\ -4 & 6 \end{pmatrix}\begin{pmatrix} -1 \\ -1 \end{pmatrix} = 4$

라. A,B와 A,C간 거리 계산 상세

① A,B간 거리 계산 상세

$$= \left(\frac{1}{2} \ -\frac{1}{2}\right)\begin{pmatrix} 6 & -4 \\ -4 & 6 \end{pmatrix} = \left(\frac{1}{2}\cdot 6 + \left(-\frac{1}{2}\right)\cdot(-4)\right.$$

$$\left.\frac{1}{2}\cdot(-4) + \left(-\frac{1}{2}\right)\cdot 6\right)$$

$$= (5 \ -5)$$

$$= (5 \quad -5) \cdot \begin{pmatrix} \frac{1}{2} \\ -\frac{1}{2} \end{pmatrix} = \left(5 \cdot \frac{1}{2} + (-5) \cdot \left(-\frac{1}{2}\right) \right)$$

$$= 5$$

② A, C 간 거리 계산 상세

$$= (-1 \quad -1) \begin{pmatrix} 6 & -4 \\ -4 & 6 \end{pmatrix} = \begin{pmatrix} (-1) \cdot 6 + (-1) \cdot (-4) \\ (-1) \cdot (-4) + (-1) \cdot 6 \end{pmatrix}$$

$$= (-2 \quad -2)$$

$$= (-2 \quad -2) \cdot \begin{pmatrix} -1 \\ -1 \end{pmatrix} \qquad = \left((-2) \cdot (-1) + (-2) \cdot (-1) \right)$$

$$= 4$$

3. 거리 계산 결과

- 유클리디안 거리 비교 시 반대 결과 나옴
  즉, 상관에 따른 거리가 변할 수 있음

"끝"

문 33) 코사인 유사도 (Cosine Similarity)

답)

1. 벡터(Vector) 활용 유사도 측정, 코사인 유사도 개요

가. Cosine 값 활용 Cosine 유사도의 정의

- 내적공간의 두 벡터(Vector)간 각도의 코사인 값을 이용하여 측정된 Vector간의 유사한 정도

나. Cosine Similarity의 의미

각도가 $\emptyset$ 일때	완전동일, 코사인 값은 1
다른모든 각도	각도가 작을수록 유사도 높음, 코사인값 < 1

2. Cosine 유사도의 개념과식, 두 Vector사이 각도 표현

가. Cosine 유사도의 Vector상 개념도와식

벡터상 개념도	식
	$\cos\theta = \dfrac{A \cdot B}{\|A\|\|B\|}$ $= \dfrac{\sum_{i=1}^{n} A_i \times B_i}{\sqrt{\sum_{i=1}^{n}(A_i)^2} \times \sqrt{\sum_{i=1}^{n}(B_i)^2}}$

나. 두 Vector사이 각도 표현

코사인 유사도 : +1	코사인 유사도 : -1	코사인 유사도 : $\emptyset$

3 Cosine Similarity 예시 (파이썬 활용)

가. 문서간의 유사도 표현

- 문서 - 단어 행렬 (Document Term Matirx, DTM)

구분	문 장
문서1	나는 아침보다 저녁이 좋다
문서2	사과는 아침보다 저녁이 좋다
문서3	사과는 점심 간식으로 좋다

- DTM 표현

	나는	아침보다	저녁이	좋다	사과는	점심	간식으로
문서1	1	1	1	1	0	0	0
문서2	0	1	1	1	1	0	0
문서3	0	0	0	1	1	1	1

4 파이썬 코사인 유사도 계산 함수 활용

- 파이썬 Cosine_similarity (A, B) 함수 사용

① Document Term Matrix (DTM) Setting

```python
doc1 = np.array([1, 1, 1, 1, 0, 0, 0])
doc2 = np.array([0, 1, 1, 1, 1, 0, 0])
doc3 = np.array([0, 0, 0, 1, 1, 1, 1])
```

② Cosine_similarity 함수 사용, 유사도 확인

```python
print(f"1.문서1-2간유사도:{cosine_similarity(doc1,doc2)}")
print(f"2.문서1-3간유사도:{cosine_similarity(doc1,doc3)}")
print(f"3.문서2-3간유사도:{cosine_similarity(doc2,doc3)}")
```

③ 문서간 유사도 출력

1. 문서1-2 간 유사도 : 0.75
2. 문서1-3 간 유사도 : 0.25
3. 문서2-3 간 유사도 : 0.5

④ 문서간 유사도 비교
- 문서 1과 문서2 간 유사도 높음

"끝"

문 34) 협업 필터링(Collaborative Filtering)

답)

1. 사용자와 연관된 정보 추천 협업 필터링의 개요

　가. 일종의 전문가 System Collaborative Filtering 정의

　　사용자간의 유사도 계산, 아이템 간의 유사도를
　　분석하여 개인 맞춤형 서비스의 예측 가능 방법

　나. 협업 필터링의 필요성

〈필요성〉　　　　　　　　　　　　　　〈기대효과〉

| 고객 ↕ 기업 | 다품종시대 선택어려움 고객 Needs 파악 어려움 | 협업 필터링 → | 개인 맞춤형 서비스 | 개인 서비스 → | 만족도증가 / 매출증가, 이익극대화 | 고객 ↕ 측면 기업 |

- 데이터에 대한 메타(Meta) 정보관리와 분석 알고리즘
이 중요, 개인 맞춤형 서비스 위해 협업필터링이 사용됨

2. 협업 Filtering의 유형과 알고리즘

　가. 협업 필터링의 유형

구분	사용자기반(User Based)	아이템 기반(Item Based)
개념도	사용자 A ↔ 유사 사용자 B → 과자 / 콜라 … 추천	사용자 C 구매→ 콜라 ↕ 유사 추천 사이다

개념	사용자간의 유사도를 계산하여 추천	아이템(Item)간의 유사도를 측정하여 추천
설명	나와 유사한 성향기반 그 사람들의 성향의 유사도를 측정하여 추천	내가 선호하는 아이템 (상품등)기반, Item의 유사도 측정하여 추천
장점	-Item 정보없이 추천 가능 -알고리즘 구현 간단	Item 정보없이 추천 가능 신규사용자에게도 추천가능
단점	사용자/Item 증가시 연산 급증	
	신가입자 유사도 파악어려움	Data 적을시 정확도 낮음
사례	SNS의 친구 추천	아마존등 상품추천

- 선호 성향이 유사한 사용자, 구매 Item의 연관성 고려,
  다양한 유사도 알고리즘으로 분석 가능

4. 협업필터링 알고리즘 (유사도 고려)

유사도	개념도&측정기준	설명
유클리디안	y / 상품Y / 거리 / 상품X / x -유사도 거리	- 두 지점간 거리를 벡터 (Vector)기반 계산 - 선호도를 벡터값으로 표현, 두지점 거리 계산, 유사도 측정
코사인	y / 상품Y / θ 코사인 / 상품X / x -벡터 각도	- Vector 간 각도의 코사인(Co-sine)값 계산 - 선호도의 벡터 각도로 유사도, 방향성 측정

| 피어슨 | <경향성 수치> | -상품 간의 상관관계를 분석하여 유사도 측정 (X와 Y가 함께 변하는 정도) (X와 Y가 따로 변하는 정도) |
| 자카드 | 교집합 / 합집합 -선호도 수치 | -선호도를 알기 어려운 경우 교집합과 합집합이용 (X와 Y의 교집합의수) (X와 Y의 합집합의수) |

3. 협업 필터링의 문제점과 해결 방안

문제점	극복 방안	상세 방안
Cold Start	Deep Learning 기반 Filtering	-추가 항목 자체 내용 분석 기반 -KNN, DBSCAN 등 AI 기술
계산 효율 저하	병렬 Computing	-행렬등 연산 최적화 컴퓨팅 사용 -GPGPU, Grid Computing 등
롱테일 문제	모델 기반 협업 Filtering	-자료내 사용자 패턴 기반 추천 -베이지안 Network 등

- Cold start : 불충분한 정보시 사용자 추론 어려움

- 롱테일 문제 : 소수 콘텐츠가 전체 추천 콘텐츠로 오인식

"끝"

문35) 추천 시스템(Recommender System)

답)

1. 개인 맞춤형 서비스, 추천 System의 개요

가. 고객 만족도 향상, Recommender System의 정의
개인 맞춤형 서비스 제공 위해 구매 패턴등 과거
데이터를 분석하여 상품을 추천하는 System

나. 추천 System의 필요성

추천 적중율을 향상시키기위해 데이터에 대한 메타정보
관리와 분석 알고리즘이 중요, 추천 System 분석 알고리즘
중 가장 대표적 알고리즘으로 협업 필터링 많이 적용

2. 협업 필터링의 개념과 유형

가. 협업 필터링(Collaborative Filtering)의 개념
- 누적된 대규모의 데이터를 활용하여 분류된 데이터의
기준 기반, 새로운 데이터에 재입 하여 분류하는 방법
- 이용자들의 사용 유사 형태, 소비 유사 패턴등 정보를
분석해 이용자가 선호하는 정보를 예측하는 방법

4. 협업 필터링의 유형

구분	사용자 기반 (User)	아이템 기반 (Item)
개념	사용자 선호 성향이 비슷한 사용자들을 같은 그룹화 동일 그룹 선호 상품 추천	과거 구매 Items 기반, Item과 선호 연관성이 높은 다른 아이템 추천
설명	사용자1 A,B,C,D 구매 사용자2 B 구매 사용자3 B,C 구매 사용자1,3 구매패턴유사 →사용자3에게 A,D 추천	사용자1 A,B,C,D 구매 사용자2 A,C 구매 사용자3 C 구매 아이템 A와 C 연관성 높음 →사용자3에게 A 추천
사례	SNS 친구추천 등	아마존 상품추천 등

- 선호 성향이 비슷한 다른 사용자 또는 과거구매 아이템과 연관성이 높은 Item은 사용자의 개별 아이템에 대한 선호도 기반 다양한 유사도 알고리즘으로 분석, 적용

3. 맞춤형 서비스 위한 추천 알고리즘

가. 콘텐츠 추천 알고리즘의 유형

구분	알고리즘	설명
전통적 Algorithm	협업 필터링	-사용자 행동(행위)분석 기반 -Item 기반, 사용자 기반분석
	콘텐츠 기반 필터링	-콘텐츠 내용 분석 기반추천 -유클리디언, 코사인유사도 등 측정

	최신 Algorithm	모델기반	-자료내 사용자 관련 기반 추천
		협력 필터링	- 베이지안 Network 등
		딥러닝 기반	-구글 Text 자동 생성 기술
		Filtering	-지도/비지도 학습 기반 알고리즘

-Deep Learning 기반 KNN, DBSCAN, SVM등 AI 기술 적극 활용하여 필터링 기법 지속 고도화중

4. 추천 System 유사도 알고리즘

유사도 알고리즘	측정기준	측정 방법
유클리디안	유사도거리	선호도를 Vector값으로 표현하여 두지점 간 거리 계산, 유사도 측정
코사인	Vector 각도(θ)	선호도를 Vector 각도 코사인 계산 하여 유사도측정, 방향확인
피어슨	경향성 수치	- (X,Y함께 변화)/(X,Y따로 변화) - X,Y 상관관계 해석, 경향성 측정
자카드	선호도 수치	- (X,Y교집합수)/(X,Y합집합수) - 선호도를 파악하기위해 사용

-상관분석을 하는 대상에 따라 적절한 유사도 알고리즘사용

4. 추천 System 운영시 고려사항

가. 추천 시스템의 한계

구분	한계점	설명
협업필터링	Cold Start	-새로운 항목 추천 한계점 재두

		협업 필터링	Cold start	-초기 정보 부족의 문제점
			계산효율 저하	-다수 사용자의 경우 비효율(연산과다 증가점) -행렬 연산시 장시간 계산(GPGPU수…)
			홍페일문제	-비대칭적 쏠림현상(소수→다수차지) -관심 저조 Items 정보부족 현상
		콘텐츠기반 필터링	Meta정보 함축한계	한정된 Meta정보로 사용자와 상품의 Profile 함축 불가능
		추천System 공통문제	Filter Bubble	-전체 정보 접근 기회 박탈 -정보의 편향적 제공, 양극화 Issue

라. 추천 System 한계 극복 방안

한계점	극복방안	상세 내용
Cold Start	딥러닝기반 필터링	-항목 자체 내용 분석 → 정보부족 개선 -KNN, DBSCAN 등 AI 기술
계산효율 저하	병렬 Computing	-행렬 계산 최적화 Computing 사용 -GPGPU, Grid-Computing 등
홍페일 문제	모델 기반 협력필터링	-자료내 사용자 pattern 기반 추천 -베이지안 Network 등
Meta정보 함축 한계	협력필터링 유사도계산	-서로 다른 분야 수치 계산(연산) -피어슨, 자카드, 코사인등 유사도측정
Filter Bubble	-플럽 피즈	-경고 push, 반대 Content 노출 -딥러닝, SNS Timeline 분석 등

"끝"

문 36) Apriori (연관 규칙) 알고리즘

답)

1. 연관성 규칙탐사, Apriori 알고리즘의 개요

가. 연관 규칙 발견, Apriori 알고리즘의 정의

- 연관 규칙(Association Rule)의 대표적인 형태로, 발생 빈도 기반 데이터 간의 연관 규칙 발견 알고리즘

나. 연관 규칙 발견 과정

| 후보 데이터군 | 최소한의 지지도 DB검색 → 대용량 데이터군 |
| 의미가 있는 후보 데이터군을 추출 | ↓ 최소한의 신뢰성 연관 규칙 |

- 대용량 Data : 트랜잭션 대상 최소지지도 이상 만족 집합 발견
- 연관규칙 발견 : 최소 신뢰도 이상 만족 항목 연관 규칙 생성

2. Apriori 알고리즘의 연관 정도 정량화 기준

구분	정량화 계산식	설명
지지도 (Support)	$S = P(X \cap Y)$	- 전체 거래중 항목 X, Y 동시 포함 거래 정도 - 전체 구매도 경향 파악 - 이 데이터 분석이 과연 쓸만한지의 척도
향상도 (Lift)	$L = P(X \cap Y) / P(X) P(Y)$	- 항목 X 구매시 Y 포함하는 경우와 Y가 임의 구매되는 경우의 비 - L>1 (X 구매시 Y 구매확률 높음) - L=1 (X와 Y는 구매 관계가 없음) - L<1 (X와 Y들 중 하나만 구매확률 높음)

			신뢰도	C = P(X	Y)	- 항목 X포함 거래중 Y포함 확률
			(Confi-dence)	= P(X∩Y)/P(X)	- 연관성의 정도 파악
					- X구매시 Y도 함께 구매할 확률

- Apriori 알고리즘은 후보집합 생성시 아이템 개수가 많아지면
계산 복잡도가 증가하므로 Fp-Tree (Frequent -pattern) 사용 필요

3. Apriori 알고리즘의 장/단점 및 활용사례

가. Apriori 알고리즘의 장/단점

장점	단점
- 수많은 상품 연관 구매 패턴	- 비즈니스 측면 중요한 현실적
- 다른 연구 가설 탐지 가능	중요 연관 규칙 부족
- 원리 간단, 이해분석 용이	- 연관규칙 결과 다량 발생

나. Apriori 알고리즘 활용사례

구분	활용 사례
통신	이탈고객 예상, 기지국 위치선정 고려 등
금융	대출심사, 카드 연체 고객 예상 등
의료	환자 질병 예측, 약품 부작용 예상 등
유통	매장 진열 방법, 장바구니 분석 등

"끝"

문 37) 지지도(Support), 신뢰도(Confidence), 향상도(Lift)

답)

1. 제품간 & 사건사이의 연관성, 연관규칙의 개요

  가. 연관규칙(Association Rule)의 정의

  - 특정사건(상품구매)들이 동시에 발생하는 빈도로 상호간의 연관성을 표현하는 규칙(Rule)

  나. Data Mining, 연관규칙의 특징

| 유형 발견 | 대용량 DBMS 내의 단위 트랜잭션에서 빈번하게 발생하는 사건의 유형을 발견 |
| 장바구니 분석 | 동시에 구매될 가능성이 큰 상품들을 찾아냄 진열대에 상품을 어떻게 배치할 것인가 등 |

2. 연관규칙의 개념도및 연관규칙 발견과정

  가. Association Rule의 개념도

  (Item set A) ⟶ (Item set B)

  (If A then B) : 만일 A가 일어나면 B가 일어남

  연관규칙 : 상품 A가 구매된 경우는 상품 B도 구매된다.

  나. 연관 규칙 발견 과정

  후보 데이터군 ── DB검색 / 최소한의 지지도 ⟶ 대용량 데이터군

  ↓ 최소한의 신뢰성

  연관 규칙

  의미가 잇는 후보 데이터군을 추출

| | 대용량 데이터군 검색 | - 트랜잭션을 대상으로 최소지지도 이상을 만족하는 빈발한 항목 접합을 발견하는 과정 |
| | 연관규칙 발견 | - 발견된 다량 항목 접합내에 포함된 항목들중에서 최소 신뢰도 이상을 만족하는 항목들 간의 연관규칙을 생성하는 단계 |

3. 연관규칙의 정량화 기준

가. 지지도, 신뢰도, 향상도

구분	설 명	표 현
지지도 (Support)	전체 거래 중 항목 X와 항목 Y를 동시에 포함하는 거래의 정렬 나타내며 전체구매도에 대한 경향 파악	$S = P(X \cap Y) = \dfrac{(품목 X와 품목 Y를 포함하는 거래수)}{전체\ 거래수(N)}$
신뢰도 (Confidence)	항목 X를 포함하는 거래 중에서 항목 Y가 포함될 확율 (연관성의 정도)	$C = P(Y \mid X) = \dfrac{P(X \cap Y)}{P(X)} = \dfrac{(품목 X와 품목 Y를 포함하는 거래수)}{품목 X를 포함한 거래수}$
향상도 (Lift)	항목 X를 구매한경우 그 거래가 항목 Y를 포함하는 경우와 항목 Y가 임의로 구매되는 경우의 비율	$L = \dfrac{P(Y \mid X)}{P(Y)} = \dfrac{P(X \cap Y)}{P(X)P(Y)}$

4.	향상도(Lift/ Improvement)의 의미		
	향상도	**의미**	**예**
	1	두 품목이 서로 독립적인 관계	과자와 후추
	>1	두 품목이 서로 양의 상관관계	빵과 버터
	<1	두 품목이 서로 음의 상관관계	지사제, 변비약

4.	연관규칙의 장/단점		
	구분	**내용**	**설명**
	장점	탐색적 기법	조건 반응(If ~then) 연관성 분석
		비목적성 분석기법	목적 변수가 미존재
		사용편리	데이터 변환없이 Raw Data 그대로 사용
		계산 용이성	분석위한 계산이 비교적 간단
	단점	많은 계산과정	품목수 증가시 기하급수적 계산늘어남
		의미없는 분석가능	너무 세분화된 품목시 무의미
		품목간 비율 차이	거래량이 적은 품목은 규칙 발견어려움

"끝"

문 38) 사례1(TV구입시 DVD구입), 사례2(우유구입시 주스 구입)에 대해 연관규칙(지지도, 신뢰도, 향상도)를 제시 하시오.

<사례 1>

판매품목	거래수
TV구매	4,000
DVD구매	2,000
TV와 DVD동시구매	1,000
전체 거래수	10,000

<사례 2>

트랜잭션-ID	구매한 상품
101	우유, 빵, 주스
792	우유, 주스
1130	우유, 계란
1735	빵, 과자, 커피

답)

1. 지지도, 신뢰도, 향상도의 정의와 설명

구분	정의	설명
지지도	품목 X, Y를 동시에 구매하는 비율	$\dfrac{(X, Y \text{ 모두 포함하는 TR})}{\text{전체 TR}}$
신뢰도	품목 X를 포함하는 구매 중에 Y가 포함되는 비율	$\dfrac{(X, Y \text{를 모두 포함하는 TR})}{X \text{를 포함하는 TR}}$
향상도	Y가 일어났다는 전제에 X가 일어나는 조건부 확률	$\dfrac{\text{지지도}}{(X\text{포함 TR}) * (Y\text{포함하는 TR})}$

- TR = Transaction

2. 사례1 (TV와 DVD)연관규칙

구분	설명	계산결과

		구분	계산		결과	
		지지도 (Support)	전체 거래중 TV와 DVD를 구매한 비율	TV&DVD / 전체거래수	$\dfrac{1,000}{10,000}$	= 10%
		신뢰도	TV구매 중에 DVD를 산(구매) 비율	TV&DVD / TV	$\dfrac{1,000}{4,000}$	= 25%
		향상도 (Lift)	TV를 사면 DVD도 같이 사는 경우의 비율	$\dfrac{0.1}{0.4 \times 0.2}$	= 1.25 > 1 ← 연관성 있음	

3. 사례 2 (우유와 주스) 연관규칙

구분	계산	결과
지지도	$\dfrac{(우유+주스 거래수)}{전체 거래수}$	$\dfrac{2}{4}$ = 50%
신뢰도	$\dfrac{(우유+주스 거래수)}{우유가 포함된 거래수}$	$\dfrac{2}{3}$ = 67%
향상도	$\dfrac{지지도}{(우유구매 확률 * 주스구매 확률)}$	$\dfrac{0.5}{(0.75 * 0.5)}$ = 1.33 > 1 ← 연관성 있음

"끝"

문 39) 앙상블 학습(Ensemble Learning)

답)

1. Combining Multiple 모델, 앙상블 학습의 개요

    가. <u>분류후 예측→결합</u>, Ensemble Learning의 정의
- 기계 학습의 분류 방법을 통해 여러개의 분류기(Classifier)를 생성하고 그것들의 예측을 결합함으로써 새로운 가설(Hypothesis)을 학습하는 방법

    나. 앙상블 학습의 특징(Features)

다수결 활용	각 분류기 결과를 다수결에 따라 결정
낮은 정확도에서 효과	정확도가 낮을 경우에만 효과 있음
활용기법	의사결정 트리

2. Ensemble 학습구성도와 실제 적용예시 설명

    가. 앙상블 학습(Learning) 구성도(개념도)

- 복수개의 학습결과를 결합함으로써 결과적으로 보다 좋은 성능을 확보하기 위한 학습(Learning) 기법

    나. Ensemble 실제 적용예시 설명

Raw Data (실제 Data)	A	B	B	A	A	B
Classifier 1	A	A̶	B	B̶	A	B

실제 Data	A	B	B	A	A	B
Classifier 2	~~B~~	B	B	~~B~~	A	B
" 3	A	B	~~A~~	A	~~B~~	~~A~~
" 4	A	B	~~A~~	A	~~B~~	B
" 5	A	~~A~~	B	A	A	A
결합, Ensemble	A	B	B	A	A	B

- 결합후 다수결과 선택   X : 학습오류

3. Ensemble Learning 종류

Bagging	병렬 앙상블, 각모델 서로독립적, Random Forest 로 발전
Boosting	연속 앙상블, 이전 모델의 오류를 고려

- 학습결과의 다수결 선택 하여 정확도 향상 위함

- 단일의 강한 알고리즘 보다 복수의 약한 알고리즘이 더 뛰어날수 있다는 생각 (집단지성의 힘)

- 여러개의 알고리즘을 사용 하여 그 예측을 결합함으로써 정확한 예측을 도출하는 기법

"끝"

문 40) 머신러닝(Machine Learning)에서 활용되는 앙상블(Ensemble) 기법을 설명하시오

답)

1. Machine Learning의 앙상블 개요

가. 신뢰성확보, 과적합문제 최소화, Ensemble의 정의

기계학습에서 하나 또는 다수의 모형을 통해 학습한 예측/분류를 종합하여 최종적인 의사결정에 활용하는 기법(Bagging, Boosting, Random Forest 등)

나. Ensemble 기법의 특징

높은 신뢰성확보	다양한 모형의 예측결과를 결합함으로써 단일 모형으로 분석했을때보다 높은 신뢰성 확보
과적합 최소화	이상치에 대한 대응력이 높아지고, 전체 분산을 감소시켜 과적합 문제 최소화

2. 앙상블(Ensemble) 기법의 학습절차

가. Ensemble 기법의 절차도

4. Ensemble 기법의 학습절차

No	절차	설명
①	훈련집합도출	훈련Data에서 여러 훈련 집합들을 도출
②	집합별 모델학습	각 훈련 집합으로부터 모델을 학습
③	결과 조합	모델별 학습 결과를 조합
④	앙상블 도출	조합된 결과를 이용, 최적해인 앙상블 도출

- 훈련집합 도출부터 최적해 출력 과정임

3. Ensemble 기법의 주요 알고리즘

가. 주요 알고리즘의 종류

- Bagging, Boosting, Random Forest로 분류됨

나. 주요 알고리즘별 설명 (Sampling)

배깅 (Bagg- ing)	정의	학습 데이터에서 다수의 Bootstrap 자료를 생성하고, 각 자료를 모델링한 후 결합하여 최종 예측 모형을 만드는 알고리즘
	절차	① 분석용 Data로부터 N개의 BootStrap Data 추출 ② Bootstrap Data에 적합한 모델 적용 N개 단일 분류(생성) ③ N개의 단일 분류자 중 과반투표 통한 최종 모델(결정)
부스팅 (Boost- ing)		<도식> 직렬처리방식 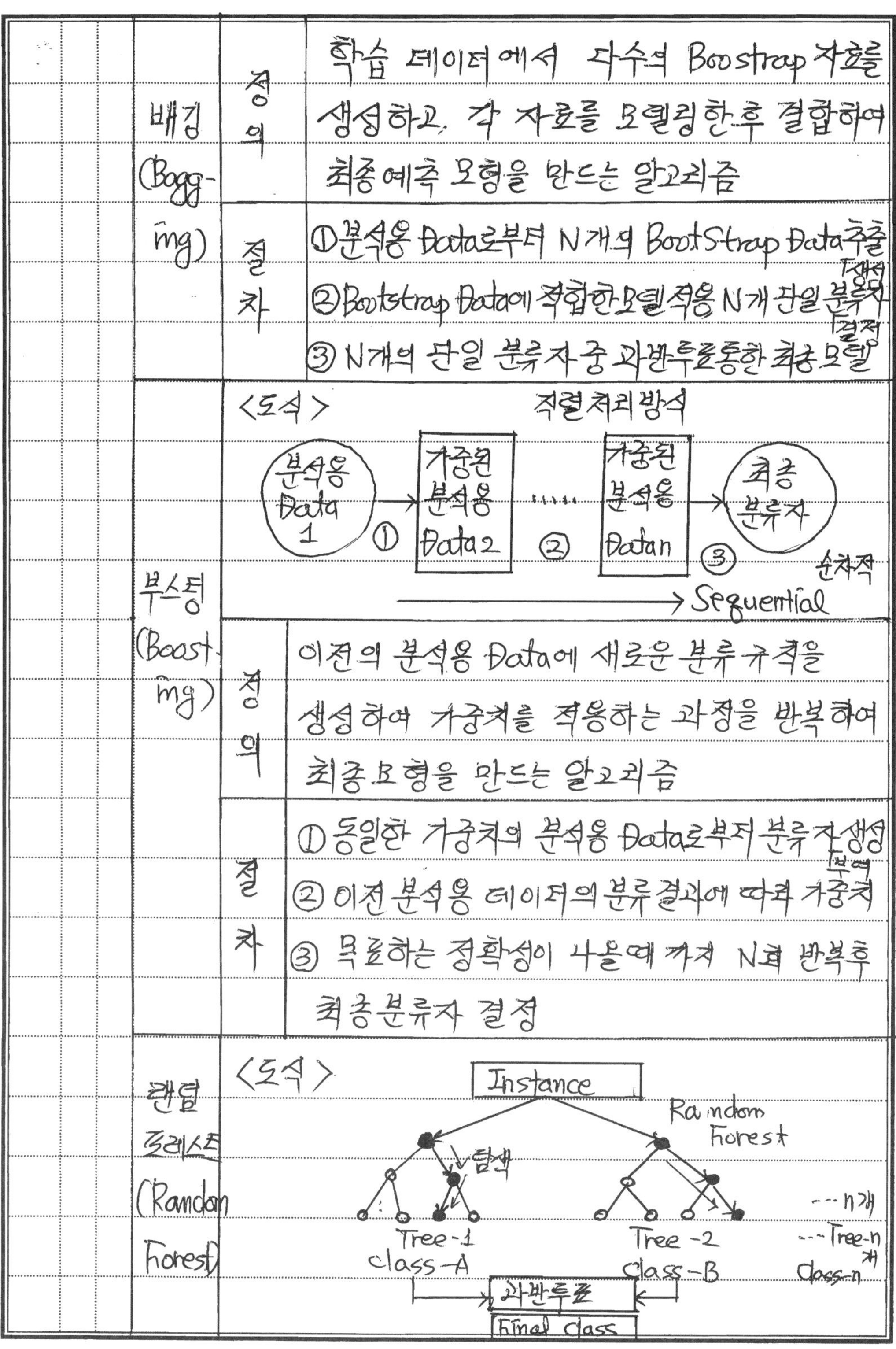
	정의	이전의 분석용 Data에 새로운 분류 규칙을 생성하여 가중치를 적용하는 과정을 반복하여 최종모형을 만드는 알고리즘
	절차	① 동일한 가중치의 분석용 Data로부터 분류자 생성 ② 이전 분석용 데이터의 분류 결과에 따라 가중치 부여 ③ 목표하는 정확성이 나올때 까지 N회 반복 후 최종분류자 결정
랜덤 포레스트 (Random Forest)		<도식>

| | | | | 정의 | Bagging과 유사하게 BootStrap 자료를 도출하여 각 자료를 대표하는 변수 샘플(Sample)을 의사결정 나무의 Node로 분류하는 알고리즘 |
| | | | 랜덤 포레스트 (Random Forest) | 절차 | ① 분석용 데이터로부터 N개의 BootStrap 데이터 추출
② N개의 분류기들을 훈련후 대표 변수샘플도출
③ 대표 변수 샘플들을 의사결정 나무의 Leaf Node로 분류
④ Leaf Node들의 선형결합으로 최종모델 결정 |

4. Ensemble 기법의 분류기 선택시 고려사항

신뢰성 확보측면	분류기의 신뢰도를 기반으로 좋은 분류기를 찾아 조합하여 신뢰성 확보 필요
성능 측면	훈련 집합의 오차 관찰이 아닌 성능을 기준으로 예측하여 훈련모형의 예측력 강화 필요
정확도 측면	목표 정확도 설정하고 미달시 지속적으로 정확도 보완및 경험치 축적 필요

"끝"

문 41) Bagging 과 Boosting, 비교 설명

답)

1. 앙상블(Ensemble) 학습의 일종, Bagging 도식, 정의

| 정의 | 주어진 Data에 대해서 여러개의 Bootstrap |

(표본 → 전체분포예측) 자료를 생성하고 각 Bootstrap 자료를 모델링한 후 결합하여 최종 예측 모형을 산출하는 방법

| 도식, 과정 |

Bootstrap → 모델안정성 추구

Raw Data → (랜덤) → 샘플 Data → (분류기) → 모델링 → 최종 모델

주어진 Data ——— Parallel(병렬) →

S/W공학의 분할과 정복 후 조합과정 과 동일

2. 병렬 처리 방식이 아닌 직렬(순차) 방식, Boosting 도식, 정의

| 정의 | Model의 정확성을 | 수행과정 도식 |

향상하기 위해 오류로 분류된 개체 들에 가중치를 부여함으로써 새로운 분류 규칙을 만드는 관계를 순차적으로 반복하여 약한 Model을 강한 분류 모델로 변환(Boosting)하는 알고리즘.

즉, Boosting 방법은 예측모형의 정확도를 향상시키기 위한 방법

모델링

Raw Data → 가중치 → Weighted Raw Data → Weighted Raw Data → 최종 모델 → 정확성 추구

순차적 실행

- Raw Data 에서 가중치를 추가하여 최종 모델 획득

3. Bagging과 Boosting 기법의 비교

구분	Bagging	Boosting
특징	병렬 앙상블 (Ensemble) 모델 (각 모델은 서로 독립적)	연속 앙상블 모델 (이전 모델의 오류를 고려)
추구	안정성 추구	모델의 정확성 추구
목적	변동(Variance) 감소	편향(Bias) 감소
적합한 상황	복잡한 모델 (High Variance)	Low Variance(변동) High Bias 모델
알고리즘	Random Forest	Gradient Boosting
샘플링 (Sampling)	Random Sampling	Random Sampling with Weight on error

- 공통점 : 학습결과 결합 → 좋은 성능 확보위 함

"끝"

문 42) 랜덤 포레스트(Random Forest)

답)

1. 결정트리(Decision Tree) 기반 Random Forest 개요

　가. 다수의 결정 Tree 구성, Random Forest 정의

여러개의 결정트리들을 임의적으로 학습하는 방식(앙상블)

Bagging 보다 저 많은 임의성을 주어 학습기들을 생성 한후

이를 선형결합하여 최종학습기를 만드는 방법

　나. Random Forest의 부각 배경

- 학습 데이터에 따라 생성되는 결정트리가 크게
달라져 일반화하기 어려운 과적합 문제 극복필요
- 임의적 학습통한 일반화 성능향상 → 과적합 극복

2. 랜덤 포레스트(Random Forest)의 구성및 동작

　가. Random Forest의 구성

여러개의 결정트리로 학습후 최종(Final) Class 도출

4. Random Forest의 절차

단계	내용
데이터 집합생성	Bootstraping을 통해 n개의 훈련데이터 집합 생성
훈련	n개의 기초분류기(Tree)들을 훈련
결합	기초분류기(Tree)들을 하나의 분류기로 결합 (평균 또는 과반수투표 방식을 이용)
최종도출	Final class 도출

3. Random Forest 적용시 고려 사항

- 신뢰성 확보 측면 : Tree의 분류기반으로 적정 조합 필요
- 성능측면 : 사전 성능 예측하고 실제와 비교분석, 점진적 성능 확보
- 탐색 측면 : Tree 탐색 알고리즘 (최적화) 고려

"끝"

문 43) 의사 결정트리 (Decision Tree)

답)

1. 분류와 회귀(Regression) 모두 가능, Decision Tree 개요

가. Tree 형태 의사결정트리의 정의

- 특정 기준(질문)에 따라 데이터를 구분하는 모델
- 규칙(Rule)을 바탕으로 순서도로 구축한 이진 트리

나. Decision Tree의 특징

통계학 기반	평균, 확률 등의 통계학 개념을 기반으로 규칙 생성
트리 모형	Tree 모형을 기반으로 규칙을 세분화
분류 목적	주어진 Data를 분류(Classification)하는 목적으로 사용

2. 의사 결정 트리의 구성도 예시 및 설명, 형성과정

가. Decision Tree의 구성도 예시 & 설명

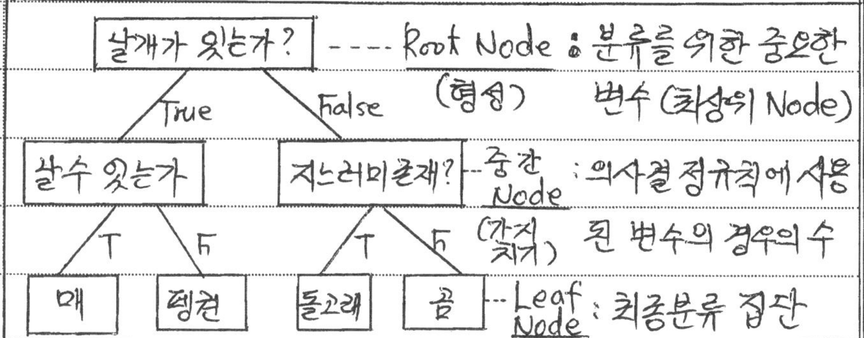
날개가 있는가?
Root Node : 분류를 위한 중요한 변수 (최상위 Node)
(형성)
True
False
날 수 있는가
지느러미 존재?
중간 Node : 의사결정 규칙에 사용된 변수의 경우의 수
(가지치기)
T
F
T
F
매
펭귄
돌고래
곰
Leaf Node : 최종분류 집단

나. 의사결정트리의 형성과정

분석단계	상세 활동	Node(노드)
의사결정	분석 목적과 자료구조에 따라 적절한 분리	Root Node
나무형성	기준과 규칙 지정	
가지치기	분류 오류(Classification Error)가	중간 Node

		가지 치기	불거나 부적절한 규칙 제거	중간 Node
		타당성 평가	이익도표 (Gains chart), 위험도표, 검정 자료에의한 교차 타당성이용 (Decision Tree 평가)	Leaf Node
		해석&예측	해석, 분류및 예측 모형 설정	Leaf Node

3. Decision Tree의 장단점

장 점	단 점
-모형의 이해도 쉬움	-최적해 보장못함
-두개이상의 변수가 결과영향 가능	-비연속성 분류

"끝"

문 44) K-NN(K-Nearest Neighbor)

답)

1. 측위 기반의 K-NN 알고리즘의 개요

가. 클러스터(Cluster) 매칭원리, K-NN 알고리즘의 정의

새로운 FingerPrint(지문,표기)를 기존 Cluster내의 모든 데이터와 Instance(기존값) 기반거리를 측정하여 가장 많은 속성을 가진 Cluster에 할당하는 군집 알고리즘

나. K-Nearest Neighbor의 특징

특징	설명
인접 다수결	가장 가까운 k개의 데이터를 측정하여 분류
유사도(거리)기(반)	유클리디안거리, 코사인유사도 등을 활용
Lazy(느림)학습기법	새로운 입력값이 들어온후 분류시작
단순유연성	단순모형, parameter의 설정이 거의 없음
NN 개선	KNN은 가장 근접한 K개의 데이터에 대한 다수결 내지 가중합계 방식으로 분류

NN = Nearest Neighbor의 약자

다. K-NN 알고리즘에 대한 거리의 개념

구분	설명
유클리디안 거리	점과 점 간의 최단 거리
마할라노비스 거리	두모집단들을 판별하는 문제에서 두집단 사이의 거리 (확률분포를 고려한 거리)
코사인 유사도	내적공간의 두 벡터간 각도의 코사인값을

| | | 코사인유사도 | 이용하여 측정된 Vector간의 유사한 정도 |

2. KNN 알고리즘의 동작원리

가. K값 결정과 분류의 원리

- 새로운 Fingerprint(원)을 네모 & 삼각형의 클러스터 (cluster)에 매칭(Matching)하는 원리

(그림)	1) 새로운 Fingerprint (물음표원) 확인
	2) 거리기반 K개 데이터를 Training Set에서 추출
	3) 추출 데이터를 클러스터, Label확인
	4) 다수결에 의한 클러스터 매칭

- 결과, 새로운 Fingerprint는 K가 3인 경우는 삼각형, K가 5인 경우는 사각형 클러스터(cluster)에 매칭됨

나. K-NN 알고리즘의 동작원리

동작원리	설 명
Finger-print 확인	- 새로운 Input (입력) 값 확인
	- 가까운 데이터는 같은 Label (클러스터 가능성 큼)
	- 기존 Data와 새로운 Fingerprint와 비교준비
명목변수	- 기존의 저장되어 있는 데이터 셋의 Label 화
기반의	- 서로 다른 범주 Data를 정규화 수행
그룹분류	- 분류기 검사 수행(예: Data의 90%를 훈련 데이터, 10%를 테스트로 활용)

			거리 측정	-유클리디언 거리 (Euclidian's distance) -메모리기반 Fingerprint와 모든 Data간의 거리계산 -계산된 거리의 정렬수행
			K 선정	-양의 정수값, 정렬된 거리중 가장 가까운 K개 Data 선정　-여러 K값을 모델링후 가장 성능이 좋은 K값 선정 -Noise 클수록 큰 K값 선정이 좋음 (커버능력확보)
			클러스터 매칭	-다수결 (Majority voting) 기반의 클러스터 매칭 수행, K개 데이터가 많이 속해 있는 Cluster로분류 -수치형 Data의 경우, K개 데이터의 평균 (또는 가중평균)을 이용하여 Cluster에 매칭

3. K-NN 알고리즘의 장/단점

가. K-NN 알고리즘의 장점

장점	설명
효율성	-훈련 데이터에 잡음이 있는 경우에도 적용가능
결과 일관성	-훈련 데이터의 크기가 클수록 효율적임 -데이터수가 무한대로 증가시 베이즈오차율보다 좋음 -임의의 K값에 재해 베이즈오차율에 항상 근접
학습간단	모형이 단순하고 쉬운 구현 가능
유연한 경계	-거리의 변형, 가중치 적용용이 -유클리디안, 코사인유사도, 가중치적용등용이

		모델의 유연성	-데이터의 가정 반영및 변형이 간편 -변형 데이터의 Training Data Set 기반 분류용이
		높은 정확도	-사례기반으로 높은 정확성 -훈련 Data 늘수록 Cluster 매칭 정확성 좋아짐

4. K-NN의 단점

단점	설 명
성능 가변성	-K값 선정에 따라 알고리즘의 성능이 좌우됨 -K값 최적화, Under/overfitting 고려 필요
높은 자원요구량	-Data Set 전체를 읽어서 메모리에 기억 -새로운 개체η을 읽어서 메모리내의 Data Set과 비교
고비용	-모든 훈련 (Training) 샘플과의 거리를 계산 하여야 하므로 연산비용 (Cost)이 높음
공간예측 부정확	-공간정보 예측모델에서는 영향변수 많아 적용어려
거리계산 복잡성	-모든 Data와의 유사도, 거리측정 수행필요
Noise에 약함	-Noise로 인해큰 K설정을 필요로 함 -민감 하고 작은 Data가 무시되는 Underfitting 문제

4. K-NN 알고리즘의 활용방안

활용방안	설 명	사례
위치 측위	이동객체위치에서 AP신호강도측정	Wi-Fi RLS
	KNN 활용하여 이동객체위치추정	기술
선호도분류	사용자 추천/구매점 보등	내용기반추천시스템

	Data 필터링	포털등의 중복, 유사 게시글 클러스링	문서분류시스템
	고속도로 통행시간 예측	구간 단면교통량(TCS) 및 DSRC 구간 통행시간의 실시간 자료를 K-NN 기반으로 분석	차량근거리 무선통신(DSRC) 활용통행시간예측

"끝"

문 45) 시계열분석

답)

1. 분석 알고리즘, 시계열 분석의 개요

　가. 시계열 분석 (Time Series Analysis)의 정의
　　　시간의 흐름에 따른 데이터의 변화추이 또는 패턴을
　　　찾아 미래를 예측할수 있는 분석기법

　나. 시계열 분석기법의 종류

시계열분석기법			
자기회귀모형	자기이동평균모형	자기회귀이동평균모형	자기회귀누적이동평균모형
AR	MA	ARMA	ARIMA
Auto Regression Model	Moving Average Model	Auto Regression Moving Average	Auto Regression Integrated Moving Average

2. 시계열분석위한 원리 - 정상성, 변동요인

　가. 정상성 (Stationary)

의미	시점에 상관없이 시계열의 특성이 일정함

예시	① 평균 (Average)이 일정하다.
	② 분산이 시점 (특정시점)에 의존하지 않는다　든다
	③ 공분산은 단지 시차에만 의존하고 시점자체에는의존하지않

　　　- 정상성은 위의 ① ② ③개의 조건을 말하며
　　　정상성 조건을 하나라도 만족하지 못하는 경우의
　　　시계열 자료를 비정상 시계열이라고 함

4. 변동요인들의 설명

변동요인	설 명
추세 변동요인	인구변화, 기술변화, 생산성증대 등 장기적인 변동 으로 통상 10년 이상의 변동주기를 가지는 변동요인
순환 변동요인	경기순환 등에 따라 반복(Repeat)되는 변동을 2년~5년주기로 변화하는 변동요인
계절 변동요인	계절의 변화 및 각종관습에 의해 생성되는 1년주기로 반복되는 변동요인
불규칙 변동요인	추세, 순환, 계절 변동요인이 아닌 돌발적이거나 원인불명의 요인에 의거하여 발생하는 변동요인

- 위의 4가지 변동요인은 시간에 따라 전개되는 특성과

주기적으로 변동하는 특성을 고려 (대부분의 시계열 자료는

비 정상 시계열임)

3. 시계열 분석 위한 원리 - 안정/불안정, 차분/변환등

가. 안정 시계열과 불안정 시계열

안정시계열 (Stationary)	불안정시계열 (non stationary)
-움직임이 구간마다 달라지더 라도 매 순간별 특성은 동일.	-시계열의 평균 & 분산이 시간에 따라 변화하는 시계열
-시계열의 평균과 분산이 시간 에 따른 규칙적인 변화가없 고 주기적 변화도 없는 시계열	-추세 변동/계절 변동요인이 뚜렷한 경제 시계열은 대체로 불안정시계열 임.

- 시계열의 흐름을 보다 정확히 파악하기 위해 시계열에 대해 변수변환등을 사용함

라. 차분, 지수평활화, 변수변환

구분	설명
차분	(현시점 – 과거시점)자료를 차감하는 기법 시계열 정보가 AS-IS대비 TO-BE 증감파악
지수 평활화	- 짧은주기 변동요인 제거후 흐름파악 - 중심화이동평균, 후방이동평균, 가중이동평균 등
변수 변환	- 로그(Log)등 수학적 함수를 이용, 큰 변동값은 작게, 작은 변동값은 크게 만들어 선형적 분석 가능

4. 시계열분석의 활용사례

분야	활용 사례	특징
국가 경제	GDP(국내총생산), 소비자 물가지수, 환율, 실업률등	예측기반 정책 수립
기상	강수량, 강우량, 기온, 습도등	농업, 어업, 관광업등
기업경제	매출, 영업이익, 손익분기점등	이익극대화등

"끝"

문 46) 시계열분석 (ARIMA)

답)

1. 자기회귀누적 이동평균모형, ARIMA 모형의 개요

　가. Auto Regression Integrated Moving Average, 정의

　　시간의 흐름에 따른 데이터의 변화추이 또는 패턴을

　　찾아 미래를 예측할수 있는 분석기법

　나. 시계열분석 모형의 종류

AR	현시점 자료가 과거 자료들의 설명 가능
MA	현시점의 자료와 바로전 자료의 결합으로 구성 (과거)
ARMA	AR, MA 조합, 시계열모형 모수 최소화, 효율적 수행
ARIMA	시계열을 차분해서 ARMA 모형 이 되는 모형

2. ARIMA Modeling 과정

```
        ┌──────────────┐
        │    데이터     │
        └──────┬───────┘
               │ Data
        ┌──────▼───────┐
        │ 모델(모형) 식별 │ ──────→ 정상시계열 (추세 일정 등)
        └──────┬───────┘           -비정상 시계열 (시간대별
               │ Identification      평균 변화, 분산 변화, 주세가짐)
        ┌──────▼───────┐
        │  모형의 추정   │ ──────→ 모수를 추정 (조건부 최소제곱등)
        └──────┬───────┘
               │ Estimation
        ┌──────▼───────┐
        │  모형의 진단   │ ──────→ 추정식결과 잔차 활용
        └──────┬───────┘           최종모형선택
               │ Diagnostic
               │  checking
        ┌──────▼───────┐
        │ 최종 모형 선택 │
        └──────────────┘
```

3.		ARIMA 절차 및 활용
	가	시계열분석. ARIMA 절차

		PROC ARIMA options // 자료명지정, 기억 장소등
		  IDENTIFY VAR = 변수 options // 분석위한 변수지정
		  ESTIMATE options : // 모수추정, 유의성, 잔차분석
		  FORECAST options : // 예측값, 예측구간 구함

	나	ARIMA 활용
		국내총생산 (GDP), 소비자물가지수, 환율, 실업률과 같은 경제활동 분야, 강수량, 기온등 기상분야, 매출, 영업이익 예측등 다양하게 활용됨.

"끝"

문 47) Support Vector Machine(SVM) - 1교시형

답)

1. Support Vector 활용, SVM의 개요

가. 분류오차 최소, 여백최대. SVM의 정의

- 분류오차를 줄이면서 동시에 여백을 최대로 하는 결정경계(Decision Boundary)를 찾는 이진분류기

나. 여백(Margin)과 서포트 벡터(Support Vector)

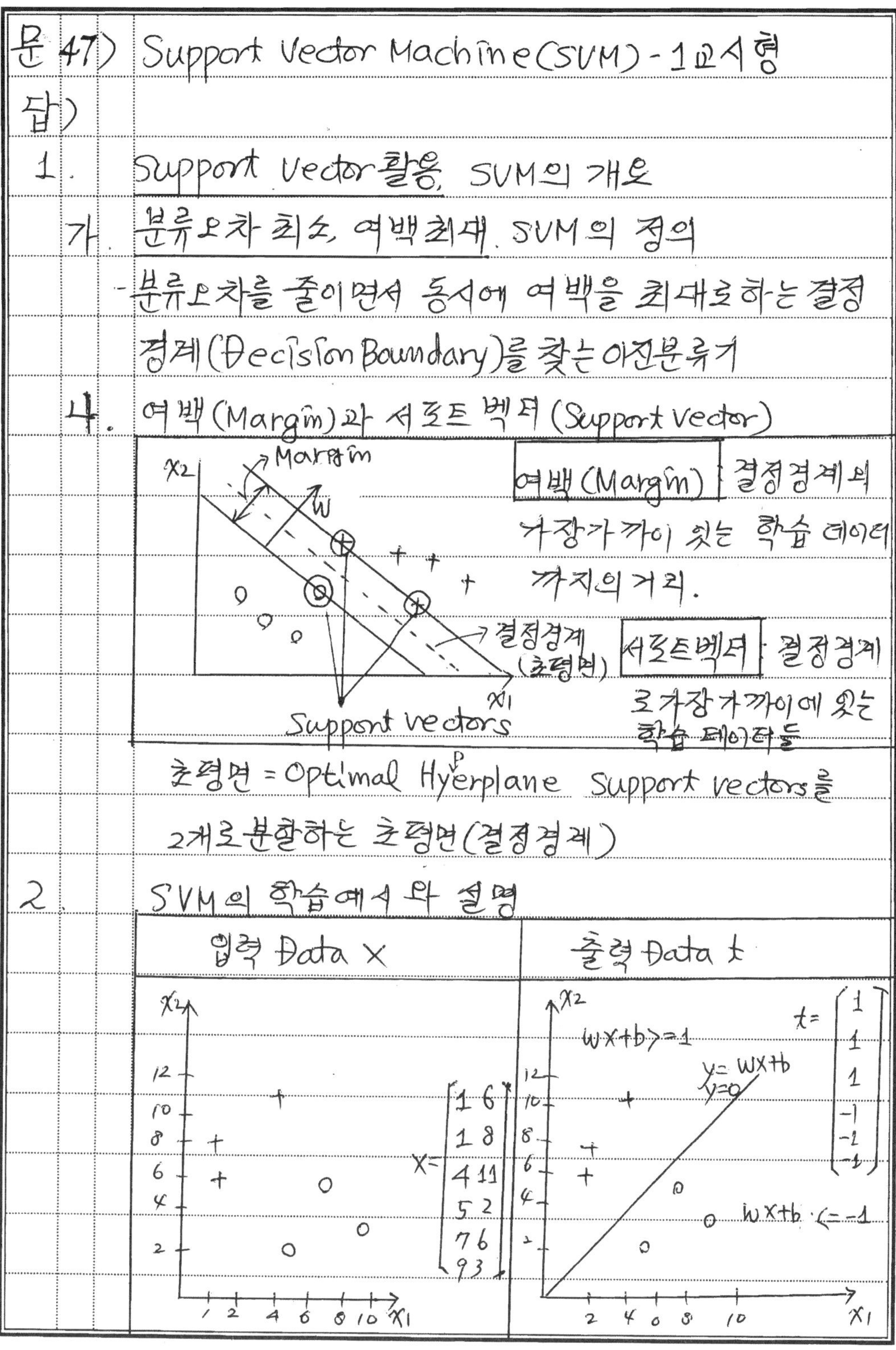

초평면 = Optimal Hyperplane, Support vectors를 2개로 분할하는 초평면(결정경계)

2. SVM의 학습예시 와 설명

3. SVM의 활용

- SVM은 기본적으로 초평면(Hyperplane)을 사용하는 선형분류기법이지만 커널함수(고차원 변환)를 통해 저차원의 데이터를 고차원으로 매핑하여 선형분류가능

즉, 고차원 데이터의 분류에 최적

예)

문 48) SVM(Support Vector Machine)-서포트 벡터머신

답) -2교시형

1. 지도학습, 예측적분류. 서포트 벡터 머신의 개요

　가. 서포트 벡터 머신(Support Vector Machine)의 정의

　　- 주어진 Data 집합을 바탕으로 하여 새로운 데이터가 어느 카테고리에 속할지 판단하는 비확률적 이진 선형 분류 모델을 만드는 분류 모델 알고리즘

　나. Support Vector Machine 특징

| 분류 기반 | Data 집합을 2개 의 분류로 분할 (최적의 초평면사용) |
| 회귀분석 | Data를 2개의 분류로 나누는 초평면회귀식활용 |

x_2 / x_1 / Optimal Hyperplane(최적의 초평면)

2. 서포트 벡터 머신 개념도 및 기술요소

　가. Support Vector Machine 의 개념도

- 기존 분류기(Bagging, Boosting 시 사용)는 오류율을 최소화 하는 방법인 반면 SVM은 여백(Margin)을 최대화 하여 일반화(Data 분류) 능력을 극대화

4. Support Vector Machine의 기술요소

기술요소	설명	비고
Hyperplane (평면)	데이터를 두 클래스중 어느곳에 속하는지를 결정하기위한 최적의 분류 기준선	Optimal, Positive, Negative
Optimal Hyperplane (최적평면)	Decision Boundary로 여백(Margin)폭이 최대인 평면 (그림에서 접선 도시)	$W^T X = 1$ $W\ X = \emptyset$ $W^T X = -1$
Margin (여백)	Positive - Negative = 여백, 데이터(Data)를 두클래스로 구분하는 최대 거리(Support Vector 사이의 거리)	최대 마진분류 $\max \dfrac{2}{\|w\|}$
Support Vectors	-초평면은 하나의 회귀식(y=wx+b) -초평면 위쪽 y>∅, 아래쪽 y<∅, Positive 평면 과 Negative 평면을 접었을때 중간값 이 Support Vector임	$wx+b=\emptyset$ $wx+b>=1$ $+$ $+\ +$ $+\ +$ $-$ $-\ -$ $wx+b<=-1$
결정 직선	클래스간 최대 Margin을 갖는 경계선	$W^T X = \emptyset$
커널 함수	비선형 패턴분리위해 비선형패턴 입력 공간을 선형패턴으로 변환, 경계면 탐색법	$K(x_i, x_j)$

3. | SVM 문제점 및 해결방안

문제점	설명
비선형사 분류하기 어려운 문제	Input space ϕ 비선형사 분류 어려움 Feature Space
해결방안	비선형 분류 어려움 → 저차원의 입력 X를 고차원의 공간의 값 $\phi(X)$로 변환

4. SVM의 학습예시

가. Data Class

-분류 1 (+1) : (1, 6), (1, 8), (4, 11) ← X_1

-분류 2 (-1) : (5, 2), (7, 6), (9, 3) ← X_2

나. 입력데이터 X와 출력데이터 t

입력데이터 X	출력데이터 t	커널함수(모델 생성)
$X = \{1\ 6; 1\ 8; 4\ 11;$ $5\ 2; 7\ 6; 9\ 3\}$	$t = \{1; 1; 1;$ $-1; -1; -1\}$	
$X = \begin{bmatrix} 1 & 6 \\ 1 & 8 \\ 4 & 11 \\ 5 & 2 \\ 7 & 6 \\ 9 & 3 \end{bmatrix}$	$t = \begin{bmatrix} 1 \\ 1 \\ 1 \\ -1 \\ -1 \\ -1 \end{bmatrix}$	$h(X) = W \cdot X + b$

"끝"

문 49) 베이즈 (Bayes) 정리

답)

1. 미래 확률 추론 가능. Bayes 정리의 개요

가. 사후확률 미리추론, 베이즈정리의 정의

(A1, A2, S 표본공간 벤다이어그램, B)	표준공간 S는 서로소인 $A_1, A_2 \cdots A_n$의 합집합 B는 S위에서 정의된 사건 $P(CA) \neq \emptyset$

A1영역 B확률 : $P(A_1 \mid B) = P(A_1 \cap B) / P(B)$

나. Bayes정리의 특징

불확실성 추론 : 직접관측으로 쉽게 얻을수 없는 현상추론 용이

사후확률 : 사전지식 $P(A \mid B)$으로 부터 사후확률 $P(B \mid A)$ 추론

2. Bayes 정리의 추론과정 및 수식

가. Bayes정리의 추론과정

① 사전 확률 prior + ② 가능성 확률 likelihood → 사후 확률 posterior

관측자가 이미알고 있는 사건→확률
$P(A_1), P(A_2), \cdots P(A_n)$

이미 알고있는 사건이 발생했다는 조건하 → 다음사건 발생확률 $P(A_1 \mid B), P(A_2 \mid B) \cdots$

①과 ②를 통해 알게되는 조건부확률 $P(A_k \mid B)$ k=1,2...

나. 베이즈 (Bayes) 정리의 수식

(A1, A2, S 표준공간, B←사건)	$P(A_1 \mid B) = P(A_1 \cap B) / P(B)$ $P(B) = P(A_1 \cap B) + P(A_2 \cap B)$ $P(A_1 \cap B) = P(A_1 \mid B) P(B)$ $P(B \cap A_1) = P(B \mid A_1) P(A_1)$ $P(A_1 \mid B) = P(A_1 \cap B) / P(A_1 \cap B) + P(A_2 \cap B)$

$$P(A_1|B) = \frac{P(A_1|B)\,P(B)}{P(A_1)\,P(B|A_1) + P(A_2)\,P(B|A_2)}$$

다. Bayes 정리의 의미

사전확률 $P(A_1), P(A_2)\cdots$	+	가능성확률 $P(A_1|B), P(A_2|B)\cdots$	→	$P(A_1\|B) = \dfrac{P(A_1 \cap B)}{P(B)}$

- 사전확률과 가능성확률로 사후확률 구함　　(사후확률)

3. 베이스 정리의 활용

- 특수기호 활용 스팸 메일 필터링 (filtering)

- Keyword 검색을 활용한 문서분류 (classifier)

- 사후확률 추론 등　　　"끝"

문 50) 크기와 모양이 같은 공이 상자 A에는 검은공 2개와 흰공 2개, 상자 B에는 검은공 1개와 흰공 2개가 들어 있다. 두 상자 A, B중 임의로 선택한 하나의 상자에서 공을 1개 꺼냈더니 검은공이 나왔을때, 그 상자에 남은 공이 모두 흰 공일 확률은? (베이즈(Bayes) 정리를 활용하시오)

답)

1. 사후확률 추론 가능, Bayes 정리

표본공간 S는 서로소인 $A_1, A_2 \cdots A_n$의 합집합
B는 S위에서 정의된 사건 $P(A) \neq \emptyset$

A_1 영역에서 B 발생확률 $P(A_1|B) = P(A_1 \cap B) / P(B)$

① $P(B) = P(A_1 \cap B) + P(A_2 \cap B)$

② 곱셈 정리 $P(A \cap B) = P(A) \times P(B|A)$

$P(A_1|B) = P(A_1 \cap B) / P(B)$

$\qquad = P(A_1 \cap B) / P(A_1 \cap B) + P(A_2 \cap B)$

$\qquad = P(A_1) P(B|A_1) / P(A_1) P(B|A_1) + P(A_2) P(B|A_2)$

2. 주어진 문제 요구사항과 Bayes의 정리 적용

가. 요구사항의 분석 내용

두 상자 A, B중 임의로 선택한 하나의 상자에서 공을

1개 꺼냈더4 검은공이 나왔을때, 그 상자에 남은
공이 모두 흰 공일 확률, 즉, 검은공을 뽑았을 때,
B상자일 확률을 의미함

4. Bayes의 정리 적용

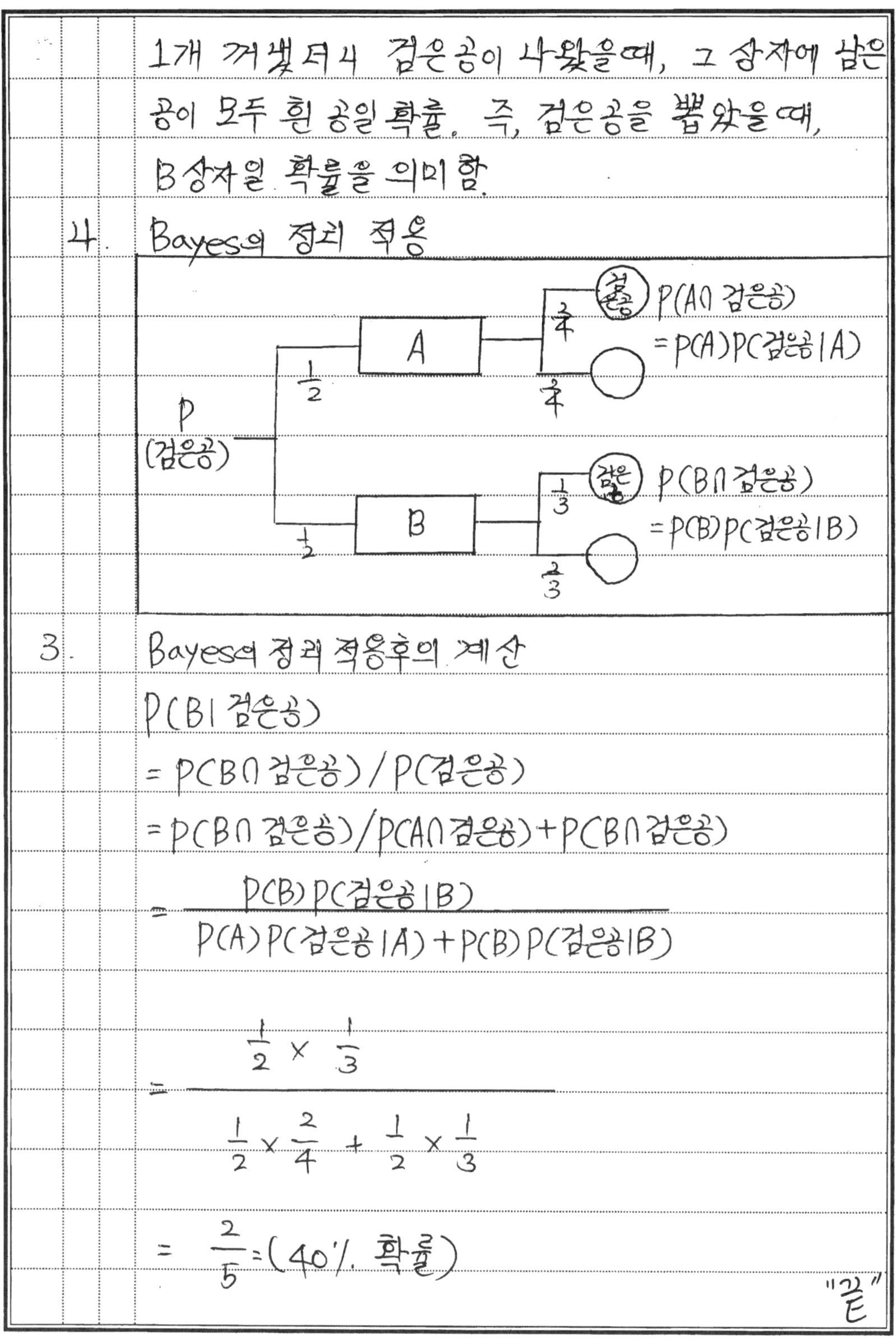

3. Bayes의 정리 적용후의 계산

P(B | 검은공)

= P(B∩검은공) / P(검은공)

= P(B∩검은공) / P(A∩검은공)+P(B∩검은공)

$$= \frac{P(B)P(검은공|B)}{P(A)P(검은공|A)+P(B)P(검은공|B)}$$

$$= \frac{\frac{1}{2} \times \frac{1}{3}}{\frac{1}{2} \times \frac{2}{4} + \frac{1}{2} \times \frac{1}{3}}$$

$$= \frac{2}{5} = (40\% \ 확률)$$

"끝"

문 51) K-Means

답)

1. 비계층적 군집분석, K-Means의 개요

　가. K개군집, 거리 평균(Means), K-Means의 정의

주어진 데이터를 K개의 클러스터로 묶기위해 군집에

속하는 데이터와 중심점간의 거리평균(means)값이

최소화 하도록 하는 최적분리 군집(Cluster) 알고리즘

　나. K-Means (CK-Means)의 특징

군집수 K	K개 분할	최적의 K	계산량 적음
사전에 결정된 군집수 K에기초	전체데이터를 상대적으로유사한 K개의 군집으로 분할	반복수행 최적의 K-군집결정	계층적 군집법 비해 계산량 작음

2. K-Mean(평균) 알고리즘의 단계및 설명

알고리즘 단계	설 명
선택 A / 선택 B	Input Data에서 Random 하게 선택 A, B점을 선택후 Assignment (지정-군집)
↓중심점 재설정 cluster / 중심값(값)	Assignment (지정)후 각 관측값을 그 중심과 가장 가까운 거리에 있는 군집에 할당 (중심값 재설정)

그림	설명
Clustering (군집 화) / cluster / 중심값(점) / 중심값(점)	중심값 재설정후 새로 설정(지점)된 Cluster(군집) 모양
중심값 재설정 / 중심값(점) / 중심값(점)	중심값(점)(Centroids) 재설정, 평균에 Data와 Data중심점 재설정
군집화 / 중심점(값)	Assignment (재지정 -Cluster 중심)
최적화 / 중심점(값) / 평균점 / 중심점(값) / 평균점	최적분리 (해당군집내에서 중심값 재할당후 최적 분리상태)

- <u>중심점을 옮겨가며</u> 데이터를 군집에 재 할당, 평균값 계산을 반복적으로 수행하여 중심점이 평균점에 수렴하도록 하는 최적분리 클러스터링 알고리즘.

3. 군집분석의 장단점 및 고려사항

- 모토(Motto) : 군집 내의 유사도는 크게, 군집 간의 유사도는 작게

가. 군집분석의 장/단점

구분	세부사항	설명
장점	탐색적인 기법	주어진 Data의 내부구조에 대한 사전적인정보 없이 의미있는 자료구조를 찾아낼수있는 방법
	넓은 적용 범위	관찰값 간의 거리를 데이터 형태로 정의하면 거의 모든 형태의 데이터에 대해 적용가능
	적용 용이성	사전특정변수에 대한 역할정의불필요, 관찰값의 사이들간 거리만이 분석에 필요
단점	가중치 결정어려움	관찰값들 사이의 거리를 정의하고 각변수에 대한 가중치 결정이 어려움
	최적군집수 (K)의 결정	군집이 비정형적 모형 (예:도넛형)인경우 군집이 비정상적으로 형성, K값 결정어려움
	결과 해석의 어려움	탐색적인 기법으로 장점을 가지나 사전에 주어진 목적이 없으므로 결과 해석 어려움

나. 군집분석시 고려사항

구분	설명
표준화	-자료사이의 거리를 이용하여 수행되기 때문에 자료의 단위가 결과에 큰영향을 미침 -표준화: 자료사이 거리 표준화 필요 -표준화 시 평균과 표준편차 고려 필요
가중치	-각 변수의 중요도가 다를 경우 가중치를 이용하여 각 변수의 중요도를 조절 필요.

	가중치	- 가중치는 대부분의 경우 단위 변환을 수행후 부여
		- 가중치에 대한 군집의 영향을 평가하기 위해
		서는 여러 가지의 가중치에 대하여 군집분석
		(Clustering Analysis)의 결과를 비교

4. 군집분석 (K-Means)의 활용방안
- 시장과 고객 분석, 패턴인식, 공간데이터 분석, Text Mining 등
- 패턴인식, 음성인식의 기본 알고리즘으로 활용

"끝"

문 52) DBSCAN (Density Based Spatial Clustering with Application Notes)

답)

1. 밀도기반의 공간적 군집화. DBSCAN의 개요

가. DBSCAN의 정의 (K-Means의 보완)
- K-Means 군집의 한계인 오목한 형태의 데이터를 군집화 하기위해 데이터의 밀도를 기준으로 인스턴스(Instance) 들을 공간적으로 군집화 하는 기법

나. 데이터 밀도 기준, DBSCAN의 특징
- 노이즈(Noise) 및 아웃라이어(Outlier) 데이터식별에 강함
- 밀도(Density)있게 연결되어 있는 데이터의 집합
- Core point를 가지는 군집. (Core로 탐색)

2. DBSCAN의 구성도및 구성요소의 설명

가. DBSCAN의 구성도

- cluster는 Core/Border/Noise point로 구성

나. DBSCAN의 구성요소 설명

구성요소	설명	핵심
Core point	-일정 기준 이상의 밀도를 갖는 데이터 -Core → Core로 탐색	n개 이상의 이웃점 가짐
Noise point	일정 기준 미만의 밀도를 갖고, 군집 에도 소속되지 않은 데이터 (점)	어떤 군집에도 속하지 않음
Border point	일정기준미만의 밀도를 갖지만 군집 에 소속되어 있는 데이터	군집탐색 중지용으로 사용
ε(epsilon)	-주어진 개체들의 반경 -밀도 : ε(Epsilon)안에 있는 다른좌표	거리기준
Minpts	-ε 반경내 군집 위해 필요한 객체수 -cluster형성할수 있는 최소 좌표 점의수	밀도기준값

- minpts = 군집이 되기위해 ε(Epsilon)안에 필요한 최소한의 점 개수

3. DBSCAN의 생성절차와 장단점

가. DBSCAN의 생성절차와 설명

절차	개념도	설명
기본 상례	epsilon / 4개 Data	-좌표공간에 학습 데이터의 분서 -ε(epsilon) : 주어진 객체들의 반경 -minpts : 군집 최소수 -ε 반경내 minPts개가 존재해야 군집 으로 판단
군집 생성	p1 p2 epsilon epsilon	임의점 p1, p2들에서 ε(epsi- -lon) 반경내 minpts 만족서 군집생성

Noise 분류	-임의의 점 p1에서 ε 반경 내 p2 미존재서 Noise로분류. -한점의 밀도가 Mimpts 이상이면 Core, 미만이면 Noise로 정의	

군집 완성	cluster / cluster / epsilon=1.72cm / p1 p2 p3 p4	-Cluste구성후 이웃점을 차례로 방문하면서 Core 인자판단 (p1→p2→p3→ p4. 즉, p1과 p4는 같은 Cluster) - 각점에서 ε 반경내 minpts 충족하는 객체집합 완성

-p1→p4까지 같은 Core로 인식 하고 군집집합 완성

4. DBSCAN의 장/단점

장 점	단 점
-군집개수 정의 불필요	-유클리디안 거리 이용 하여
-임의 모양의 군집 생성	ε 산출이 어려움
-잡음(Noise)개념 존재	- 각 차원 & 고밀도 데이러의
-2개의 매개변수만 필요	군집화 어려움

4. DBSCAN 과 k-Means와의 처리결과 비교

k-Means	DBSCAN
서로다른군집.	

| | | | K-Means | 동심원 모양으로 데이터가 모여 있거나 반달모양으로 클러스터를 형성하고 있으면 Cluster의 궁심으로부저 거리 기준으로 분류하는데 적합 |
| | | | DBSCAN | Core Data들을 계속 밀도 있게 연결하여 나아가 동일한 Cluster로 판단 하기 때문에 직관적 관점에서 레이블이 없는 두꺼녀 Cluster에 적합 |

"끝"

문 53) 차원축소(Dimensionality Reduction)

답)

1. 지도학습용 Data로 사용, 차원축소의 개요

　가. Dimensionality Reduction의 정의

　가능한 한 Data를 온전히 보존하면서 고차원 Data
　(데이터)를 저차원 Data로 변환하는 기법

　나. 차원 축소의 이유와 종류

| 종류 | Feature 추출 | → | 성능 + 이해 + 시각화 |
| | Feature 선택 | | ←이유 |

2. Feature 추출과 Selection(선택)의 종류

　가. Feature Extraction (추출)

　Computer가 스스로 학습하려면 데이터를 분석하여 일정
　한 패턴이나 규칙을 찾아 컴퓨터가 인지할수 있는 Data
　로 변환, 어떤 특징이 있는지 찾아내는 작업

　나. Feature Selection (선택)의 종류

구분	설 명 & 도식
Filtering Method	Feature를 걸러내는 작업 특징접합 → Best 특징선택 → 학습 → 성능
Wrapper Method	Best 특징 선택 특징접합 — Subset생성 ⇄ 학습 — 성능

| | | Wrapper Method | 예측모델을 사용, 피처들의 부분집합(Subset)을 생성 → 계속 학습하여 최적화된 피처들의 집합생성 |
| | | Hybrid | Filtering + Wrapper Method 장점결합 |

3. Filter와 Wrapper의 차이점

구분	Filter	Wrapper
측정 방법	종속변수와의 상관관계에 의해 피처 관련성 측정	실제 모델을 학습하여 피처의 부분집합의 유용성 측정
속도	모델학습 아님, 빠름	학습 Loop, 비용, 느림
부분집합	통계 방법 사용	교차 검증 활용
선택	최상의 피처부분집합 미선택	항상 최적 피처부분집합 선택

"끝"

문 54) 오토인코더 (Auto encoder)

답)

1. 차원축소 알고리즘, Auto encoder의 개요

가. 차원의 저주예방, 오토인코더의 정의
- 비지도 방식의 훈련, 해당 입력 데이터를 최대한 압축후 Data 특징을 추출하여 다시 본래의 입력형태로 복원시키는 신경망

나. Auto encoder의 중요성

데이터 압축	이미지 & 음성차원 중요특성 압축 → 용량축소
차원 저주예방	특성개수줄임, 데이터 차원 감소, 차원 저주회피
특성 추출	비지도학습으로 자동으로 중요한 특성 발견

- 차원의 저주 : 훈련 Dataset의 특성다수 → 훈련지연 & 최적화 어려움

2. Auto encoder의 구성도와 구성요소

가. 오토 인코더의 구성도

나. Auto encoder의 구성요소

Encoder	인지 Network, 특성에 대한 학습수행
Decoder	생성 Network, 최대한 입력에 가까운 출력 생성
은닉층	Latent Space : 뉴런의 개수가 최소인 계층
	고차원 → 저차원 공간 매핑(Mapping) 방법

| 잠재 변수 | Latent Variable; 원래 이미지 최대한 활용 |
| 손실 재구성 | 압축된 입력을 출력층에서 재구성 |

- 잠재변수는 입력 데이터 특징량을 가능한 한 유지한 형태

3. 가우시안 분포활용, VAE(Variational AE)

-VAE는 정규분포(평균, 표준편차)를 통해 유사 Data 생성

"끝"

문 55)		군집분석 기법인 SOM (Self Organization Map)에 대하여 설명하시오
		가. SOM 정의 및 특징
		나. SOM 구성요소
		다. SOM과 신경망 분석기법 차이
답)		
1.		군집분석 기법, SOM의 정의와 특징

정의 : 저차원 Grid 공간에 고차원 다변량 자료를 차원축소(축약)하여 시각적으로 표시하는 비지도 학습의 군집분석 기법

특징 : // 시각화, 군집화 비지도학습, 차원축소등

차원축소 (축약화)	고차원 Data를 2차원 & 3차원 격자로 투영
시각화	데이터의 시각적인 표현을 제공
군집화	유사한 Data 포인트들을 Cluster로 Group화
비지도학습	Label이 없는 데이터로 학습(Learning)
위상보존	입력공간의 위상적 관계가 Output Map에 보존
경쟁학습	뉴런들이 입력 Data를 표현하기위해 경쟁
자기 조직화	저차원 공간의 유사한 개체들을 서로 이웃하는 위치에 오도록 저차원 공간에 배치

2.		SOM (Self Organization Map)의 구성요소
	가.	SOM 구성요소

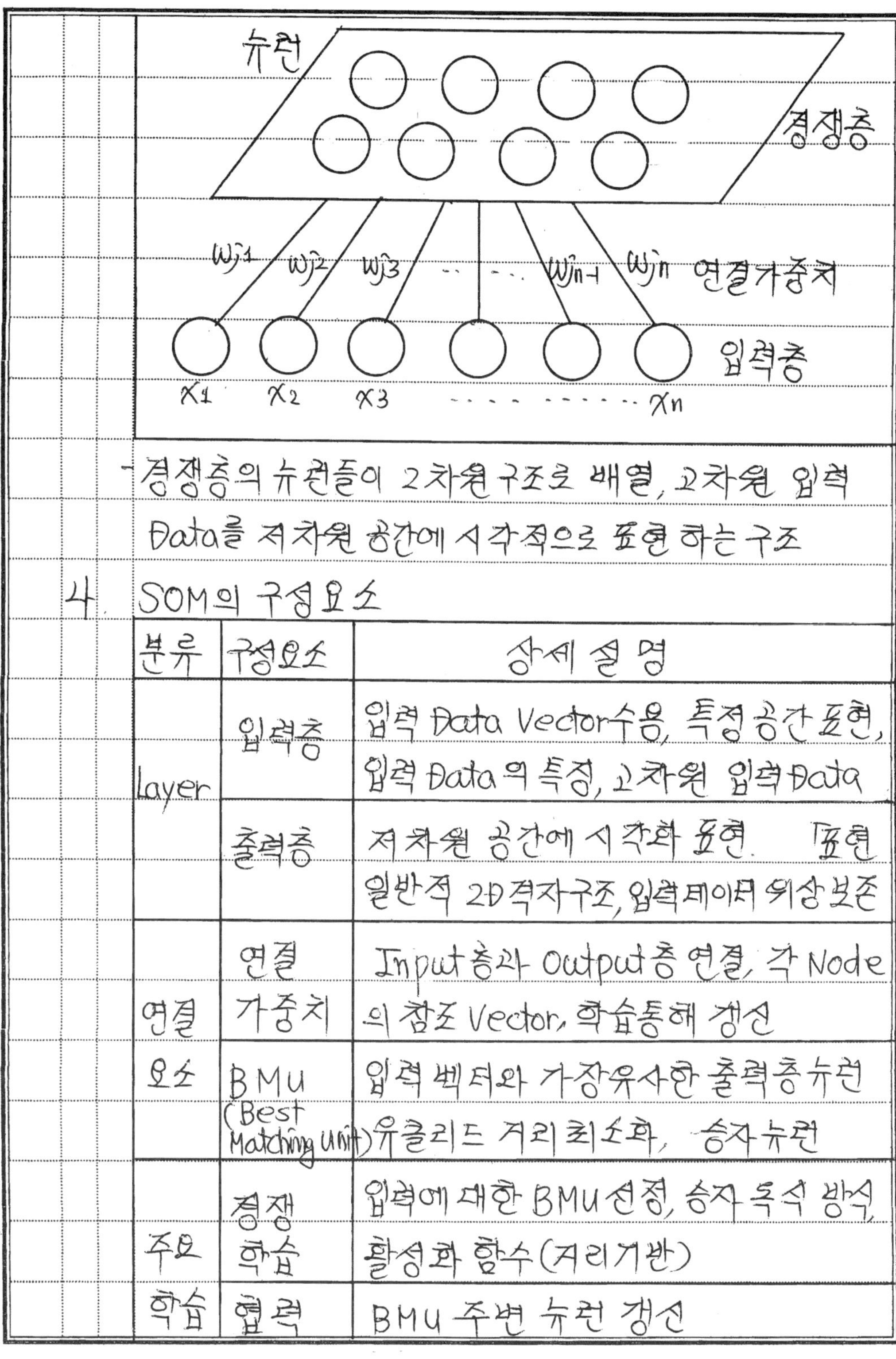

- 경쟁층의 뉴런들이 2차원 구조로 배열, 고차원 입력
Data를 저차원 공간에 시각적으로 표현하는 구조

4 SOM의 구성요소

분류	구성요소	상세 설명
Layer	입력층	입력 Data Vector 수용, 특정공간 표현, 입력 Data의 특징, 고차원 입력 Data
	출력층	저차원 공간에 시각화 표현. 표현 일반적 2D 격자구조, 입력 레이어 위상 보존
연결 요소	연결 가중치	Input층과 Output층 연결, 각 Node의 참조 Vector, 학습통해 갱신
	BMU (Best Matching Unit)	입력 벡터와 가장유사한 출력층 뉴런 유클리드 거리 최소화, 승자 뉴런
주요 학습	경쟁	입력에 대한 BMU 선정, 승자 독식 방식
	학습	활성화 함수 (거리기반)
	협력	BMU 주변 뉴런 갱신

| | | | 학 습 | 이웃함수 사용, 위상보존 학습 |

- SOM은 "역전파"와 "체인룰"을 사용하지 않는 학습 알고리즘으로 다른 접근방식과의 차이가 있음

3. SOM과 신경망 분석기법의 차이

가. 학습 & 구조적 특성 비교

분류	SOM	신경망 분석기법
학습방법	비 지도 학습, 자기조직화	주로 지도학습, 오류역전파
N/W구조	2D 격자구조, 단일 출력층	다층구조, 은닉층 포함
출력형태	위상보존 Map, Cluster 시각화	수치예측, 분류 결과
경쟁	승자독식 방식	일반적 경쟁학습 없음
학습	BMU 선정	뉴런 활성화

나. 응용 & 성능 특성

분류	SOM	신경망 분석기법
응용 분야	Data Search, 패턴인식 Image 처리	회귀, 예측, 분류등 다양한 분야
확장성	제한된 확장성, 주로 2D 맵	높은 확장성, 다양한 구조 가능
해석 가능성	결과의 직관적 해석가능	블랙박스 특성, 해석모호
계산 복잡성	간단한 계산구조	많은 Node 일수록 복잡
입력 Data	Label 불필요	지도학습시 Label 필요

- SOM과 신경망은 각각 다른 유형의 문제에 적용되며 분석 목적에 따라 선택적 & 혼합적으로 활용

- SOM은 비지도학습, 신경망 분석기법은 주로 지도학습

4. SOM 적용시 고려사항 & 주요활용사례

적용 고려사항		주요실무활용사례
- 데이터 전처리	▷	고객 세분화
- Map크기선정		
- 학습률 & 이웃함수	▷	금융 이상탐지
- 반복횟수		
- 평가지표	▷	이미지 & 문서분류

.. SOM의 시각화와 Clustering을 활용하여 복잡한 Data
에서 유의미한 패턴을 발견하고 직관적으로 이해 가능

"끝"

문 56) 특징추출 (Feature Extraction)

답)

1. 불필요한 정보 제거, 특징추출의 개요

　가. Noise Remove, Feature Extraction의 정의

　　원본 특징들의 조합으로 새로운 특징을 생성(주성분분석)하거나 고차원의 원본 Feature 공간을 저차원의 새로운 Feature 공간의 선형/비선형결합으로 표현하는 기법

　나. 특징추출의 필요성 (차원 축소 포함)

　　① 적절한 일반화 능력을 위해 요구되는 훈련 데이터 양은 급격히 증가하는 현상발생 → "차원의 저주" 발생

　　② 유용한 데이터를 가지고 특징을 추가하면 공간의 크기가 너무 증가하여 통계적으로 신뢰할 수 있는 결과 도출어려움

　　③ 핵심적인 변수로 차원을 축소 ← Feature 추출 기법 사용

2. 특징추출 (Feature Extraction)의 개념 및 설명

개념	설명
② 특징 검색 ① Data 입력 (Data 수집) → 특징 → 성능평가 → 특징선택 ⑤ 출력 (특징추출) ③ 특징 평가 특징 ↑ 가설 ④ 학습	① Data 수집 ② 특징 Search ③ 특징 평가 ④ Learning Algorithm ⑤ 특징 추출 (Feature Extraction)

3. "차원의 저주"의 의미및 해결 방안

　가. 차원의 저주(Curse of Dimensionality)

- 데이터 학습을 위해 차원이 증가(변수의 개수증가)하면 학습데이터수가 차원의수보다 적어져 추정모델의 성능이 저하되는 현상, 차원이 증가할수록 차원내 학습할 데이러 수가 적어지는현상 발생

　나. 차원의 저주를 해결하는 방법

- 더 많은 Data 수집 : 데이터 가많으면 데이터의 밀도가 높아져 특징을 좀더 잘 설명(Feature 추출)

- 차원 축소 방법 사용 : PCA (Principal Components Analysis)등의 방법 사용, 특징의 개수축소

"끝"

문 57) PCA (principal Component Analysis)

답)

1. 주성분 분석기법, PCA (주성분분석)의 개요

가. 변수 축약기법, PCA의 정의
다차원 특징 벡터로 이루어진 데이터에 대해서 최대한 원본의 정보를 유지하면서 낮은 차원으로 축소시켜 데이터처리하는 기법, 상관관계 변수를 선형결합하여 변수축약.

나. 주성분분석(PCA)의 특징
- 변수들의 상관관계, 연관성을 이용, 주성분으로 차원축소
- 다중공선성 존재시, 상관성 작은 주성분으로 변수들을 축소하여 모형개발에 활용. 독립변수들 간에 존재하는 강한 상관관계 → 분석결과를 왜곡시킬수 있음

2. PCA의 개념및 PCA 알고리즘 수행절차

가. PCA 알고리즘의 개념

PC2

PC1
Component space

PCA는 데이터 하나 하나에 대한성분을 분석하는 것이 아닌, 여러 데이터들이 모여 하나의 분포를 활용 주성분분석 함.

나. PCA 알고리즘의 절차(수행 절차)

단계	수행 절차	절차설명
1	Dataset 로드	PCA분석위한 Dataset Load

		2	평균, 공분산 산출	평균값과 편차구함, 공분산을 계산함
		3	Eigen value, Eigen Vector 산출	Data set에서 고유값, 고유벡터 구함 / PC1, PC2가 고유값, 고유벡터 임(2. 가.)
		4	Projection 처리	고유값, 고유벡터를 활용 회전/확장 재배치 / Data set 설명 & 새로운 Data set 예측.

- Smart Factory에서 다양한 Sensor들을 통해 수집되는 수많은 Data 분석시 PCA를 이용한 주요 영향인자 도출에 활용

3. PCA를 이용한 얼굴인식 Eigen face 사례

순서	설 명
Data 준비	45*40 얼굴이미지 20장 = 1800 차원 벡터 (즉, 1800 차원공간에서 한 점에 대응)
PCA수행	평균, 공분산, 고유값, 고유벡터계산, 주성분 도출
이미지해석	주성분 통해 이미지 선정으로 Eigen face 도출

- Computer 비젼(Vision)에서도 얼굴인식, 얼굴검출을 위해 PCA 알고리즘을 사용

"끝"

* 다중 공선성 (Multicollinearity)
- 독립변수들간 일치에 가까울 정도로 관련성 (상관관계) 이 높을때 잘못된 분석결과 도출 가능성 높음

문 58) ICA(Independent Component Analysis)

답)

1. 독립 성분 분석, ICA 알고리즘의 정의

주어진 자료가 서로 독립인 성분의 선형 또는 비선형

결합으로 이루어 졌다고 가정하고, 주어진 자료를

독립적인 성분들로 분해하는 과정

2. ICA와 PCA 비교, ICA의 설명

가. ICA와 PCA의 비교

PCA(주성분분석)	ICA(독립성분분석)
Vector의 분포	Vector의 분포
여러 데이터들이 모여 하나의 분포를 생성할때 그 분포의 주성분을 분석	데이터를 가장 잘 설명하는 축을 찾는 PCA와는 달리 가장 독립적인 축을 찾음

나. ICA의 설명

PCA와 같이 Vector의분포를 이용한다는 점에서 비슷

하지만 독립성이 최대가 되는 Vector를 찾고,

독립성(Independent)은 ICA의 알고리즘에 의해

계산됨

3. 얼굴인식 알고리즘 - PCA, FDA, ICA 활용예

가. PCA (Pricipal Component Analysis)
전체 영상공간에서 얼굴을 가장 잘 표현 할수 잇는
Vector를 찾음. 고유 벡터는 얼굴 처럼 표현되기 때문에
고유얼굴 (Eigen Face) 용어사용.

나. FDA (Fisher Discriminant Analysis)
얼굴의 국부적 특징을 다른 얼굴로부터 잘 분리해 표현
할수 잇도록 만들어진 방법

다. ICA (Independent Component Analysis)
기존의 주어진 특징만으로는 전체얼굴 이외의 특징 영역에
대한   분류가 어렵기 때문에 ICA분석법에서는
주어진 특성(특징)으로부터 새로운특징을 추출해 냄

"끝"

문 59) 마르코프 결정프로세스 (Markov Decision Process, MDP)

답)

1. 강화학습, 마르코프 결정프로세스의 개요

가. 이산(Linear)시간의 확률제어, MDP의 정의

S_{t-1}	S_t	S_{t+1}
과거	현재 state	미래 시간

상태전이(State Transition)가 현재상태 S_t와 입력(또는 행동 A_t)에 의해서 확률적으로 탐색하는 강화학습

나. Markov Decision Process의 모델

$$P(\text{확률}, S_{t+1} \mid S_t, S_{t-1}, S_{t-2}, \cdots S_0) = P(S_{t+1} \mid S_t)$$

미래 상태 S_{t+1}는 현재 상태 S_t에 영향을 받고 과거 상태 $S_{t-1}, S_{t-2}\cdots$ 에는 영향을 받지 않는 시스템에 대한 확률모델

2. Markov Decision 모델의 예시

2개문장

She is good person
she is bad person

State Transition Matrix

	is	she	good	bad	person
is	-	-	0.7 (70%)	0.3 (30%)	-
she	1.0 (100%)	-	-	-	-
good	-	-	-	-	1.0
bad	-	-	-	-	1.0

현재 상태의 확률 → S_t (현재) S_{t+1}, S_{t+2} (미래)

2개문장 State 도시

	맑음	흐림	비
맑음	0.5	0.25	0.25
흐림	0.4	0.2	0.4
비	0.3	0.2	0.5

맑음, 흐림, 비 State S_t(현재) S_{t+1}(미래)

3. MDP와 Q-Learning 비교

항목	MDP(마르코프 결정)	Q-Learning
결정과정	전이확률 계산	미래값(Q)계산
최적값	확률 최적값	Q Table 업데이트
공통점	강화학습에 활용	

"끝"

문 60) 은닉 마르코프 모델 (HMM - Hidden Markov Model)

답)

1. 상태(State)은닉, 은닉마르코프 모델의 개요

가. 순차데이터, 예측분류. HMM의 정의
 - 시스템이 은닉된 상태와 관찰가능한 결과의 두가지 요소로 이루어 졌다고 보는 통계 기반의 모델

나. Hidden Markov Model의 특징

은닉 상태	마르코프 체인	순차 데이터	문맥의존 데이터
- 상태불수없고 상태들로부터 야기된 결과들만을 관찰 가능	- 바로앞의결과 에만 영향을 받는 일련의 확률적시행	- 시간성을 갖는 Data. 대부분 가변 결이를 가짐	- 단어간의 전후관계가 있는 문장속의 단어나 단어속의 문자들

2. 은닉마르코프 모델 구성과 구성설명

가. HMM 모델의 구성도 (예시)

4. HMM 모델의 설명

구분	설 명
① 예측, 분류	직접 볼수 없는 지역의 날씨 상태를 예측하려고 함 (전화로 결과를 관찰 가능)
② 은닉상태	Raimy (비옴), Sunny (맑음) ← 은닉 변수
③ 관찰가능	Walk, Shop, clean Action 들
관측변수 확률적 관계예측	관찰자는 관찰 변수를 통해 관찰 결과와 은닉 상태간의 확률적인 관계를 알고 있음. 즉, 은닉 마르코프 모델의 모수가 알려져 있음

3. 은닉 마르코프 모델의 특징 및 매개변수 사용시 Issue

가. Markov 모델의 아키텍처

구분	아키텍처	설 명
Ergodic (에르고딕) 모델	(상태 1, 2, 3 완전 연결 그래프)	완전연결구조 (ex)제스처, Motion, 상태 변화등에 사용
좌우(Left to Right)모델	(상태 1 → 2 → 3 → 4 순차 연결)	상태 변이가 왼쪽 →오른쪽으로 변화 (ex)음성 인식 해석사용

나. 매개 변수 (parameter) 사용

구분	설 명
상태전이 확률	오늘 비가 왔을때 내일 날씨가 맑을 확률
관측 확률	비가올때 집에 있을 확률, 비가올때 외출할 확률

		초기 상태 확률 벡터	HMM을 가능시킬때 어느 상태에서 시작 할지를 결정하는데 이용

다. 매개변수와 3가지 문제점

구분	문제점	적용가능방법
확률 평가 문제	모델에서 관측한 값이 여러개 일때 각 출력될 확률이 얼마인지 효과 적으로 계산할수 있어야 함. 즉, 확률 값에 따라 최적의 모델을 다수의 모델로부터 선택 할수있기때문	Dynamic Programming 이용 (Forward, Backword 알고리즘
최적 상태 열 찾는 문제 (Decoding)	Optimal State Sequence (최적 상태열) 가장 최적의 숨겨져 있는 상태 열을 어떻게 찾아낼 것인지의 문제	Viterbi (비터비) 알고리즘 (관측된 사건 들의 순서를 야기한 가장 가능성 높은 은닉 상태들의 순서를 찾는 알고리즘)
파라미터 추정 (학습)	확률(Likelihood)을 최대화 하는 모델의 각 파라미터를 추정하는 문제. 즉, 관측열을 가장 잘 설명하는 모델의 파라미터들을 어떻게 최적화 할것인지의 문제(학습의문제)	EM (Expectation- Maximization) 알고리즘, Baum-Welch 알고리즘
3가지 문제 요약		

Test 샘플 $\theta = (A, B, \pi)$

O = 1076550

↓ 평가 발생확률
↓ 디코딩 상태열

← 학습 — 훈련 Data 집합

$O_1 = 1076550$
$O_2 = 1076550$

4.		은닉 마르코프 모델 활용과 실제 적용
	가	은닉 마르코프 모델 활용 : 통계, 기계학습(Machine Learning), 음성인식, DNA 분석, 패턴인식, 자연어 처리, 생물 정보학, 광학문자인식 등등
	나	적용 : 복잡한 계산을 위해 동적 계획법(Dynamic Programming : 큰 문제를 작은문제로 나누어 푸는 계획법) 등을 활용하여 수행됨

"끝"

문 61) 몬테카를로 트리 탐색 (MCTS-Monte-Calro-Tree Search)

답)

1. 바둑 게임 - 탐색알고리즘, MCTS의 개요

　가. Monte-Calro Tree Search의 정의

　어떻게 선택하는 것이 가장 유망한 것인가를 분석하면서 검색공간에서 무작위 추출에 기초한 탐색 트리

　나. MCTS의 특징
- 의사결정위한 체험적 탐색 알고리즘
- 과거의 playout (플레이아웃) → 장래의 playout 선택

2. 몬테카를로 트리 탐색의 알고리즘 및 4단계 과정

　가. MCTS의 알고리즘

선택	확장	시뮬레이션	역전달
루트 R (11/21) 17/10 1/6 Leaf (3/3)	(11/21) 17/10 1/6 3/3 재생성 자식노드 0/0	(11/21) 17/10 1/6 3/3 노드C 0/0 → 0/1	(11/21) 루트 R 8/11 1/7 4/4 노드 C 0/1

- 역전달 = Backpropagation ⇒ 전체과정 정보 갱신
- MCTS 알고리즘은 선택, 확장, 시뮬레이션, 역전달로 구성

　나. MCTS의 4단계 과정 설명

선택	루트 R에서 연속적인 자식 노드를 선택 (Leaf node까지)
확장	Leaf node에서 승패를 내지 못하고 게임 종료시

		하나 또는 그 이상의 자식 노드를 생성
시뮬레이션	노드 C로부터 무작위의 playout을 실행함	
역전파	playout 결과 C에서 R 까지의 경로 정보(노드) 갱신	

3. 몬테카를로 트리 탐색의 핵심요소 및 활용

핵심 요소	정책	트리폭 제한, 확장단계에서 가장 승률 높은 것 예측
	가치	트리깊이제한, 승산이 정확할수록 더 깊은 노드 분컬
활용	· 바둑 프로그램 (AlphaGo), 실시간 비디오 게임, · 포커와 같은 비결정적 게임 등.	

"끝"

문 62) 몬테 카를로 방법(Monte Carlo Method)

답)

1. 무작위 추출에 의한 근사치, Monte Carlo 방법 개요

　가. 수학적 근사치 계산, 몬테 카를로 Method 정의

　　반복된 무작위 추출을 이용하여 함수의 값을 수학적/통계학적으로 근사(가까움)하는 알고리즘

　나. 근사치, 단순화, Monte Carlo Method의 특징

| 근사치 계산 | 수학&물리학에서 근사치를 계산할때 자주 활용 |
| 계산의 단순화 | 닫힌 형식으로 표현되지 않거나 복잡한 계산을 단순화 |

　　함수의 값을 확률적으로 계산하는 Algorithm

2. 몬테 카를로 방법의 수행절차 & 구성요소

　가. Monte Carlo Method의 수행절차

　　① 범위 정의 → ② 표본 샘플링 → ③ 계산 수행 → ④ 결과 집계

절차	핵심 내용	설명
①	입력 범위 정의	가능한 입력상수의 범위 정의
②	확률분포 기반생성	확률분포 통해 범위내 입력표본생성
③	입력 기반 계산	표본에 대한 계산 수행
④	계산 결과 종합	계산된 결과를 종합하여 집계

　　가능한 입력에 대해 확률분포에 따라 표본 수집후 근사치 계산

　나. Monte Carlo Method의 구성요소

구분	세부 사항	설명

				입력 변수	결과에 영향을 주는 무작위 값
			구성요소	출력 변수	Monte Carlo 분석의 결과
				수학적 모델	출력 변수와 입력 변수간의 수학적 관계
				정규분포	대부분의 실제 Event 분포
			확률분포	균일분포	확률이 동일한 확률 변수의 통계적 표현
				삼각분포	최소값, 최대값 & 최빈값 사용

- 수학적 모델과 확률분포를 통해 정확한 근사치 계산이 가능

3. 활용분야

활 용(분야)	설 명
산업 & 금융	불확실성증대, 현상해석 & 예측의 중요성 증대
자연 과학	고가의 실험비용 감축 & 현상의 해석 분야 활용
강화 학습	강화학습의 기반 알고리즘으로 활용

"끝"

문 63) Q-Learning

답)

1. 모델 없이 학습하는 강화학습, Q-Learning 개요

가. Q함수 지속 학습 적용, Q-Learning 정의

현재 상태 S → 수행 A → Q함수 지속 학습 → 최적화 적용 활용

나. Q-Learning 학습 특징

- Q함수 (Q-Table) 지속 학습, 수정 통해 의사결정의 행동활용에
- 주어진 환경의 모델 없이도 수행하는 학습방법
- $Q : S \times A \rightarrow R$ (보상) Q : 함수, S : 현재상태, A : 행동

2. Q-러닝의 학습 절차 및 설명

가. 학습절차 및 설명

학습절차	설명
① Q 초기화	① Q-Table (함수) 초기화
	// Q-Table ← 갱신 Data 저장
② Q에 기반 Action 선택	② 정책기반 Action 선택
	③ Action 수행
Action 수행	// 현재 상태 + 갱신된 Q값
⑤ 지속 Q갱신 ③	⑤ 새로운 상태 및 보상 관찰
보상 측정	// 수행후 결과에 대한 보상
	④ 다음상태 최대 보상 업데이트
④ Q 갱신	⑤ 새로운 상태 설정,
	반복 수행하면서 Q 최적화

4. Q-Learning의 구성요소

구분	구성요소	설 명
정책 (policy)	-최대보상 -미래보상관찰	-최고 Q값 기반 Action 선택 $\pi(s) = \arg\max Q(s,a)$
벨만 (Bellman) 방정식	-정책 반복 -재귀 함수	-최적정책 찾는 반복 수행 -현재 최고보상, 미래보상
Q-러닝 알고리즘	-테이블 기반 -반복적근사	-벨만 방정식 반복 수행 -반복 기반 Q함수 근사

3　Q-Learning 알고리즘의 발전

- Q-러닝 알고리즘의 Q-Table 사이즈문제(제약)에 대한 해결 방안으로 DQN(Deep Q Network) 등장

- 전이학습(Transfer Learning) 알고리즘, Reverse Q-Learning 등으로 연구/발전됨.

"끝"

문 64) Tokenization, n-gram

답)

1. 형태소분석, Tokenization의 개념 및 사례

　가. 자연어 처리, 토큰화의 개념
　- 주어진 Corpus(말뭉치)에서 토큰(Token)이라 불리는 단위(unit)로 나누는 작업

　나. Tokenization의 사례 [표]
　- 토큰의 기준을 단어(word)로 하는 경우, →word 토큰화 라고
　예) Time is an illusion, Lunchtime doubly so!
　→토큰화 "Time" "is" "an" "illusion," "Lunchtime" "doubly" "so"

2. N-gram의 정의 및 사례

　가. N-gram의 정의 (n개씩 묶음)
　- 단어를 의미 있는 최소 단위 또는 띄어쓰기 단위로 절단 하여 n개씩 묶어서 그 의미를 파악하는 문장 처리 기법

　나. N-gram의 사례

N=1 :	This is a sentence	Unigrams This, is, a, Sentence.
N=2 :	This is a sentence	Bigrams This is, is a a sentence
N=3 :	This is a sentence	Trigrams This is a, is a sentence

3. Tokenization, N-gram의 활용
- 인공신경망을 이용한 언어모델에 적용
- 챗봇(chatBot)에서 말뭉치(Corpus) 해석에 활용
- 음성인식에서 자연어 처리에 활용

"끝"

* One Hot Encoding : 하나의 값만 True(1)이고 나머지는 모두 False(0)인 인코딩을 의미
← 이 과정을 거치면 데이터 형태는 0과 1로 이루어지거 때문에 Computer가 인식하고 학습하기에 용이

문 65) Word2vec

답)

1. 다차원 벡터를 이용한 자연어분석, Word2Vec 개요

가. Wordembedding 벡터활용, Word2Vec의 정의

단어의 의미 파악 및 유사성을 찾기위해 말뭉치를 입력받아 Wordembedding이라는 벡터로 표현하여 분석하는 인공신경망

나. Word2Vector의 개념

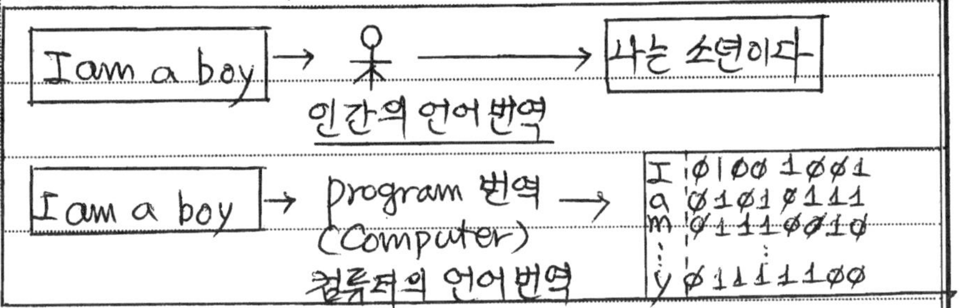

| I am a boy | → 人 ————→ | 나는 소년이다 |

인간의 언어번역

| I am a boy | → Program 번역 (Computer) → | I 0100 1001 <br> a 0101 0111 <br> m 0111 0010 <br> y 0111 1100 |

컴퓨터의 언어번역

Computer의 언어번역 활용하여 분석.

2. Word2Vec의 문제점 & 해결방안

가. One Hot Encoding 문제

예) 단어장(Corpus) "I", "am", "a", "boy", "girl", "king", "queen" 7개의 단어로 구성

| I (1, 0, 0, 0, 0, 0, 0)
 am (0, 1, 0, 0, 0, 0, 0)
 a (0, 0, 1, 0, 0, 0, 0)
 man (0, 0, 0, 1, 0, 0, 0)
 woman (0, 0, 0, 0, 1, 0, 0)
 king (0, 0, 0, 0, 0, 1, 0)
 queen (0, 0, 0, 0, 0, 0, 1) | → Text → 숫자
 One Hot Encoding
 (단어간유사도없음) |

One Hot Encoding 단점 : Vector 표현에 단어와 단어간
의 관계가 전혀 드러나지 않음 (단어간 유사도가 없음)
예) Woman, queen 두 단어는 의미가 비슷해도
   전혀 다른 벡터(Vector)로 표현됨

4. One Hot Encoding 문제 해결
 - 신경망을 이용하여 Vector를 변환, 즉 Embedding
   하면 7차원 → 3차원으로 표현 가능

I (1.5, 2, 0, 3.5)
am (1.2, 2.2, 3.7)
a (0.5, 0.8, 0.9)
man (0.4, 0.5, 0.6)
Woman (0.8, 0.7, 3.4)
King (0.8, 2.3, 2.8)
queen (0.6, 0.4, 4.1)

→ Embedding
(예) 3차원으로
표현단어의
유사도 포함

 -One Hot Encoding 보다 저차원이고 밀도가 높음

3. One Hot encoding의 한계 및 Word2vec의 특징
 가. One-Hot-Encoding의 한계 (OHE한계)

구분	설명	
One-Hot Encoding	man (0, 0, 0, 1, 0, 0, 0) Woman (0, 0, 0, 0, 1, 0, 0) King (0, 0, 0, 0, 0, 1, 0) queen (0, 0, 0, 0, 0, 0, 1)	→ Text → 숫자
가능기능	해당단어의 유무 파악 (Spammail 분류시 사용)	
OHE 한계	해당 단어와 다른 단어가 어떤 차이점을 가지는가 판단불가	

4. Word2Vec의 특징

착안		단어 자체가 가지는 의미를 다차원 공간에서 Vector화	
특징	단어가 실수 공간에 위치	각 단어 사이의 유사도 측정 가능 (코사인 유사도)	
	벡터로 수치화	Vector 연산을 이용한 추론 가능	
	단어간 유사성 찾기	유사한 단어일수록 가까운 거리에 위치	
용도	단어의 의미파악	데이터의 양이 충분하도록 학습	
	문장, 문서분류 (문서군집화 Word2Vec으로 수행하면)	1) 검색엔진에서 문서의 분야별 검색 (과학, 법률, 경제 등) 2) 문장의 감성분석 3) 추천시스템 등	

4. Word2Vec의 학습결과

가. 사물을 word embedded (벡터)로 표현한 결과

- 비슷한 물체나 개념은 가까이에 위치

- 단어의 상대적인 의미와 관계도 Vector로 표시될 있음

⇒ 관계를 이용하면 유사성을 넘어서 더 복잡한 일을 할수

4. 국가와 수도을 표현한 결과를 PCA(주성분분석) 이용

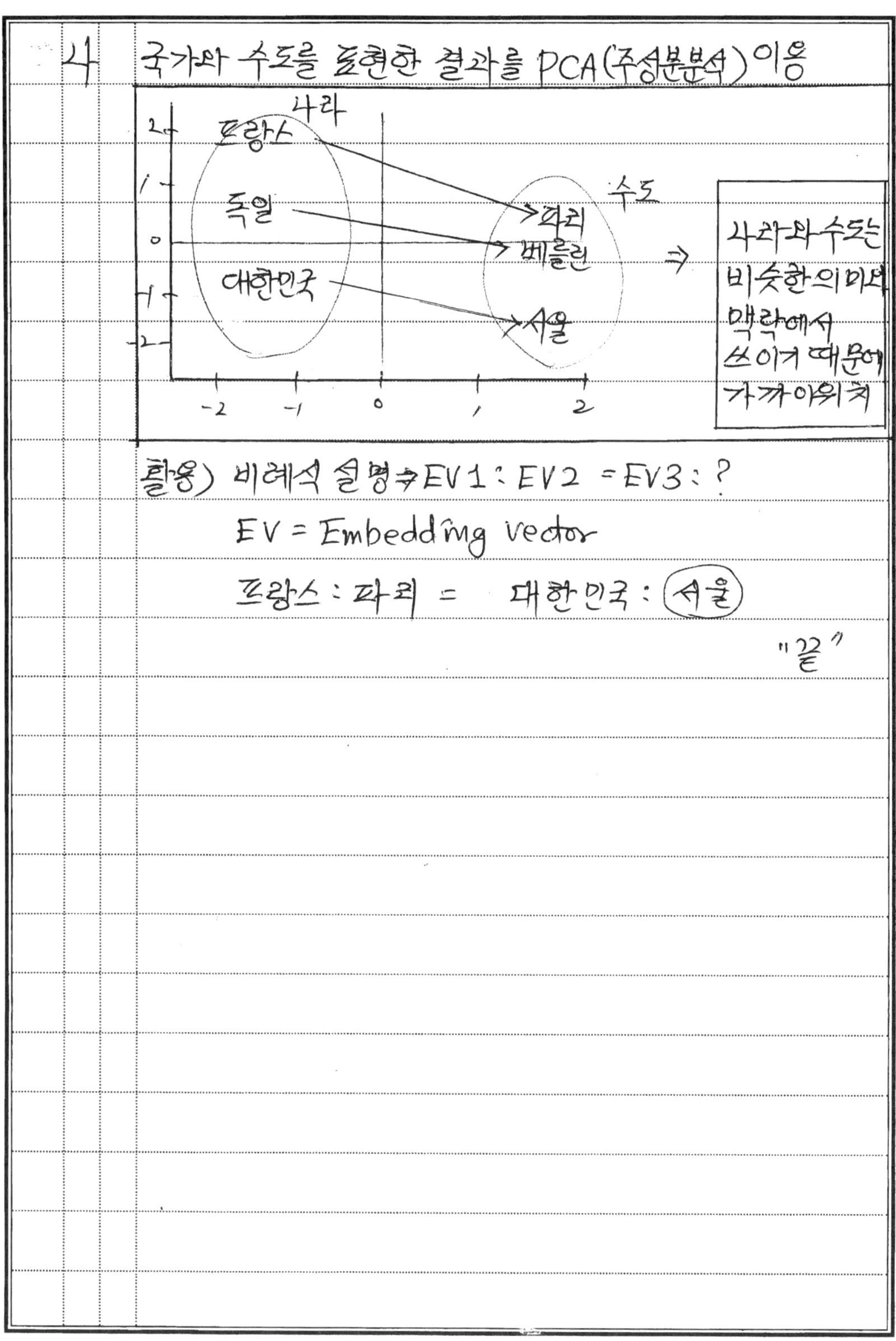

활용) 비례식 설명 ⇒ EV1 : EV2 = EV3 : ?

EV = Embedding vector

프랑스 : 파리 = 대한민국 : (서울)

"끝"

문 66) 워드 임베딩 (Word Embedding)

답)

1. 기계의 자연어 처리, Word Embedding 개요

가. 자연어 처리 모델링 기술 워드 임베딩의 정의

- 단어간 유사도 및 중요도 파악을 위해 단어를 저차원의 실수 Vector로 Mapping하여 의미적으로 비슷한 단어를 가깝게 배치하는 자연어 처리 Modeling 기술

나. Word Embedding의 개념도

- Word Embedding에는 횟수 기반 임베딩과 추론 기반 임베딩 (Prediction Based Embedding)으로 구분

다. 기계의 자연어 처리 한계, Word 임베딩의 필요성

- 유사한 의미의 단어를 군집화하고 Vector 연산을
통해 단어간의 관계를 파악하여 추론이 가능해짐에
따라 자연어 처리 모델링에 필수 기술로 사용

2. Word Embedding의 유형
- One-Hot Encoding으로 대표되는 희소표현 방식 사용시
단어수 증가에 따라 Vector 차원이 무한정 커지는 공간
적 낭비 해결을 위해 Word 임베딩으로는 대표되는
Dense Representation 방식 사용 (횟수/추론기반)

가. 횟수기반 임베딩 (Frequency Based Embedding)

유형	원리
BOW (Bag of Words)	- 단어 출현 빈도로 단어사전 (주머니) 생성 - 각 단어 Indexing 기반 사전 생성, 자동 분류
Count Vector	- 모든 문서의 단어 학습후 문서마다 단어 횟수 파악 - 각 문서별 고유 토근수 기반 행렬 (Matrix)로 표현
TF-IDF	- 핵심어 추출위해 단어의 특정문서내 중요도 산출 - TF : 단어의 문서내 빈도 (Term Frequency) IDF : 문서 빈도수 (DF)의 역수

- IDF : Inverse Document Frequency

나. 추론 기반 임베딩 (Prediction Based Embedding)

CBOW	- 주변 단어기반 해당위치에 나 타날수 있는단어 추론 - 컨텍스트에서 단어의 평균을 적용 Softmax 계산

				상세 설명
		Skip-gram		-입력 단어를 통해 주변에 나타날 수 있는 단어를 추론 -컨텍스트에서 단어를 1:1로 대응하여 Softmax 계산
		Word2Vec		-단어를 벡터 평면에 배치, 문맥적 의미 보존 -신경망 연산 수행하며 CBOW와 Skip-gram 모델(Model) 적용

-추론 기반 임베딩의 대표적 기법으로는 CBOW와 Skip-gram 방식을 적용한 Word2Vec을 사용

3 Word Embedding 대표기법, TF-IDF & Word2Vec

가 횟수기반 임베딩, TF-IDF

구분	항목	상세 설명
개념	TF-IDF	핵심어 추출 & 검색 결과 순위 결정을 위해 단어의 특정 문서내 중요도를 산출하는 통계적 가중치 알고리즘
	TF	문서내 단어등장 빈도, 고빈도시 중요도 높음 (해당)
	IDF	문서내 단어 빈도수(DF)의 역수, DF가 높을수록 흔한 단어로 판단 (해당)
TF-IDF 단어 중요도 산출 기법	TF 산출	-블린빈도: 단어등장시 1, 아니면 0 -Log스케일 빈도: TF값 발산방지 -증가빈도: 문서 길이에 따라 단어 빈도 조절
	IDF산출	역문서 빈도: Log 문서크기/단어 t 가 포함된 문서
	TF-IDF 산출	단어중요도: TF에 비례, DF에 반비례

- 산출기법 범례　t : 단어, d : 문서의 크기(전체문서
수)　f(t,d) : 단어 빈도계산 함수
- TF-IDF의 단어 유사도 측정기법으로 각도기반의
코사인유사도, 평면 상 거리계산 기반의 유클리드유사도
대각선 없이 직각거리측정 기반의 맨해튼유사도 등 사용

4 추론기반 Embedding, Word2Vec

구분	항목	상세 설명
개념	Word2 Vec	단어를 벡터 평면에 배치하여 컴퓨터가 인식 할수있도록 문맥적 의미를 보존하는 워드 임베딩
Word2 Vec 학습 모델	CBOW	In Projection out / W(t-1) → W(t) / W(t+1)　① One-Hot Encoding 방식 벡터화 - ② projection 벡터들의 평균적용 ③ Matrix ④ 연산 후 출력 전송 ④ Softmax 계산 단어 비교
	Skip-gram	In Projection out / W(t) → W(t-1) W(t+1)　① One-Hot Encoding 방식 벡터화 ② projection 요소 1:1 대응 ③ Matrix 연산 후 출력 전송 ④ Softmax 계산, 단어 비교

- Skip-gram은 말뭉치 내 존재 모든 단어 학습하며
CBOW 보다 학습 기회가 많아 Skip-gram 다수사용

4 TF-IDF와 Word2Vec 기법 비교

비교항목	TF-IDF	Word2Vec
원리	횟수기반 임베딩	추론기반 임베딩
임베딩 방식	TDM (Term-Document Matrix)내 중요도 산출	단어를 벡터 평면에 배치 & 결과 추론
연산대상	문서내 단어등장횟수 연산	단어 Vector간 연산
적용모델	TF, DF, IDF, TF×IDF	CBOW, Skip-gram
활용방안	검색순위, 핵심 단어추출	자연어문장생성
서비스	검색 트랜드분석, 유사도비교	챗봇, 가상비서

- 문서의 통계정보 반영 개선 & Embedding 단어 Vector간 유사도측정 개선을 통해 횟수기반과 추론기반 Embedding을 모두 사용하는 GloVe (Global Vectors for Word Representation) 기법 활용

"끝"

문 67) CBOW (Continous Bag of Words), skip-gram

답)

1. 추론기반의 Embedding, CBOW, skip-gram의 정의

CBOW	Skip-gram
- 주변 단어 기반 해당 위치에 나타날 수 있는 단어 추론	- 입력 단어를 통해 주변에 나타날 수 있는 단어를 추론
- Context에서 단어의 덩어를 적용하여 Softmax 계산	- Context에서 단어를 1:1 로 대응하여 Softmax 계산

- Softmax란 입력 받은 값을 출력으로 $0 \sim 1$ 사이의 값으로 모두 정규화하여 출력값들의 총합은 항상 1이 되는 특성

2. Word2vec 학습모델, CBOW와 skip-gram의 설명

구분	CBOW	Skip-gram
개념도	Input　projection　output W(t-2), W(t-1) → SUM → W(t) W(t+1), W(t+2)	W(t) → → W(t-2), W(t-1), W(t+1), W(t+1)
개념	주변 단어가 만드는 맥락을 이용해 Target 단어 예측	한 단어를 기준으로 주변에 올 수 있는 단어를 예측
사례	집 앞 편의점에서 아이스크림을 사 먹었는데, (이) 시려서 너무 먹기 힘듦	서울 - 한국, 한라산 도쿄 - 일본, 후지산 베이징 - 중국, 황산　등

| | | 학습과정 | 1) 한 단어에 이미 할당된 Vector가 있다고 가정
2) 이 값을 이용, 주변 문맥을 얼마나 정확히 예측하는지 [계산]
3) 정확도 낮을시 오차에 따른 Vector값 조정
  - 한 단어를 기준으로 단어 주변의 문맥을 참조,
    현재 Embedding Vector가 얼마나 정확한지
    오차값은 어느 정도인지 알아냄
  - 어떤 두 단어가 비슷한 문맥에서 기준치 사용된다면
    두 단어의 Vector값은 비슷하게 됨. [T에 모임]
    ex) 소나무 근처에 박달나무, 은행나무 등 비슷한것 |
| 3. | | | CBOW와 Skip-gram의 활용
Word2vec 학습모델로 유사한 의미의 단어를 군집화
하고 벡터 연산을 통해 단어 간의 관계를 파악하여 추론
이 가능해짐에 따라 자연어 처리 모델링에 필수 기술로
사용됨

                                  끝 |

문 68) 인공신경망의 오류역전파(Backpropagation) 알고리즘

답)

1. 인공신경망의 가중치 학습 최적화, Backpropagation 개요

| 정의 | 출력값이 원하는 출력과 다를 경우, 가중치를 갱신하여 오차를 최소화 시키도록 반복수행하여 신경망을 학습시키는 알고리즘

| 특징 | 반복수행(Feed Back), 다층신경망(MLP), 감독학습(Supervised 학습), 역방향 계산

2. 오류 역전파(Backpropagation) 알고리즘의 학습 설명

가. 오류 역전파 알고리즘의 학습개념도

출력층의 결과를 비교하여 오차가 있을 경우 역전파하여 은닉층(Hidden Layer)의 가중치를 조정하여 갱신

나. 오류 역전파 알고리즘의 학습 절차(Flow)

단계	설 명	특 징
① Input	입력→출력층으로 순전파 수행	가중치 초기화
② 오류 역전파계산	출력층 오류 최소화 하는 가중치 탐색(0.6) 출력층 → 역 방향 진행	미분 (예상값 - 실제값)

	③ 가중치 조정	학습률만큼 수정한 가중치로 조정 오차값 0.6을 3,2로 배분하여 0.36, 0.24로 갱신	에러 최소 평균제곱의 미분
	④ 반복수행	목표도달시까지 위과정 반복	N회 epoch 수행

- 다층신경망에서 경사하강(Gradient Descent)을 수행하는 핵심알고리즘

3. 오류역전파 알고리즘의 문제점과 해결방안

구분	항목	설 명
문제점	Sigmoid 함수의 문제	- 계단식 함수를 미분 가능하도록 곡선화 - 기울기 문제 (Vanishing gradient problem) 발생
해결 방안	ReLU 사용	- x값이 0 이하이면 0을 출력, 0 이상이면 비례 함수 적용. - max(0, x) 함수사용

"끝"

문 69) 평균제곱오차 (MSE, Mean Square Error)
답)

1. 손실함수 계산에 활용 평균제곱오차(MSE) 개요

정 의	특 징
- 예측값과 실제값 차이를 제곱해서 표현 $(실측-예측)^2$	- AI 모델의 정확도 평가
	- 결과값은 모두 양수값(+)
- 오류의 제곱값을 평균해서 표현하는 방식	- 평균에 근접한 정도와 밀집도를 평가 가능함

2. Mean Square Error의 수식과 선형회귀 적용

가. MSE의 수학적 정의(Definition)

$$MSE = \frac{1}{n}\sum_{i=1}^{n}\left(x_i - \tilde{x}_i\right)^2$$

(평균제곱오차)

x_i = 실제값(실측)
$\tilde{x}_i$ = 예측값
n = 표본수

나. 실제 MSE를 계산하는 과정 (선형함수에서)

- 가설함수가 $y=2x$ 이고 $x_1=(1,1)$, $x_2=(2,2)$, $x_3=(3,3)$ 일 경우의 MSE값 계산 (표본수=3, (x_1, x_2, x_3)

$$MSE = \frac{(2-1)^2+(4-2)^2+(6-3)^2}{3}$$

$$= \frac{14}{3}$$

$$= 4.666$$

∴ 평균 4.666의 오류(편위)를 가짐

3	MSE(Mean Square Error)의 활용분야	
	손실함수 (인공지능)	계산이 간편하다는 장점을 활용하여 인공지능 (AI) 모델의 학습률을 평가하기 위해 사용
	선형회귀 (수학)	-SVM과 같은 분류 모델, 일차원적인 분포를 예측하는데 가장 많이 사용하는 기법 -예측값과 데이터가 얼마나 일치하는지 계산

"끝"

문 70) 오차 검증 (Error Validation)

답)

1. 오차 검증 (Error & Validation)의 개요

가. 오차 (모델) 검증의 정의 - Training (훈련) Dat set에 의해 학습된 신경망이 새로운 Data를 얼마나 잘 예측하는지 평가하는 과정 (일반화 오차 최소화)

나. 오차 검증의 필요성 - 과적합 (Overfit), 부적합 (Underfit) 과한 Training 혹은 부족한 Training을 방지함

2. 오차 검증의 수행방안

가. Validation Set (Hold out) 방식

전체 Data	〈일반적인 방식〉
Training | Test	전체 Data중 일부 Data를 Test set으로 사용하여
─ 하이퍼파라미터 ─ 최적화	모델 (Model)을 평가 & 검증 (Validation)

나. 교차 검증 (Cross-Validation)

〈교차검증〉	〈Data 부족시〉
1차 | 학습 | 검증	- 훈련 Set와 검증 Set를
Cross	여러 Set로 구성,
2차 | 검증 | 학습	교차해 가면서 모델 평가

- 교차 검증 기법에는 LOOCV, k-fold, Random Sampling 기법들이 존재

3			공짜 점심 없음 이론 (Not Free Lunch, NFL)	
		모델의 자체한계	모델이란 관측한 것을 간소화한 것으로 완벽하게 새로운 Data set을 예측하거 불가능
		분류의 중요성	-Data 특성을 고려할 것을 강조 -회귀모델, 선형모델 등 Data에 맞는 모델사용

"끝"

문 71) 텐서(Tensor)

답)

1. 다차원 공간에서의 벡터를 표현, Tensor의 개요

    가. 다차원 행렬(Multi-Dimentional Array), 텐서의 정의

    다수의 벡터를 n-차원에서 한 번에 표기할 수 있도록
    수학적으로 정의한 개념, 주로 행렬로 표기함

    나. Tensor의 등장배경과 과학분야의 활용

    - 1900년대 초 아인슈타인이 상대성이론을 정리하는데
      사용하여 널리 전파, 중력장(Gravity Field)을 표현
    - 이후, 공학에서 3차원 응력(건축), 유체역학등 이용

2. Tensor의 수학적 표현과 Vector와의 비교

    가. 차원과 Vector(벡터)를 표현, Tensor의 기호 & 설명

$T^{(m)}$	m = Tensor가 가지는 벡터수
$T_{(n)}$	n = 차원(Dimension)수

    나. 텐서의 표기와 벡터, 행렬 표기 비교

Tensor	Vector	행렬
T^{0}_{3}	•(스칼라) -3차원 0개 벡터	(0)
T^{1}_{3}	↗(1개) -3차원 1개 벡터	(1, 2, 3)

		$T\!-\!\genfrac{}{}{0pt}{}{2}{3}$ (벡터2)	$\vec{B}$ $\vec{A}$	$\begin{pmatrix} 1 & 2 & 3 \\ 3 & 2 & 4 \\ 5 & 2 & 7 \end{pmatrix}$
		$T\!-\!\genfrac{}{}{0pt}{}{3}{3}$ (벡터3)	$\bar{C}$ $\bar{B}$ $\bar{A}$	3 3 7 / 4 2 3 4 / 1 3 4 6 2 / 5 2 7 1 / 3 3 4

- Tensor를 이용하면 다차원·다벡터 공간을 쉽게 설명가능

3. 딥러닝에서의 Tensor 적용 예제 (RNN에서)

가. 3개의 문장이 주어졌을 때 (초기 Data)

① Hello KWON
② Hello Brian
③ Hello PE

⇒ ML Tensor로 표현 →

나. 원-핫코딩(One-Hot Coding)후 Tensor 변환

Word	Index	one-Hot Coding
Hello	$\emptyset$	[1, $\emptyset$, $\emptyset$, $\emptyset$]
KWON	1	[$\emptyset$, 1, $\emptyset$, $\emptyset$]
Brian	2	[$\emptyset$, $\emptyset$, 1, $\emptyset$]
PE	3	[$\emptyset$, $\emptyset$, $\emptyset$, 1]

- 3개의 문장을 단어로 분해후 행렬로 표현

다. 각 문장을 행렬로 표현과정

① → ([1, 0, 0, 0], [0, 1, 0, 0]) : Hello Kwon

② → ([1, 0, 0, 0], [0, 0, 1, 0]) : Hello Brian

③ → ([1, 0, 0, 0], [0, 0, 0, 1]) : Hello PE

- 1 Batch Size로 재구성

→ ([1, 0, 0, 0], [0, 1, 0, 0], [1, 0, 0, 0], [0, 0, 1, 0]
  [1, 0, 0, 0], [0, 0, 0, 1])

4 주어진 문장의 Tensor 차원과 Data 입력

가. Tensor 차원 기호표현

$$T^{2,4}_{3} \Rightarrow (3, 2, 4)$$

$$\Rightarrow (3개문장, 2개단어, 4개 Index)$$

나. Data 입력위한 Input Layer 설정

$$\boxed{Input\ Layer 수} = 3 \times 2 \times 4$$

$$= 24$$

"끝"

문 72) 선택 편향 (Selection Bias)

답)

개요

1. 인공지능(AI) 오류원인, 선택편향 (Selection Bias)

가. 선택 편향의 정의 - 무작위성이 배제된 Data 선택,
   대표성이 상실된 학습 Data 구성으로 야기된 오류

나. Selection Bias에 의한 Issue

[확증편향]
- 가장 일반적 편향
- 자신에게 유리한
  Data만 반영

선택편향
이슈

[배제편향]
- 자신에게 불리한
  결과를 가져오는
  Data는 제거

2. 선택편향의 종류와 완화 (Mitigation) 기법 상세

가. 인간적/외부적/통계적 원인에 의한 선택편향

구분		상세 설명
인간적 요인	확증	- "Cherry picking" 편향이라고도 함 - 주장을 뒷받침하기에 유리한 Data만 학습용으로 활용하는 것 (Bias 발생)
	시간 간격	- 충분한 시간(Time)동안 실험이 이루어지지 않는 것. 윤리적 오인이나 예산 확보 미비등의 오인으로 초거에 중단된 Data
	관찰자 선택	- 연구 결과에는 Report나 증거가 필요 ex) 운석충돌 기록 → 관찰자가 생존 불가능 (시간상), 별도 증거 필요

		표본 추출	-재표성을 띄는 표본 추출에 실패
			-무작위성이 보장되어야 하고 검증필요
	외부적 요인	노출	-다른 요인에 의해 노출/오염 Data
			ex) A라는 병 때문에 B라는 병이 생겼는데, A의 치료제 가 비난받음
	통계적 요인	불충분	"Attrition" Bias, Test 도중 포기한 표본을 포함하지 않음 (ex. 다이어트 시험 중중으로 기)
		과적서빙	어떤 이유에 의해서 돌출(outlier)값을 제거하여 발생할 수 있는 편향

나. 선택 편향 완화 기법

구분	세부 내용
Heckman 보정	외부 변수와 Treatment 지도 사이의 상관관계를 분석, 선택편향도를 분석
연합 게임	예측목적의 모델에 적합한 방법으로 모든 Data에 대해 정확도 함수 계산

3. 현업에서 선택 편향에 빠지지 않기 위한 노력

GAN	Data 량이 충분치 않을 경우 GAN 신경망을 이용, 통계치 이내의 Data 생성 가능
DBN	-알파고 Zero, 알파 Star 가 사용 방식 -결과에 대한 Reward 부여 방식으로 학습

"끝"

문 73) 공분산(Covariance)

답)

1. Data 차원축소에 사용, 공분산의 개요

가. 두 변수의 상관관계분석, Covariance의 정의

- 변수 X가 증가할때 변수 Y가 증가(양의 상관 관계)

X가 감소할때 Y가 감소(음의 상관관계), 즉, 두 변수의

상관관계의 정도를 수학적으로 정의 한것 (상관계수)

나. 상수(Constant)로 표현, 공분산의 3가지 형태

음의 상관관계	상관관계 없음	양의 상관관계

2. 공분산의 수학적 표현과 실제 계산

가. 임의의 X, Y에 대한 공분산의 수학적 표현식

연속 표현	$Cov(X, Y) = E[(X - E(X)) \cdot (Y - E(Y))]$ $E = $ 평균을 의미함
이산 표현	$Cov(X, Y) = \sum_{i=1}^{n} p_i (x_i - E(x)) \cdot (y_i - E(y))$ $p_i = $ 일어날 확률 의미

- 딥러닝에서는 주로 "이산 표현"으로 계산 수행

4. 변수 (X, Y)에 대하여 설측값이 4개일경우 공분산 계산

$\{X, Y\} \in \{(5,8), (5,9), (6,8), (6,9)\}$ 에서

→ 확률밀도 함수가 다음과 같다면,

$f(x,y) = p_i$	X	
	5	6
Y 8	$\emptyset$	$\emptyset.1$
9	$\emptyset.7$	$\emptyset.2$

→ 전체 합은 1

cf) $(5,9)$가 나올 확률은 $\emptyset.7$ $(7\emptyset\%)$

① X, Y 평균 $- \mathrm{Cov}(X, Y) = \sum_{i=1}^{n} p_i (x_i - E(x)) \cdot (y_i - E(y))$ 확률에서

$E(x) = 5 \cdot (\emptyset.7) + 6 \cdot (\emptyset.3) = 5.3$ (x의 평균)

$E(y) = 8 \cdot (\emptyset.1) + 9 \cdot (\emptyset.9) = 8.9$ (y의 평균)

② 공분산 $- \mathrm{Cov}(X, Y) = \emptyset \cdot (5 - 5.3) \cdot (8 - 8.9)$ $\{5, 8\}$

$+ \emptyset.1 (6 - 5.3) \cdot (8 - 8.9)$ $\{6, 8\}$

$+ \emptyset.7 (5 - 5.3) \cdot (9 - 8.9)$ $\{5, 9\}$

$+ \emptyset.2 (6 - 5.3) \cdot (9 - 8.9)$ $\{6, 9\}$

$= \emptyset.2$ (양의 상관관계)

3. 공분산의 적용분야

Data 차원축소	상관관계가 큰 두 레이블(Label)은 중복처리, 하나만 처리하여 연산속도 늘임
DNA 분석	생물의 "종"을 분석할 때 사용 DNA 시퀀스 상관관계(공분산)클수록 가까운 종

"끝"

문 74) 편 상관분석 (Partial Correlation Analysis)
답)

1. Biased (편파적인) 상관분석, 편상관분석의 개요

　가. 제3의 변수 통제, 편 상관분석의 정의

　　제3의 변수를 통제한 상태에서 관심을 갖는 두 변수
　　의 상관관계를 분석 (Analysis)하는 것

　나. 편 상관분석의 예시

　　| 가짜 (fake) 상관관계를 찾아내는데 활용 |
　　| 예시) 연봉과 혈압 상관관계, 이때 제3의 변수는 나이 |

　　-설명 : 나이가 많은 직장인은 젊은 직장인보다 나이에 비해
　　연봉도 많고 혈압도 높기 때문에 마치 혈압 높은 직장인이
　　연봉이 많은 것 처럼 보임. 이런 경우 나이를 배제시켜야
　　정확한 분석이 나옴. 나이 변수를 통제해야 순수한 상관
　　관계가 파악됨

2. 편 상관분석의 예시

　가. (예시) 연봉, 혈압, 나이의 편 상관분석

<table>
<tr><td>

</td><td>

중간에 다른 변수의 영향력이
있을 때 이를 통제(제거)하고
나머지 두개의 변수의
상관관계만 검증하는 방법
(제3 변수 통제시 순수한 상관
관계가 파악됨)

</td></tr>
</table>

나. 연봉과 혈압의 상관계수(예시)

상관관계	연봉	혈압
연봉 상관계수	1	0.770
혈압 상관계수	0.770	1

똑음

- 연봉과 혈압의 상관계수는 0.77로 매우 상관관계가

다. 연봉과 혈압에서 통제 변수인 나이를 고려한 상관계수

통제변수	상관관계	연봉	혈압
나이	연봉 상관계수	1	0.637
	혈압 상관계수	0.637	1

- 나이를 통제 변수로 설정한 편상관계수는 0.637로

상관관계가 상대적으로 낮음

3. Partial Correlation 분석의 활용예시

가. 가짜 상관 관계를 찾아내는 데 활용

예시) 연봉과 혈압의 상관 관계, 이때 제3변수로는 나이

예시) 연령과 체중의 상관관계, 이때 제3변수로는 나이

나. 숨겨진 관계를 찾는 데 활용

예시) 구매 필요성과 구매 의향, 이때 제3변수로는 소득

"끝"

문 75) 최소제곱법 (Ordinary Least Squares)

답)

1. 선형회귀분석, 최소제곱법의 개요

   가. Ordinary Least Squares의 정의

   - 주어진 Data와의 오차를 최소화하는 직선을 구하는 방법

   나. 직선 $(y=f(x))$ 에서 데이터 오차를 최소화

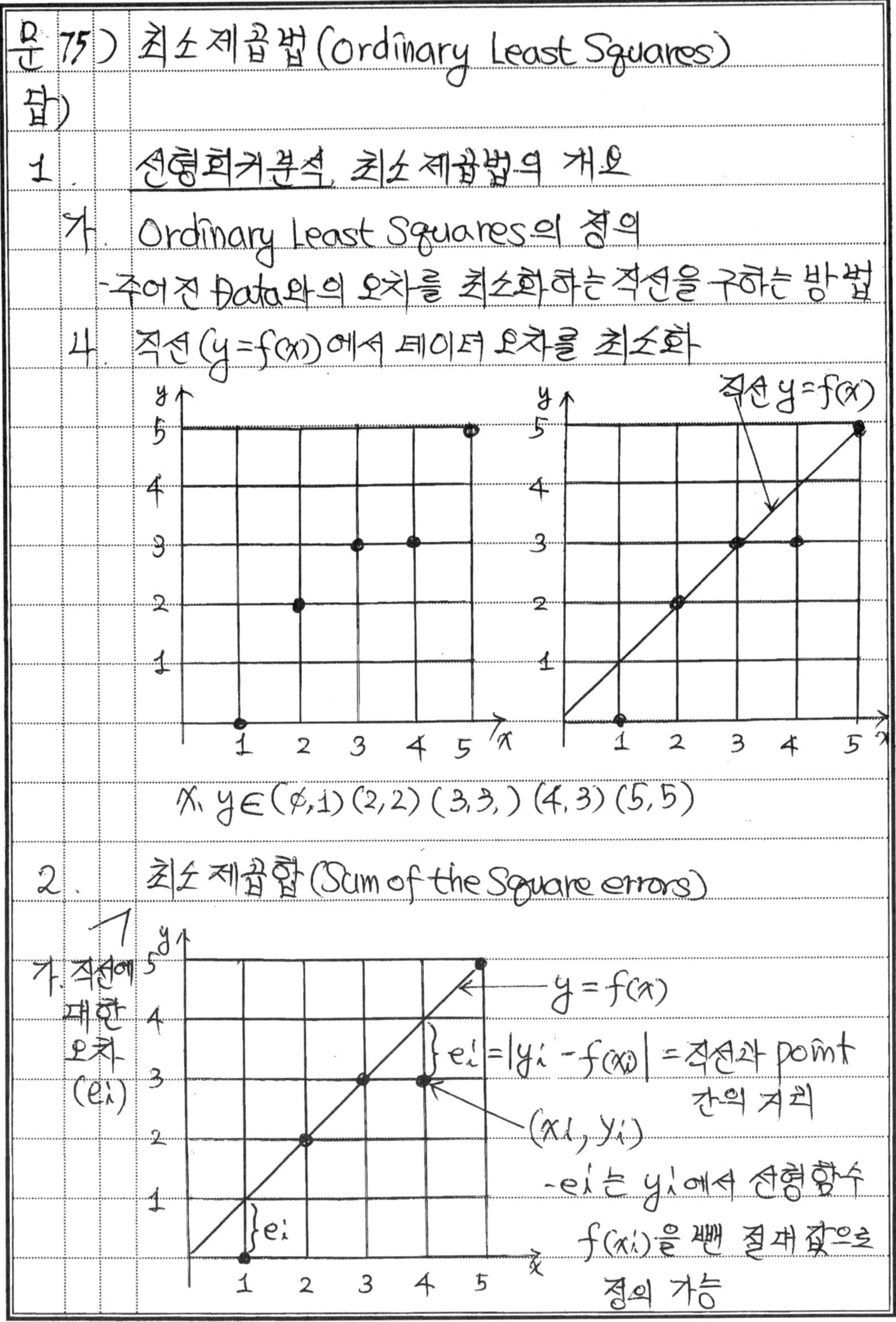

$x, y \in (\emptyset,1) (2,2) (3,3,) (4,3) (5,5)$

2. 최소제곱합 (Sum of the Square errors)

   가. 직선에 대한 오차 (e_i)

   - e_i 는 y_i 에서 선형함수 $f(x_i)$ 을 뺀 절대값으로 정의 가능

4	최소 제곱합 표현식

$y = f(x)$ 가 $y = ax + b$ 로 표현시 $f(x) = ax + b$

$e_i = |y_i - f(x_i)|$ // 직선에서 이격되어 있는 거리

최소 제곱합 (Sum of the Square errors)

$$E = \sum_{i=1}^{n} \left[y_i - ax_i - b \right]^2$$

3	최소 제곱 법의 장단점	
	장점	- 데이터(Data)들이 존재시 오차의 제곱이
		제일 작은 함수를 얻을수 있음 (정확도 높임)
		- 수치해석, 회귀분석등 다양한 통계학적 접근가능
	단점	데이터가 많아지면 계산량이 증가함

"끝"

문 76) 부트스트랩(Bootstrap)

답)

1. 데이터 Set 분포 균일화, 부트스트랩의 개요

가. Training Data 확보, Bootstrap의 정의

원래의 Data Set으로부터 관측치를 반복적으로 추출
(복원, 반복, 추출)하여 데이터 셋을 얻는 방식 (중복 허용)

데이터 양을 임의적으로 늘리고 data set의 분포가

고르지 않을 때 고르게 만드는 효과 있음

나. 머신 러닝에서 Bootstrap & 목적

머신러닝 - Bootstrap	목적
랜덤 샘플링을 통해서	Training Data의 개수를 늘려서 분류
Training Data를 늘리는 방법	모델의 성능을 향상시키기 위함

2. Bootstrap의 사용예시

예시) 6개의 Data를 가진 Dataset, 샘플링 사이즈 4

Data set : [1, 2, 3, 4, 5, 6]

→ Data 선택 횟수 총 4번. Sample = [1, 3, 3, 6] 중복가능

train = [1, 3, 3, 6], test data = [2, 4, 5] 4번 뽑은 나머지

model = fit(train) // training Data에서 모델 도출

Statistic = evaluate (model, test)

예시) statistic 샘플 30번 이상 반복

Statistic = [1번결과, 2번결과, 3번결과 ..... 30번결과]

estimate = mean (statistic) // 평균값 도출

- 이렇게 반복되는 샘플 생성을 통해 다수의 통계값을 얻게 되고 그 통계값들로부터 측정값을 구함

3. Bootstrap 장/단점

장점	단점
원본 데이터와 비슷한 분포를 가진 데이터 생성	강도 높은 계산 수행 필요 (연산 Computing 성능 UP)
- 어긋난 분포데이터 처리가능	- 분석가가 스스로 실행코드 생성
- 복잡한 데이터 분석 실행	- 표본이 어느정도 커야 함

"끝"

문 77) 모수 검증과 비모수 검증

답)

1. 데이터의 통계적 분석, 모수 & 비모수의 개요

가. 모수 정의 : 모집단에 대한 분포를 정의하는데 필요한 모수(매개변수)의 값들을 추정하는데 사용, 모집단 분포를 가정하고 그 분포의 매개변수(모수)를 추정하는 것

나. 모수(parameter) 활용예시

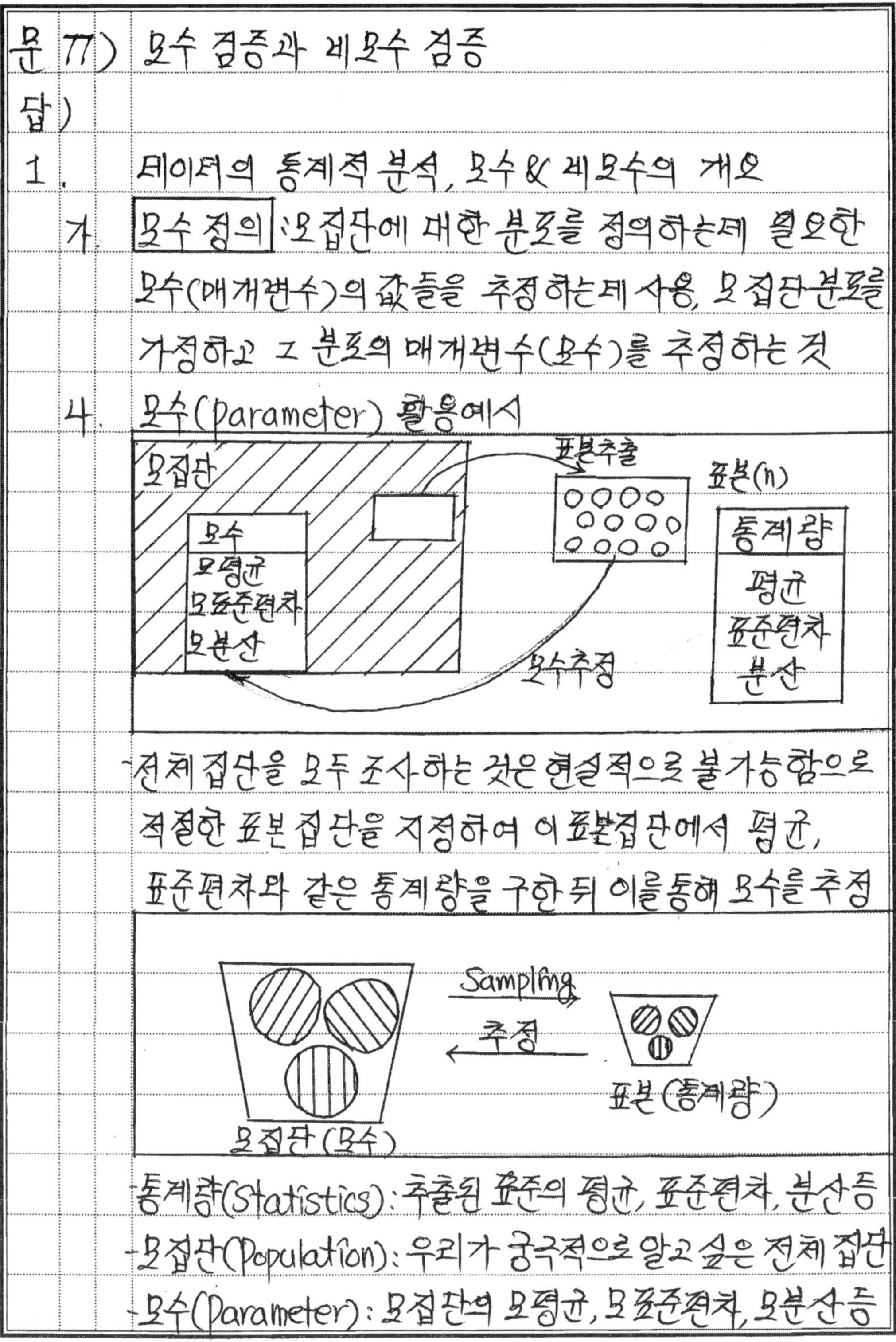

전체 집단을 모두 조사 하는 것은 현실적으로 불가능함으로 적절한 표본 집단을 지정하여 이 표본집단에서 평균, 표준편차와 같은 통계량을 구한 뒤 이를통해 모수를 추정

- 통계량(Statistics) : 추출된 표본의 평균, 표준편차, 분산등

- 모집단(Population) : 우리가 궁극적으로 알고 싶은 전체 집단

- 모수(Parameter) : 모집단의 모평균, 모표준편차, 모분산등

라	비모수 정의 -모집단에 대한 분포을 가정하지 않고, 데이터 자체에만 의존하여 분석하는 방법, 모집단 분포를 가정하지 않고 샘플 데이터 자체가 가진 정보만으로 추정하는것
2.	모수검증과 비모수검증
가	모수검증(Parametric Test): 특정 집단 사이의 특징을 비교하는 점점 방법으로 집단평균을 검정하는 목적으로 사용. 모수검증에는 t-test, ANOVA test 등
나	비모수 검증(Non-Parametric Test)-모수에 대한 가정을 전제로 하지않고 모집단의 형태와 관계없이 주어진 데이터에서 직접 확률을 계산하여 통계적으로 검증하는 방식. sign test, signed rank test 등
다	모수검정과 비모수 검정의 비교

구분	모수검정	비모수검정
사용	검정의 가정을 만족할때 (모집단의 정규성 존재시)	가정불만족, 작은 샘플, 순위로만 된 데이터
통계량	평균(Mean, Average)	중위수(Median, 중앙값)
1개 샘플	1 Sample t-test	sign test
2개 샘플	2 Sample t-test	Wilcoxon rank sum test
3개샘플이상	one-way anova	kruskal-wallis test

-중위수 = 중앙값, 중간값의 의미

3.	모수검증 과 비 모수 검증의 장단점

구분	모수검증	비모수검증

	양적 변수(연속변수)	질적 변수(명목/순위 척도)
적용자료	-표본수가 큰 경우 -자료가 정규분포로 구성(형성)된 경우	-정규분포하지 않은 양적변수 -표본수가 적은 경우 (각 집단 표본수가 10이하)
장점	-정보의 손실 없음 -집단 평균 검정	-적용절차 간단 -통계적 오류가능성 낮음
단점	-적용절차 다소복잡 -통계적 가정을 무시하고 적용서 오류 가능성 존재	-일부 정보의 손실 -표본 크기가 2면 비 효율적 -검정력 감소(모수적조건 만족

"끝"

MEMO

심층 신경망 상세

일반적인 프로그램 방식과 기계학습 프로그래밍 방식, AI/ML(Machine Learning)/DL(Deep Learning), 기계학습, 지도학습(Supervised Learning), 비지도(비감독)(Unsupervised Learning)학습, 강화학습(Reinforcement Learning), 딥러닝, MCP 뉴런, 헵 규칙, 퍼셉트론(Perceptron), 아달라인, 활성화 함수(Activation Function), FFNN, 딥러닝의 파라미터와 하이퍼파라미터(Hyperparameter), 역전파법(Back-propagation), 기울기 소실 문제, 경사하강법(Gradient Desent), 과적합(Overfitting)과 부적합(Underfitting), Dropout, ANN, DNN, CNN, RNN, LSTM, GRU, RBM, DBN, DQN, GAN, DL4J, 혼동행렬, 기계학습의 평가방법, 정확도/재현율/정밀도, F1 Score 등을 학습합니다. [관련 토픽-47개]

문 78) 일반적인 프로그램 방식과 Machine Learning 방식

답)

1. 일반(전통)적인 프로그램과 머신러닝의 개념도

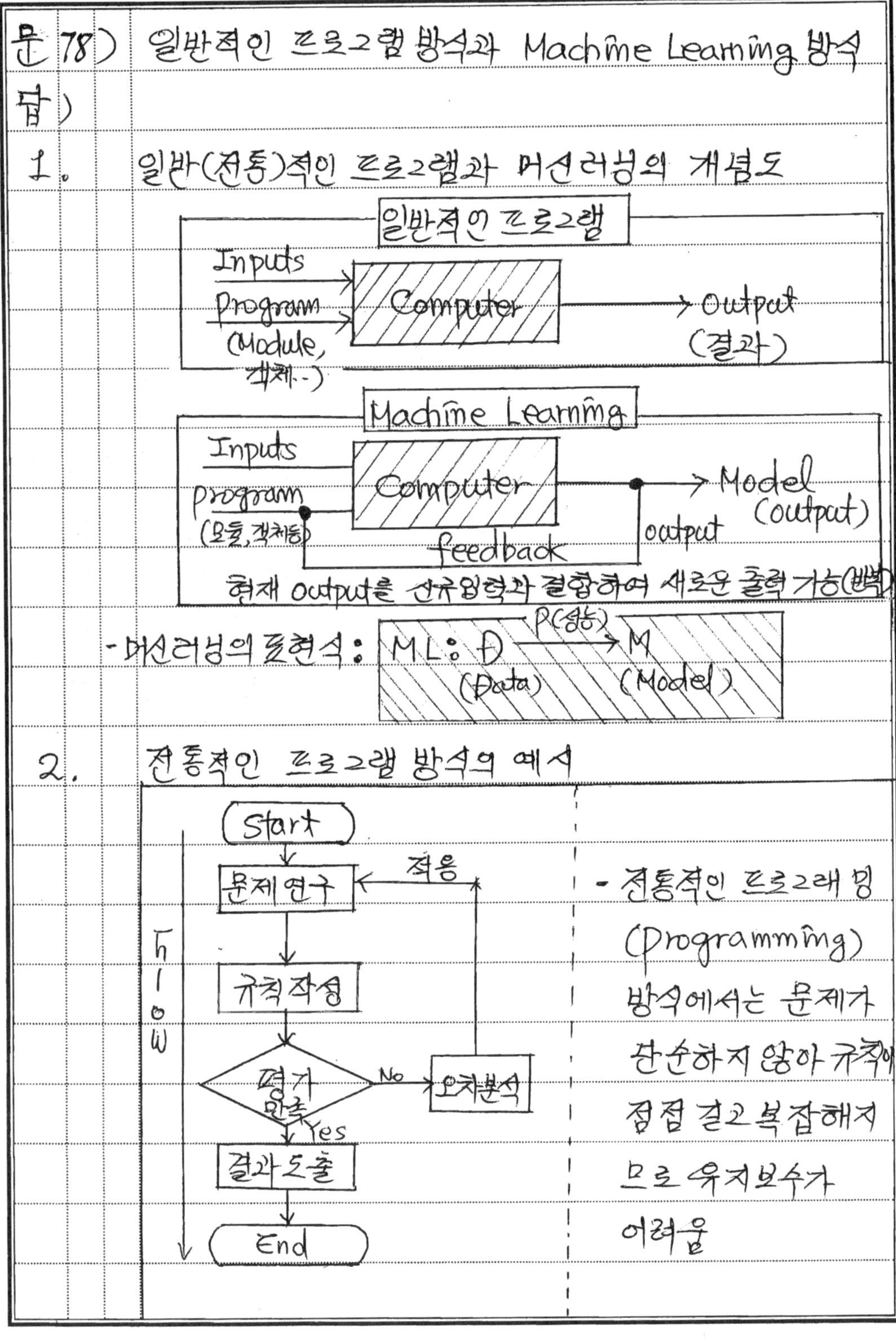

- 전통적인 프로그래밍
(Programming)
방식에서는 문제가
단순하지 않아 규칙이
점점 길고 복잡해지
므로 유지보수가
어려움

3. Machine Learning 방식의 예시

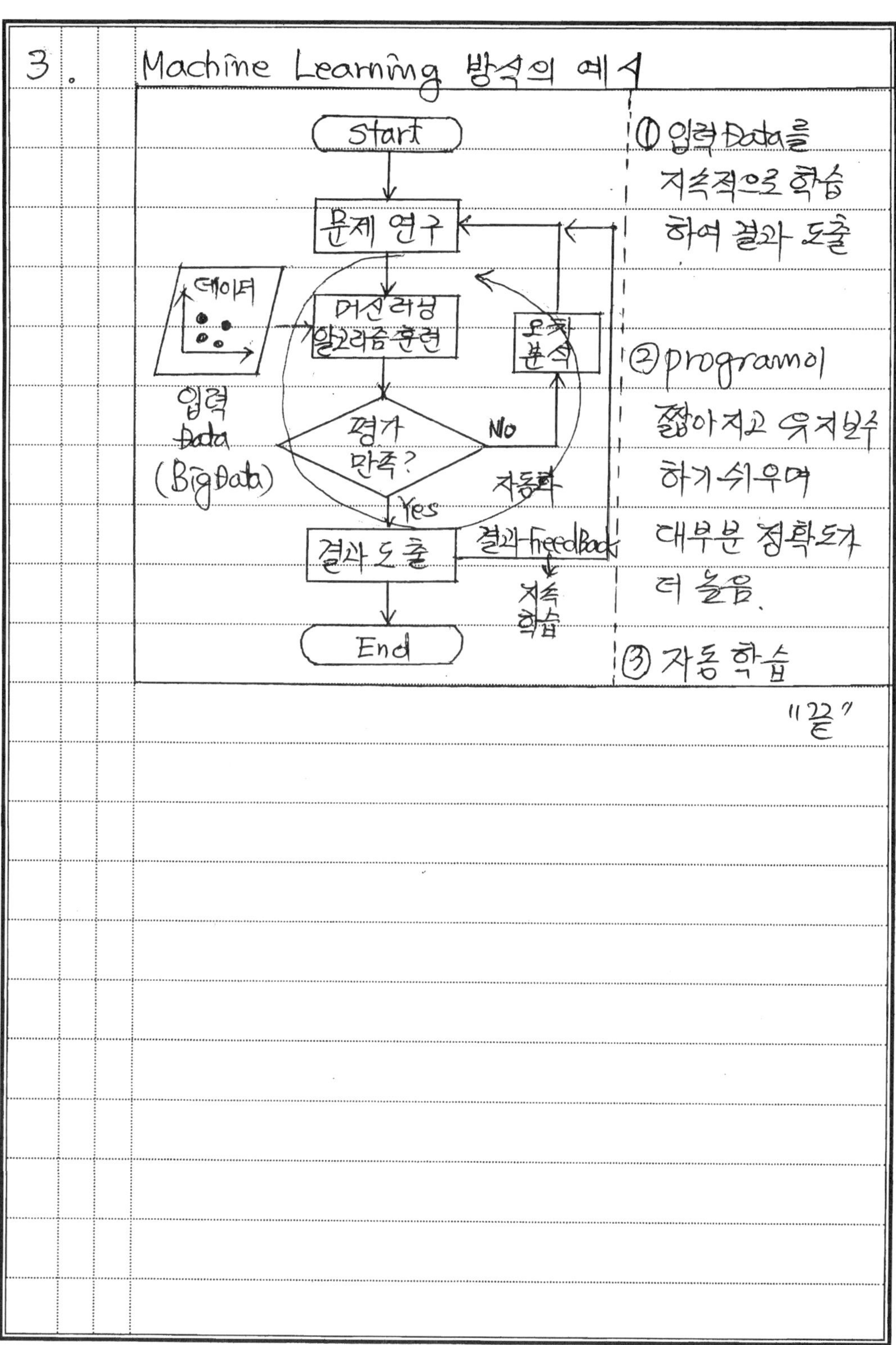

문 79) 귀납적(Inductive) / 연역적(Deductive) 사고

답)

1. 추론방법, 귀납적 / 연역적 사고의 정의

귀납적	선조사 → 후이론, 구체적이고 특수한 사실들을 바탕으로 일반적인 원리를 도출 (경험적)
연역적	선이론 → 후조사, 일반적인 원리로부터 구체적인 사실이나 원리를 추론, 검증함 (수학적)

2. Inductive / Deductive 도식과 사례

수학
③ 일반화 (구체적 사실)
연역   귀납
경험
② 가설
④ 사실
① 이론
(일반적 원리)

① 모든 동물은 죽는다
② 사람은 동물이다 (가설)
③ 그러므로 사람은 죽는다
④ 소도, 개도 죽는다
└ 사람, 소, 개는 동물이다

3. 귀납적 / 연역적 사고 비교

구분	연역적	귀납적
개념	일반적 사실 → 구체적 사실	구체적 사실 → 일반적 원리(사실)
추론	논리적 규칙	경험적 & 관찰적
결론	전제가 True 면 결론도 True	전제가 "1"이면 결론은 확률적
	전제속에 결론이 포함	"1"이지 필요적 "1"은 아님
성격	결연/실증/증명/분석적	개연/해석/투사/확장적
	($p=100\%$: 확실한 것)	($0\% < p < 100\%$. 범위내 존재)
도식화	Top down ↓	Bottom up ↑

	장점	확증성 → 결론이 참을 인증	지식 확장성 → New 지식 생성가능
	단점	지식의 비확장성 → 새로운 지식의 생성 불가능	비확증성 → 일반화한 문장의 참을 인증할 수 없음
	적용	가설 검정: 가설 설정 → 가설 채택	기계 학습: Data 학습 → 모델 생성

└ 귀납적 사고를 통해 구체적인 사실 → 일반적 원리 도출

"끝"

문 80) 귀납적 사고 (Inductive Reasoning)와 기계학습
(Machine-Learning)

답)

1. 경험적/관찰적, 귀납적 사고와 기계학습의 정의

귀납적 사고	선조사 →후이론, 구체적이고 특수한 사실들을 바탕으로 일반적인 원리를 도출하는 사고 (경험적)
기계학습	환경과의 상호작용을 통하여 축적되는 경험적인 데이터(Data)를 바탕으로 모델을 자동적으로 구축

2. 귀납적 사고와 기계학습의 도식과 설명

귀납적 사고	← 조사 → ← 일반화 → ← 이론 →
기계 학습	(수집)Data ― (EDA) ― (전처리) ― (학습) ― (모델)
설명	구체적 사실에서 → 일반적인 원리를 도출, 다양한 Data에서 학습을 통해 기계학습의 모델 생성

- EDA : Exploratory Data Analysis, 탐색적 자료분석

3. Machine - Learning의 유형

종류	설 명	알고리즘	사례
지도 학습	정답이 있는 훈련 Data Set를 활용, 모델(지식)을 학습시키는 학습 방법	-분류 : SVM -예측(Regression) : 의사결정트리	주가 예측, 질병 관리, 패턴 인식
준지도 학습	지도 + 비지도 학습 병행	2래드생성모형	자율 학습

비지도 학습	정답이 없는 Data Set를 사용, Data내에 숨어있는 어떤 관계 식별	군집 : K-Means, DBSCAN, PCA, ICA	데이터 마이닝, 지식발굴
진화학습	진화를 모방한 탐색	유전알고리즘	정보 탐색
강화 학습	보상을 최대화 시키도록 행동을 선택하는 것을 학습 하는 방법	Q-Learning, DQN, Policy Gradient	바둑 게임, Web(웹) 정보 검색 등

"끝"

문 81) 기계학습(Machine Learning) 모델링과 모델옵스 (Model Ops)에 대해 설명하시오

답)

1. Data 기반 패턴학습, 기계학습의 Modeling의 정의

과정

Data → 수집 → 절렴& 검색(탐색) → 전처리 → 모델링 & 훈련 → 테스트 Data → 평가 → 배포 → Feedback

정의	수집된 Data와 알고리즘, Model로부터 빠른 패턴과

개선책, 예측을 찾아가는 반복(Feedback)적인 과정

- 모델 생성주기에서 수동반복적 작업 개선위해 ModelOps 탄생

2. Model Ops의 정의와 주요기능

정의	- 인공지능 및 기계학습을 포함한 예측분석 모델을

개발, 배포 & 관리하는 효율적인 process

Model Ops 주요기능

구분	기능	설 명
모델링	Testing	반복적 훈련 테스트 자동화(Automation)
	모델관리	모델(Model) 저장 & 모델 Version 관리
운영	CI/CD	지속적 통합/배포 → Time to Market
	Feedback	AI 모델 오류로 인한 피해 최소화

- 모델 Ops는 AI모델 서비스 적용에 초점, MLOps의 슈퍼셋

3. Model Ops와 MLOps의 차이

항목	Model Ops	MLOps

	대상모델	모든 AI 모델	기계학습 모델
	목적	효율적인 AI 서비스 적용	AI 이해관계자 간 협업
	관리대상	거버넌스, 생명주기 관리	반복적 모델링 Process
	도구	SAS, Modzy	AWS SageMaker

- ModelOps는 기업에서 AI Service 운영 Easy 제공

"끝"

문 82) AI(Artificial Intelligence), ML(Machine Learning), DL(Deep Learning) 관계와 차이점

답)

1. AI, ML, DL(Deep Learning)의 개요

가. AI → ML → DL으로 발전, AI, ML, DL의 정의

AI	인공지능은 기계를 지능적으로 만드는 과학
ML	인공지능을 구현하는 구체적 접근 방식
DL	심층신경망을 이용한 ML의 한 기법

나. AI, ML, DL의 관계

AI (Artificial Intelligence) ML (Machine Learning) DL (Deep Learning)

1950 — Perceptorn — 튜링머신 / 폰노이만구조
XOR 문제 / 1980 — SVM, Back propagation — 통계기반AI, WWW (World Wide Web)
2010 — DNN, CNN, RNN, LSTM, RBM, DBN, DQN 등

2. AI(인공지능)와 기존 알고리즘 비교

구분	기존 알고리즘	인공지능(AI)
문제 해결	알고리즘 기반	규칙을 생성
개발 방법	특정 규칙을 설정	자체 규칙 모델 개발
작업 방법	사람에 의존	스스로 해결
학습 방법	-	모델 학습

| 3. | | ML과 DL의 설명. |

가. <u>ML(Machine Learning)</u> ① 기본적으로 알고리즘을 이용해 데이터를 분석하고 분석을 통해 학습하여 학습한 내용을 기반으로 판단이나 예측수행

② 의사 결정 기준에 대한 구체적인 지침을 SW에 직접 Coding 해 넣는것이 아닌, 대량의 데이터와 알고리즘을 통해 Computer 그 자체를 학습시켜 작업을 수행하는 방법을 익히는 것을 목표로 함

나. <u>DL(Deep Learning)</u>

① 기존 신경망 기법에 은닉층을 추가한 개념을 적용

② 다층신경망을 적용 했을 때 학습규칙의 어려움 때문에 쉽게 구현하기 어려움

③ Backpropagation 알고리즘의 등장으로 다층신경망의 문제 해결

"끝"

문 83) ML(Machine Learning)과 DL(Deep Learning) 차이

답)

1. AI, ML, DL(Deep Learning)의 정의

	AI	인공지능은 기계를 지능적으로 만드는 과학
	ML	인공지능을 구현하는 구체적 접근 방식
	DL	심층신경망을 이용한 ML의 한 기법

2. ML과 DL의 비교

분류	Machine Learning	Deep Learning
특징	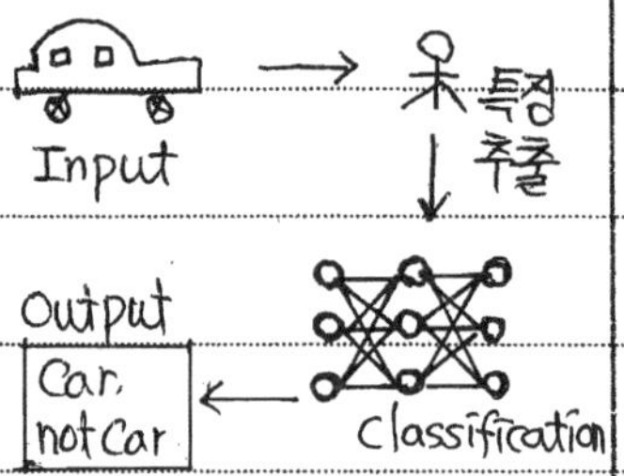	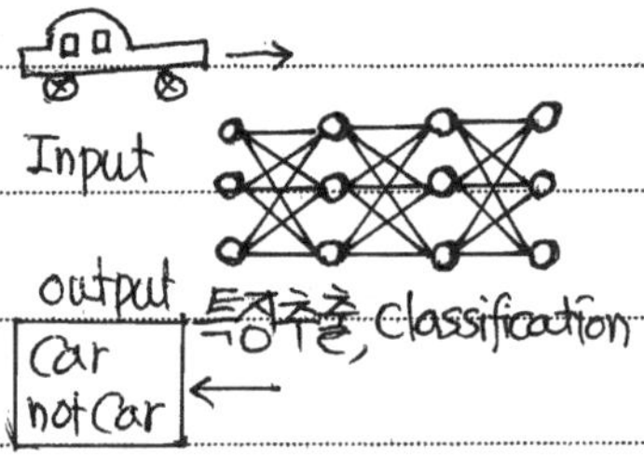
	-웃(사람)의 개입	-웃(사람)의 미개입
	-사람이 패턴(특징)추출 진행	-사람이하던 패턴추출작업생략
학습구성	지도/비지도/강화학습	인공신경망
알고리즘	회귀분석, 결정트리, SVM등	CNN, RNN, LSTM, DBN등
필요Data	상대적 적은 Data도 활용가능	대량의 학습 Data 필요
활용	회귀, 분류, 군집화, 차원축소, 이상탐지, 추천System 등	이미지 인식, 음성인식, 자연어처리, 게임 AI등

- DL은 ML의 하나분야로 더 복잡하고 대규모 데이터로 문제해결

3. Deep Learning 사례, CNN 상세 설명

구분	구성요소	설명

				Layer 구성	Convolution	Feature 추출, 합성곱(Convolution) 연산 이용
					Pooling	차원축소, Sub 샘플링(Max * Average Pooling)
					Fully Connected	최종 분류 수행
				성능 개선	ReLu	Gradient Vanishing 문제 해결
					Dropout	Hidden Node 일부를 훈련에서 배제
					Big Data	과적합(Overfitting) 문제 해결

"끝"

문 84) 기계학습(Machine Learning) = 머신러닝

답)

1. 지도/비지도/강화학습, 기계학습(ML)의 개요

표현식	ML의 정의
(E) ↔ ML : D →^P→ M E : 환경(Environment) D : 데이터(Data) M : Model, 지식 P : 성능(Performance)	환경과(Environment)의 상호 작용을 통해서 축적되는 경험적인 데이터(D)를 바탕으로 지식 즉, 모델(M)을 자동적으로 구축하고 스스로 성능(P)을 향상하는 자동학습 시스템(System)

2. 기계학습(Machine Learning)의 종류&설명, 사례

종류	설명	알고리즘	사례
지도 학습	정답이 있는 훈련 Data Set를 활용, 모델(지식)을 학습시키는 학습 방법	분류 : SVM 예측(Regression) : 의사결정트리	주가 예측, 질병관리, 패턴인식
비지도 학습	정답이 없는 Data Set을 사용, Data 내에 숨어있는 어떤 관계식별	군집 : K-Means DBSCAN PCA, ICA	데이터 마이닝, 지식 발굴
강화 학습	보상을 최대화 시키도록 행동을 선택하는 것을 학습하는 방법	Q-Learning DQN, Policy Gradient	바둑, 게임, 웹 정보검색등

3. 일반 Program과 ML의 차이점.

구분	도식	설명
일반 Program	Input 각 기능 → Coding → Output 화면	1 : 1 (입력) (출력)
기계 학습 (CML)	Input → 알고리즘 → 모델 저장 / 피드백 ← Feedback	M : 1 (입력) (출력) Feedback 보유 (현재출력이 새로운입력)

"끝"

문85) 지도학습 (Supervised Learning) = 감독학습

답)

1. 사람의 지도 필요, Supervised Learning의 개요.

가. 훈련 데이터 (Train Set) 필요, 지도학습의 정의
   - 문제(입력)와 답(출력)의 쌍으로 구성된 Data (훈련 데이터)로 부터 새로운 문제를 풀 수 있는 함수 & 패턴을 유추해내기 위한 기계학습 (ML)

나. 지도(감독) 학습의 Process

훈련 데이터 Train set	지도학습	→ Test set 테스트 Data →	모델 (함수)	결과 도출
- 레이블링 - 어노테이션 (Annotation)	- 신경망, 분류,예측 알고리즘		- 모델생성, - 함수, - 패턴·유추	- Test set으로 결과도출

   - 훈련 데이터 (Train set)로 생성된 모델로 레이블링이 안된 테스트 데이터 (Test set)를 활용 적절하게 결과도출 가능

2. 지도학습 예시와 구성 설명

가. 지도학습 실제 동작과정 설명

1 2 = 3				
3 7 = 10	지도학습	→	학습된 추정함수	97 16 - Test set (목표값)
12 17 = 29				113
Train set (훈련 Data)	ML: SVM, 의사결정트리 DL: CNN, RNN등 (Deep Learning)		모델, 함수생성, 패턴유추	결과 도출 (결과값)

나. 지도학습 동작 과정의 설명

			과정	설 명		비 고
			Train set	학습에 필요한 훈련 Data		문제, 답.
			지도학습	ML	Machine Learning	SVM
				DL	Deep Learning	CNN, RNN등
			Test Set	레이블링(문제,답) 되어 있지 않은 Data		97, 16
			모델	답을 유추할수 있는 함수, 모델, 패턴등		덧셈함수
			결과	덧셈 함수에 대한 결과 도출 (분문에서)		97+16 =113

3. 지도학습의 기법

구분	기법	설명	사례
분류	이진분류	두가지중 하나로 분류	고양이냐 아니냐?
(Classification)	다중분류	여러 종류중 하나로 분류	동물중 고양이
예측, 회귀	독립변수기반	독립변수(x=입력)의 개수	$y=f(x)$ x 변수(입력)
(Regression)	종속변수기반	종속 변수(y=출력)개수 분석	y 변수(출력)

"끝"

문 86) 비지도(비 감독)(Unsupervised Learning)학습
답) 지도학습과 비교설명

1. 사람의 감독불필요, Unsupervised Learning의 개요

가. 훈련 데이터 불필요, 비지도 학습의 정의

입력 데이터에 대한 목표값 없이 데이터가 어떻게
구성(패턴, 군집 등)되었는지를 알아내는 기계 학습(ML)

나. 비지도(비감독) 학습의 Process

데이터 Set	비지도 학습	결과 확인	Ⓐ ↗ ┊ ↘ Ⓩ 분류 패턴추출
비정제 Data (답이 없음)	군집분석등 알고리즘	분류, 군집 여부	

- 비정제 Data에서 군집/분석알고리즘 통해 패턴 추출

2. 비지도 학습예시와 동작과정 설명

가. Unsupervised Learning의 학습예시

Data Set (비정제 Data)	비지도 학습	결과 확인	분류
	- K-Means - DBSCAN - PCA등	군집, 분류,등 패턴추출	

- 비정제 Data에서 비지도 학습 통한 분류(패턴)

나. 비지도 학습동작 과정의 설명

과정	설 명	비 고

Data Set	Label이나 Annotation (주석 달기)한 데이터 셋 (비지도학습에서 인지)	문제만 있고 답이 없음
비지도학습	정답이 없는 Data set 내에서 분류등 (관계)	K-Means
결과 확인	군집, 분류, 패턴 추출등 정상여부	결과 확인
분류	같은 속성 거리 분류, 패턴추출등	분류결과도출

3. 비지도 학습의 기법및 알고리즘

가. 군집화(Clustering), 비지도 학습의 기법

구분	기법	설명
군집화	거리기반 군집화	중심값과의 최소거리 기반 군집 형성 군집수선정→좌표계산→중심값이동(반복)
	밀도기반 군집화	군집을 이루는 Vector 밀도 기반 군집형성 군집벡터수선정→반경내군집→중심벡터변경(반복)
패턴 인식	전처리/특징추출	표본화, 정규화, Noise 제거 주성분분석, Data 마이닝(Mining)
	모델선택/인식	Bagging, Boosting, 앙상블 학습 혼동행렬, ROC Curve, FP Rate

나. 비지도 학습을 이용한 알고리즘

구분	알고리즘	설명
데이터 관계 측면	K-Means	임의의 중심점 기준 최소 거리 기반군집화 Code-Vector, 유클리드 거리계산, 노이즈에 민감
	DBSCAN	반경내 데이터 벡터 밀도 기반 군집화

FP Rate = False Positive Rate

	DBSCAN	minPts (각점 최소 개수), Core Point
특징추출 측면	Shift	-임의의 영상을 몇개 영역으로 군집화 -컴퓨터 비전, 머선 비전, 영상분할
	주성분분석	-사물의 주요특징 분석 & 추출 -차원축소, 축상의 투명도서 등

-비지도 학습은 학습결과에 대한 평가가 어려우며
데이터 이해위한 분석단계에서 주로 사용

4. 지도 학습과 비지도 학습 비교

구분	지도 학습	비지도 학습
사용이유	예측모델 생성	고차원 데이터 분류
성능평가	교차 검증 수행	검증방법 모호
입력 정보	Labeled Data	Data set
훈련 데이터 여부	있음	없음
Test 데이터 여부	있음	없음
유형	-회귀: (x,y)로 $y=f(x)$ 파악 가능. -분류: Group별 특징파악	-군집: 데이터 꺼꺽 묶음 -패턴인식: 여러 그룹인식 -분류: 속성별 분류
알고리즘	CNN, RNN, SVM, 의사결정트리 등	-K-Means, DBSCAN, 군집(Clustering) 등
장점	사람이 목표값에 개입하여 정확도가 높음	목표값을 정해주지 않아도 되므로 속도가 빠름

		단점	시간이 오래 소요되고 학습 Data량이 많음	학습 결과로 분류 기준과 군집 예측 불가
		사례	패턴 인식, 질병진단 주가 예측, 회귀분석 등	스팸필터, 차원 축소 데이터 마이닝, 지식발굴 등

"끝"

문 87) 강화학습(Reinforcement Learning)

답)

1. 누적 보상값 최대 정책, 강화 학습의 개요

가. 마르코프 결정 프로세스(MDP) 활용, 강화학습의 정의

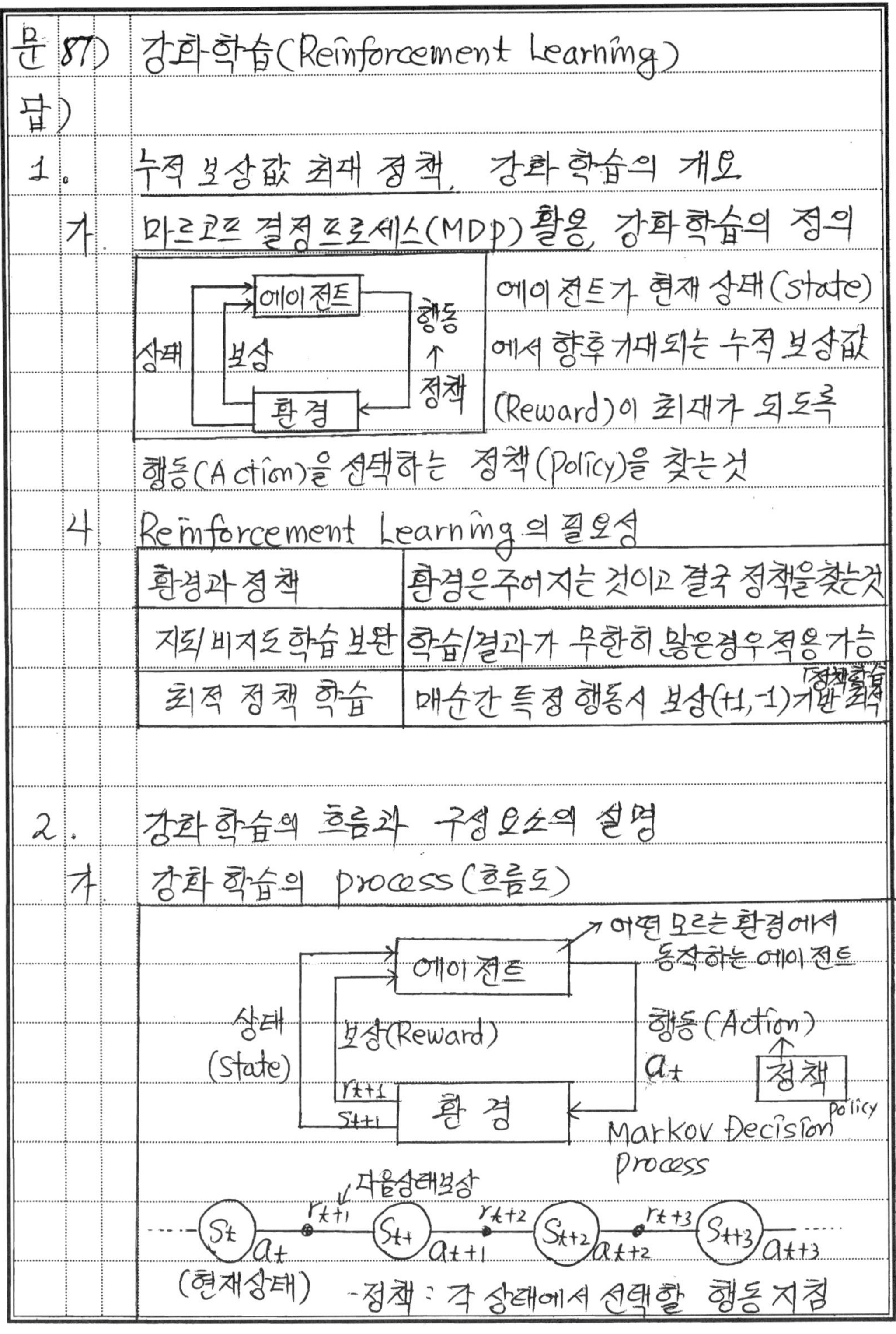

행동(Action)을 선택하는 정책(Policy)을 찾는 것

나. Reinforcement Learning 의 필요성

환경과 정책	환경은 주어지는 것이고 결국 정책을 찾는 것
지도/비지도 학습 보완	학습/결과가 무한히 많은경우 적용 가능
최적 정책 학습	매순간 특정 행동시 보상(+1, -1)기반 최적 [정책학습]

2. 강화 학습의 흐름과 구성요소의 설명

가. 강화 학습의 process (흐름도)

-정책 : 각 상태에서 선택할 행동 지침

4. 강화 학습의 구성요소

구성요소	설 명	사 례
상태 (State)	Agent가 인식하는 자신의 현재 상태 (State set)	모든 가능한 상태 (State)
행동 (Action)	특정 상태에서 관찰에 의한 행위 (최대 보상가능 행동)	상태 제어, 상태 보완 등
보상 (Reward)	주어진 상태에서 특정 Action 서 얻는 Reward (보상)	자전거 배우기 사례
에이전트	특정 상태에서 동작하는 S/W	상태 모니터링
환경	정보시스템 가능/비가능	통계 예측
정책	각 상태에서 선택할 행동 지침	최대 보상정책
예측	특정 행동서 다음상태 예측확률	다음상태 예측

3. 강화 학습의 예시 (주어진 문제와 해결방안)

가. 주어진 문제 (아래 State, Action, Reward 의 경우)

S (State) 상태 $= \{(1,1), (1,2), (1,3), (2,1), (2,2), (2,3), (3,1), (3,2), (3,3), (4,1), (4,2), (4,3)\}$

A (Action) 행동 $= \{East, West, South, North\}$ // 방향

R (Reward) 보상 $\Rightarrow R(4,3) = +1, \ R(4,2) = -1$

에서 향후 기대되는 누적보상값 (Reward)이 최대가 되는 행동 (Action)을 선택하는 정책을 찾기

4. 주어진 문제의 분석및 해결

1) 주어진 문제의 분석 (Matrix화)

3	각상태	-	-	+1 (보상)
2	각상태	-	-	-1 (벌금)
1	각상태	-	-	
	1	2	3	4

2) 정책(policy) 각상태 S에서 취할 행동 a를 결정

정책 1

3	→	→	→	+1
2	↑		↑	←1
1	←	←	← ↑	←
	1	2	3	4

정책 2

3	→	→	→	+1
2	↑		↑ →	-1
1	→	→	→	↑
	1	2	3	4

3) 해결

$$V_\pi(S) = \sum P(z) \, r(z)$$

S에서 출발하는 모든경로 z

$$r(z) = r_{t+1} + r_{t+2} + r_{t+3} \cdots r_T$$

$P(z) = $ 경로 z의 발생 확률

$r(z) = $ 경로 z의 누적 보상액

$\pi = $ 보상의 합이 최대가 되는 정책 결정

4. 강화학습의 알고리즘

구분	알고리즘	설명
마르코프	반복 값	값 함수가 수렴할때 까지 반복
	반복 정책	임의 정책이 수렴까지 개선

		마르코프	Q-Learning	미래가치(Q) 기반 활동 수행
			SARSA	상태-활동-보상-상태-활동 반복
			학습분류자	규칙과 정책분류 및 보상
		진화형	통계적 급강하법	통계기반 최적화 수행 방법
			유전 알고리즘	환경에 최적화된 개체 선택

4. 강화학습의 활용분야

분야	설명
로봇 제어	최고의 승률을 위한 최적 경로 탐색
게임 개인화	활동과 보상(Reward) 기반 최적 행동 도출
공정 최적화	최적의 정책 도출하여 공정을 최적화
웹 정보 검색	사용자 정보요구 기반 최적문서 선별
바둑, 게임 등	최적 승률 저장, 실행, 승률게임 적용

"끝"

문 88) Deep Learning

답)

1. DNN를 이용한 기계학습방법, Deep Learning 개요

가. Deep Learning의 개요
- 사람의 개입이 필요한 기존의 지도학습에 보자 능동적인
  비지도 학습이 결합돼 Computer가 사람처럼 스스로
  학습할 수 있는 인공지능 기술

나. Deep Learning의 등장배경

등장배경	설 명
모델의 단점극복	Back Propagation (오류 역전파 알고리즘)의 Overfitting (과적합) 문제 개선
H/W 발전	GPGPU 성능향상, Cpu의 Computing 능력 UP, Graphics Processing 속도 향상등
BigData	대량 Data, 수집/전처리/정제/분석/활용등 SNS 정보, 각종산업 정보흡수 등

다. DNN의 신경망구조
- 입력계층과 출력계층이 은닉계층을 통해 연결된 구조
- Node들간의 연결강도가 System의 기능을 결정하는
  parameter. (이 파라미터를 Data로부터 학습)
- Deep Learning은 심층신경망 (DNN, Deep Neural
  Networks) 이론에 기반한 일련의 기계 학습의 집합체로
  Computer에게 사람의 사고방식을 가르치는 알고리즘.

2 . 기존 기계학습(Machine Learning)의 한계와
   딥러닝(Deep Learning)의 응용, 등장배경

가. 기존 Machine Learning 의 한계

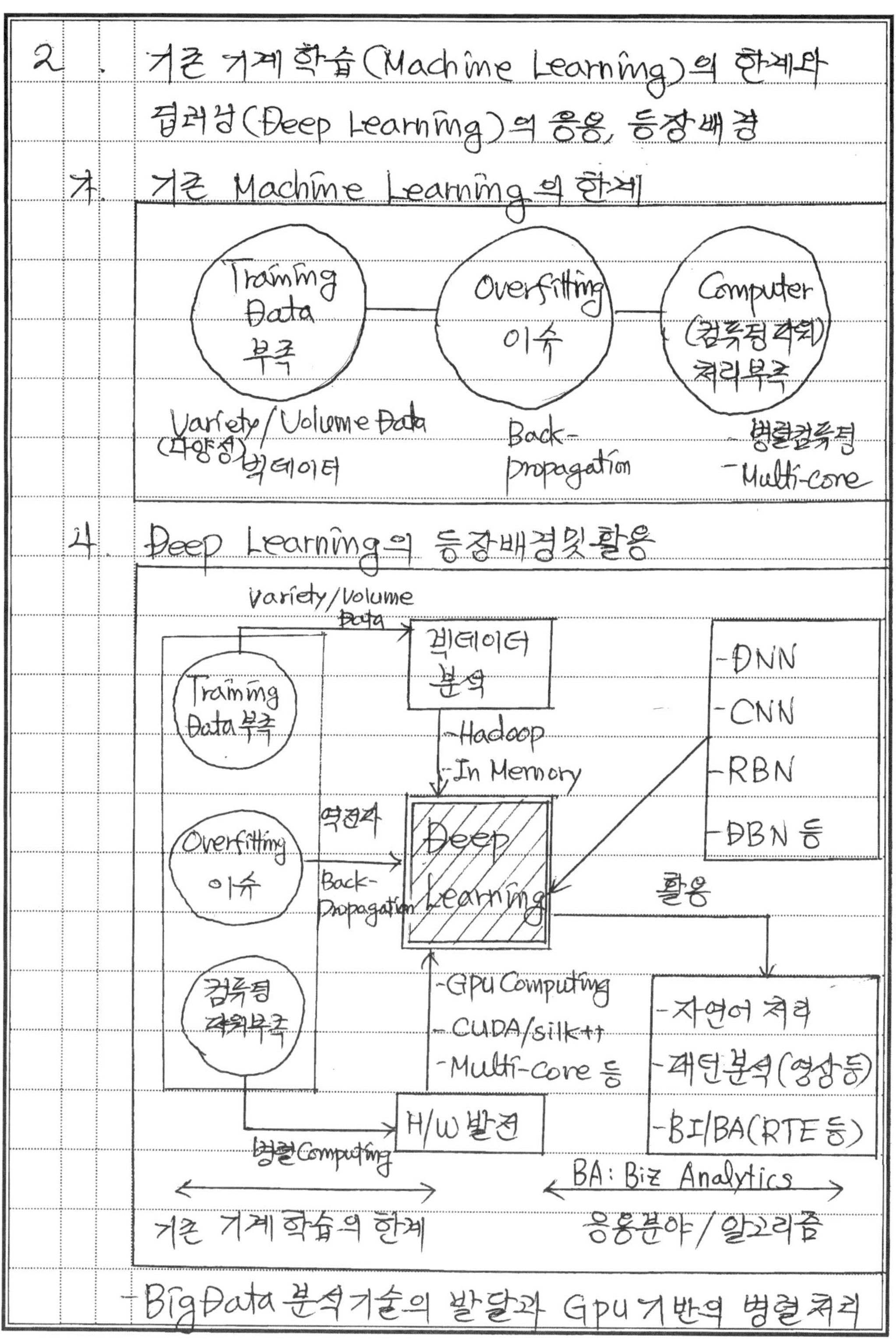

- BigData 분석기술의 발달과 GPU 기반의 병렬 처리

기술을 바탕으로 기존 기계학습의 한계점인 Overfitting (과적합) 문제를 극복한 Deep Learning 알고리즘이 주목 받고 있음.

3. Deep Learning의 개념도 및 주요기술

가. Deep Learning의 개념도

$X_1 \to \cdots \to Y_1$, $X_2 \to \cdots \to Y_2$, X_3 (X_m) $\to \cdots \to Y_3$ (Y_n)

입력계층 (Input Layer)　은닉계층 (Hidden Layer)　출력계층 (Output Layer)

Deep Learning은 인간과 유사한 심층신경망 정보처리 알고리즘을 이용하여 데이터 분류의 정확도가 높으며 사람처럼 배우고 추론하면서 스스로 지능을 발전시켜 나가는 자율적 학습방식으로 진화 (비지도 학습)

나. Deep Learning 주요기술

주요 기술	설 명
패턴인식	기계에 의해 도형, 문자, 음성등을 식별

		자연어 처리	인간이 보통 쓰는 언어를 컴퓨터가 인식하여 별
		자동 제어	제어 대상오차를 자동으로 조정하는 기술
		RPA	인지능력을 로봇에게 부여하는 기술
		컴퓨터 비전	로봇의 눈을 만드는 연구분야
		가상현실	가상현실 생성, 실제 상황처럼 상호작용
		데이터 마이닝	빅데이터 가운데 실행 가능한 정보 추출
		시멘틱 웹	논리적 추론이 가능한 웹 구현

- RPA : Robotic Process Automation

4. Deep Learning의 동향

- 구글 : DeepMind사 인수후 인공지능 사업 본격추진
- IBM : 고성능 Computer. 자연어분석 & 질의응답에 특화
- MS : 영상인식 인공지능 project
- Facebook : Deepface, 얼굴인식 프로그램
- 국내 : Naver 음성인식, 뉴스요약(다음), 이미지분석등

"끝"

문 89) MCP(McCulloch-Pitts : 맥컬록-피트) Neuron과 Perceptron 이론

답)

1. 입력/출력관계의 뇌세포 구조생각, MCP뉴런의 개요

가. 입력신호 → 연산과정 → 출력신호 구성, MCP뉴런의 정의

사람의 뇌속에는 뉴런(Neuron)이 1000억개 가까이 서로가 자층적으로 복잡 하게연결, 인간이수행하는 모든일에 관여

나. MCP뉴런의 생각(구조)

- 하나의 사람 뇌 신경세포를 하나의 이진(Binary, 0 또는 1, 참과 거짓, On과 Off, 한다와 안한다 등등) 출력을 가지는 단순 논리 게이트(Gate)로 생각

2. Perceptron 이론의 탄생

- MCP Neuron 모델을 기초로 Perceptron 학습 규칙 개념고

가. Perceptron의 정의

- 두뇌의 인지능력을 모방하도록 만든 인위적인 Network

- 입력/ 중간층(연산, Mining) / 출력층으로 구성된 인공 신경망 구조 (사람의 뉴런동작과 유사 하게 동작)

4. Perceptron의 구조와 설명

입력층　　　중간층　　　출력층

X_0　W_0
X_1　W_1
　　　W_2　→ Node →　Output
X_2　　　　　뉴런　　　결과값
　W_n
X_n

연산

- 입력층(Input) : 외부 자극을 받아들임　　　전달
- 중간층(연산, Mining) : 수용층의 가중입력을 받아 반응층으로
- 반응층(출력층) : 최종출력

3. MCP 뉴런 → Perceptron 이론 → 기계 학습으로 발전
- MCP 뉴런 모델을 기초로 perceptron 학습규칙 개념고안
- 하나의 MCP 뉴런이 출력신호를 발생할지 안할지 결정하기
  위해 MCP 뉴런으로 들어오는 각 Input 값에 곱해지는
  가중치 값을 자동으로 학습하는 알고리즘 제안
  (기계학습 - Machine Learning)

"끝"

문 90) 뉴로모픽 칩(Neuromorphic Chip)

답)

1. 인공지능(AI)기반기술, Neuromorphic Chip개요

가. 병목개선, 병렬처리, 뉴로모픽 Chip정의

　- 인간 뇌 모방, 뉴런-시냅스 구조의 다수 저전력 Core로 병렬(parallel) 처리(processing), CPU-Memory가 분리된 폰노이만 병목(Bottleneck) 개선

나. Neuromorphic chip의 특징

인간뇌모방	뉴런(Core)과 시냅스(메모리 chip) 구조
학습능력	스스로 학습능력보유, 주위환경 인지 Computing
기능융합	연산, 저장, 통신(Interface)기능 융합보유

2. 뉴로모픽 Chip구조및 주요기술

	기존 Chip 구조	뉴로모픽 Chip구조
Chip 구조	병목현상존재 CPU ↔ Bus(주소,제어,Data) ↔ 메모리 연산처리 / 저장	Core 메모리 / 뉴런 시냅스 병목제거 Bus

주요 기술	시냅스 Core	입력뉴런	Input, 이전 Core에서 신호수신
		출력뉴런	Output, 다음 Core로 신호전달
		뉴런연결	Input과 Output간의 뉴런 연결
	신경망 처리	Weight	Output→Input 신호전달 활성화
		Spike	뉴런통해 전달되는 임계전압

				신호	PRNG	의사난수생성 (Pseudo Random 생성)번호

3 기존 Chip과 뉴로모픽 Chip 비교

구분	기존 Chip	뉴로모픽 Chip
구조	Cell (저장, 연산)	뉴런(신경기능), 시냅스(신호전달)
장점	저장과 연산	이미지와 소리 패턴등 인식
기능	정해진 기능만 수행	저장과 연산등을 동시 처리
통신	직렬 (저속)	병렬 (고속)
처리	입/출력을 한번에 하나씩	다양한 Data 입/출력을 동시에

"끝"

문 97) 헵 규칙 (Hebb Rule)

답)

1. 신경망 알고리즘의 원리, Hebb Rule의 개요

가. 인공신경망의 가중치 개념 적용, Hebb Rule의 정의

두개의 뉴런 A, B가 서로 반복적이고 지속적으로 점화(firing)

하여 어느 한쪽 또는 양쪽 모두에 어떤 변화를 야기한다

면 상호간의 점화의 효율(Weight)은 점점커지게 된다는 이론

나. 헵(Hebb) 학습규칙 (Learning Rule)의 기원

- 1949년 캐나다의 심리학자 도날드 헵의 저서 발간

- 헵(Hebb)의 시냅스로 알려진 시냅스의 연결 강도 조정을

위한 생리학적 학습규칙 기술, 뇌의 학습 모델 제안

2. Hebb의 개념도 및 설명

가. Hebb의 개념도

나. Hebb 뉴런의 연결

- 신경망 Model의 학습규칙의 토대가 됨

3.   헵 규칙 (Hebb Rule)의 의미

- 인공신경망 (Artificial Neural Network)의
  가중치 (Weights) 개념의 도입

- 신호전달시 반복적 또는 지속적으로 신호가 자극됨에
  따라 뉴런 A에서 뉴런 B로 가는 경로인 시냅스 연결강화

"끝"

문 92) 퍼셉트론 (Perceptron)

답)

1. 학습 가능한 신경망 모델, Perceptron의 개요

가. 단층 퍼셉트론 (Single perceptron)의 정의

1958년 로센블래트 (Rosenblatt)가 제안, n개의 Input

에 각각 Weight를 적용하여 가중치의 합을 구하는 형태

(선형결합), Input과 Output으로 구성.

나. 다층 퍼셉트론 (Multi Layer Perceptron)의 정의

- 입력층과 출력층 사이에 하나 이상의 은닉층 (Hidden

Layer)을 가지는 전방향 신경회로망

- 단층 perceptron의 한계를 개선한 여러 개의

퍼셉트론 (perceptron)을 층 구조로 구성한 신경망 모델

2. Perceptron의 구조 및 설명

가. Perceptron의 구조 (단층 구조)

4. 단층 perceptron의 구조 설명

단층 perceptron에서는 활성 함수가 순입력 함수의 리턴(Return)값을 임계값 기준으로 1 또는 -1로 리턴한 값과 실제 결과값을 임계값을 기준으로 1 또는 -1로 리턴한 값을 비교하여 가중치를 업데이트 하도록 하거나 결과(Result)를 출력(Output)

3. 단층 Perceptron의 성능개선 (아달라인 개념 적용) 및 설명

가. 단층 perceptron의 성능 개선 구조도

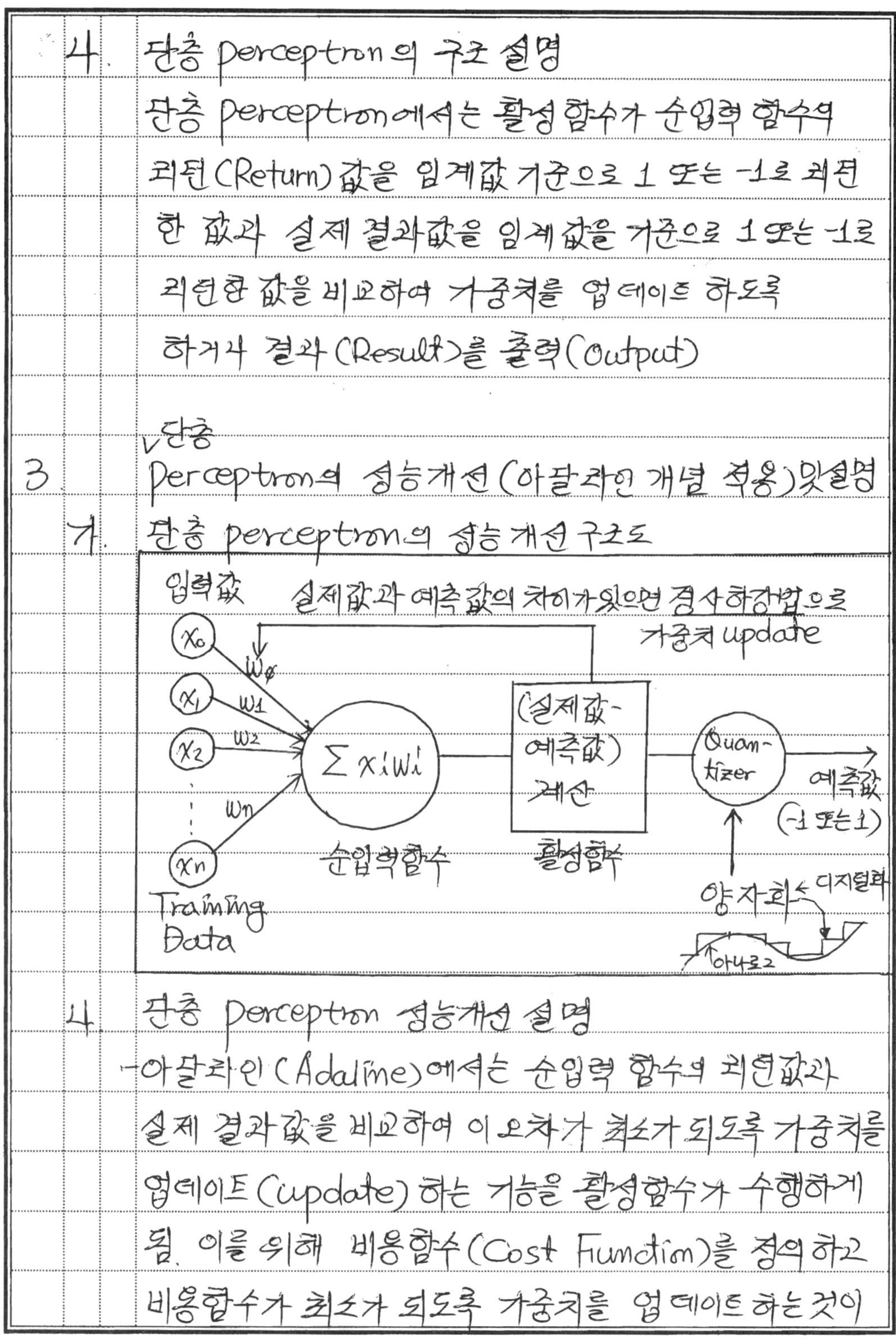

나. 단층 Perceptron 성능개선 설명

- 아달라인(Adaline)에서는 순입력 함수의 리턴값과 실제 결과값을 비교하여 이 오차가 최소가 되도록 가중치를 업데이트(update) 하는 기능을 활성함수가 수행하게 됨. 이를 위해 비용함수(Cost Function)를 정의 하고 비용함수가 최소가 되도록 가중치를 업데이트 하는 것이

핵심요소임.

4. 다층 퍼셉트론(Multi-Layer Perceptron)의 구조 및 설명

가. Multi-Layer Perceptron의 구조

- Input / Hidden / Output Layer로 구성됨. (하4이상의 Hidden Layer 가질)

나. 다층 Perceptron의 구조 설명

- | Hidden Layer의 역할 | 앞 단계에서 받은 데이터(신호)를 필터링(filtering) 해서 좀 더 구체화 한 후 다음 단계 층으로 전달 (각 은닉층마다 몇개의 노드가 최적인지는 상황에 따라 다름)

항 목	설 명
입력층 (Input)	- 입력(Input) 데이터를 받아들임 - 입력 Data의 노드(뉴런)수는 입력 Data 특성 개수와 일치함
은닉층	은닉층의 뉴런수가 너무 많으면

		Hidden Layer	Overfitting이 발생, 너무 적으면 충분히 표현 하지 못함. 은닉층의 뉴런수와 은닉층의 개수는 신경망 설계자의 직관과 경험에 의존
		Output Layer	해결하고자 하는 문제의 성격. (ex: 필기체 숫자를 인식한다면 0~9까지 10개 노드(Node)로 선정

"끝"

문 93) 아달라인(Adaline)

답)

1. Adaptive Linear Neutron, Adaline의 개요

　가. 가중치(Weight) 조정, Adaline의 정의

　　단층신경망에서 적당한 가중치를 알아내기 위해 출력

　　층의 출력값의 오차에 비례해 가중치를 조절하는

　　인공신경망 알고리즘 (일명 델타규칙(Delta Rule)이라고도함)

　나. Adaline 알고리즘의 특징

　　- 역전파 알고리즘의 기본 이론

　　- 원하는 Output이 도출되도록 연결 강도(Wi)를 바꾸어 가는것

　　- 회귀분석(Regression), SVM　　　알고리즘의 토대

2. Adaline과 Perceptron의 비교

　가. Adaline(아달라인)의 도식과 설명

　　- 순입력 함수의 리턴값과 실제값을 비교하여 이 오차가

　　　최소가 되도록 가중치 조정

　　- 최소제곱법을 이용한 비용함수 사용

4. 퍼셉트론(perceptron)의 도식과 설명

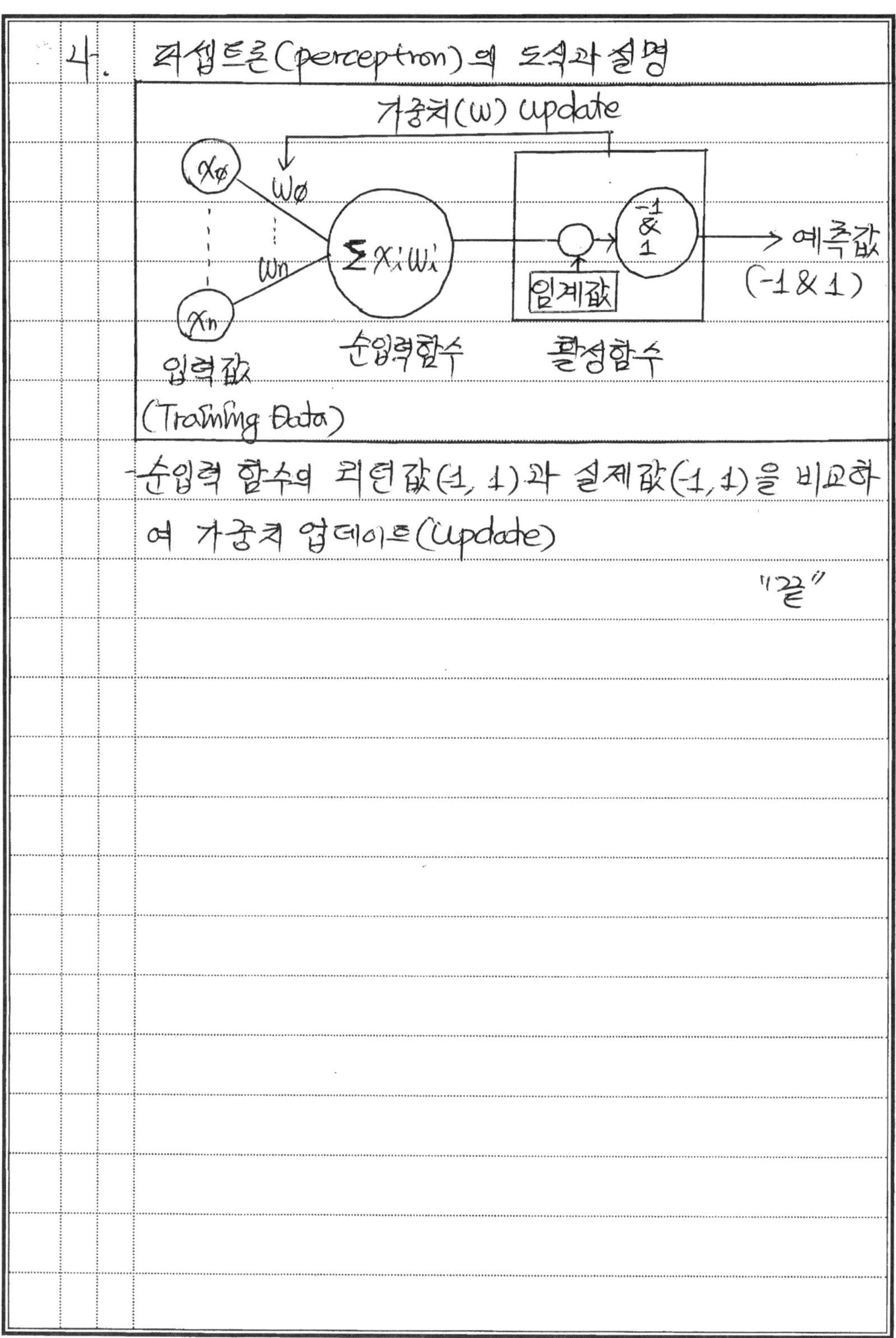

- 순입력 함수의 리턴값(-1, 1)과 실제값(-1, 1)을 비교하여 가중치 업데이트(Update)

"끝"

문 94) 활성화 함수(Activation Function) - 1

답)

1. 뉴런(Neuron)의 출력결정, 활성화 함수의 정의

인공신경망 모델에서 뉴런(Neuron)의 주요기능은 입력과 연결강도의 가중합을 구한 다음, 활성화 함수에 의해 출력(Output)을 내보냄. 즉, 어떤 활성화 함수를 선택 하느냐에 따라 뉴런의 출력이 달라질 수도 있음.

2. 뉴런구조와 활성화 함수(f)의 위치 & 설명

가. 뉴런의 구조

f(활성화 함수)에 따라 Out(출력)이 결정됨

4. Neuron의 구조 설명

분류	영문	표기	설명
입력값	Input	$x_1 \sim x_n$	여러개의 입력 Vector
출력값	Output	out	출력
임계치	Threshold	-	어떠한 값이 활성화되기 위한 최소값

분류	영문	표기	설명
가중치	Weight	W1 ~ Wn	-
바이어스	Bias	X∅, 바이어스 기울거는 W∅	선형경계의 절편을 나타내는 값, 직선의 경우는 y절편, 오차보정
Net값	Net Value	-	입력값과 가중치(weight)의 곱을 모두 합한 값
활성함수	Activation Function	f	Net값(뉴런에서계산)이 임계치보다 크면 1을 출력, 임계치보다 작은 경우에는 ∅을 출력하는 함수
뉴런 (Neuron)	Neuron	-	Net값이 임계치보다 크면 활성화되면서 1을 출력하고 반대의 경우에는 비활성화되면서 ∅을 출력

3. 활성화 함수의 설명

가. Threshold Function (step function)

- 단극성 또는 양극성 이진(Binary) 함수이며, 디지털
  형태의 출력이 요구되는 경우에 주로 사용됨
- Perceptron에서 사용한 매우 간단한 함수

4. Sigmoid Function

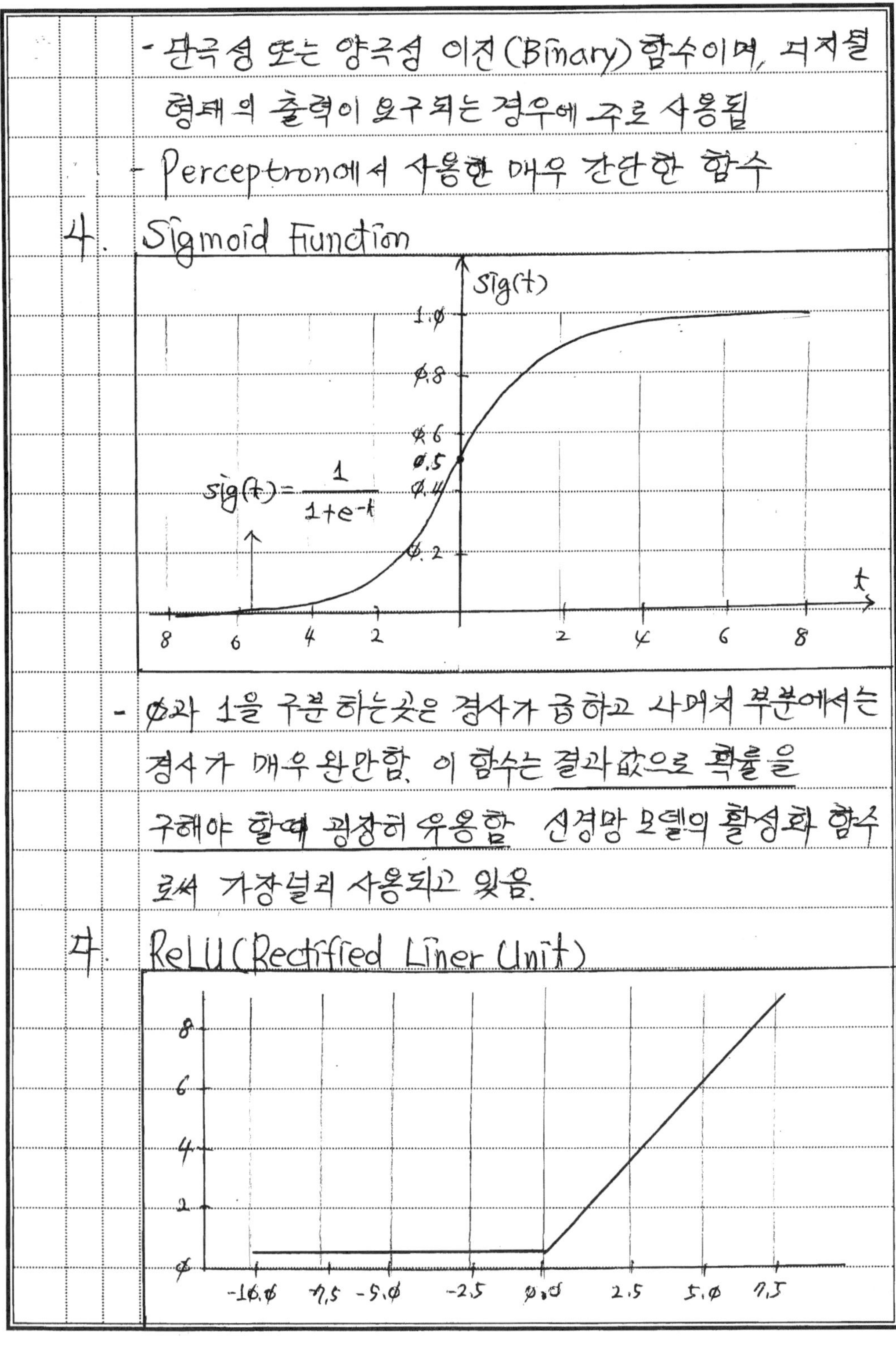

- 0과 1을 구분하는곳은 경사가 급하고 사머지 부분에서는
  경사가 매우 완만함. 이 함수는 결과값으로 확률을
  구해야 할때 굉장히 유용함 신경망 모델의 활성화 함수
  로써 가장널리 사용되고 있음.

4. ReLU(Rectified Liner Unit)

- Vanishing Gradien (기울기소실) 문제를 해결
- 단극성이며 선형연속함수임

라. Tanh (tanh, Hyperbolic tangent)

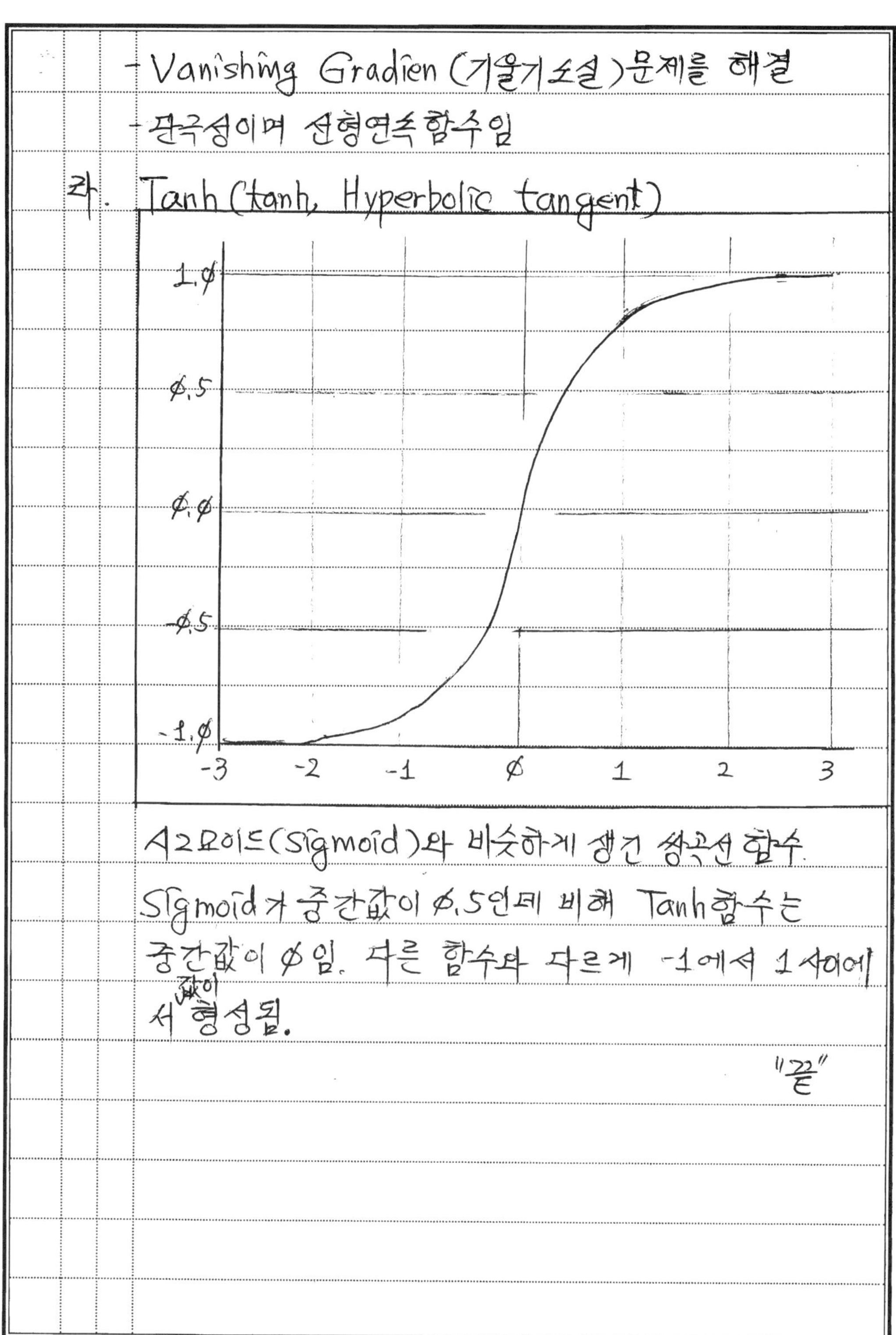

시그모이드(Sigmoid)와 비슷하게 생긴 쌍곡선 함수.
Sigmoid가 중간값이 0.5인데 비해 Tanh함수는
중간값이 0임. 다른 함수와 다르게 -1에서 1사이에
서 형성됨.

"끝"

문 95) 활성화 함수(Activation Function) - 2

답)

1. 활성화 함수도식및 정의

$f\left(\sum_i w_i x_i + b\right)$ → Output

Cell body $\sum_i w_i x_i + b$

Activation Function (활성화 함수)

x_0 w_0 $w_0 x_0$

x_1 w_1

x_2 w_2

Input

b = Bias

| 정의 | 입력(Input) 받은 데이터를 다음층 (Next Layer)으로 어떻게 출력할지를 결정하는 함수 |

2. 활성화 함수의 종류

Step Sigmoid Tanh ReLu ELu Leaky ReLu Soft max

⟶ 성능, 정밀도등 보완 하면서 발전됨

3. 활성화 함수의 도식, 설명, 특정 →(그래프)

함수	그래프	설 명	특 징
Step (계단 함수)	1·····┐}차이 φ	φ이상 → 1 φ미만 → φ 뒷이) (φ과 1 사이 많은값	최초신경망 (퍼셉트론) 에서 사용
시그 모이드 (sig-moid) 함수	1 sigmoid $f(x)=\frac{1}{1+e^{-x}}$ 0.5 가능 φ →x	φ과 1 사이의 실수 로 이루어진 함수 (기울기소실 · Vanishing gradient 문제)	Step함수 대비 정교함 (정교한 실수 전달 가능)

이름	그래프	설명	비고
하이퍼 볼릭 탄젠트 (Tanh) 함수	1 / ϕ / -1	1과 -1 사이의 값을 계산. (기울기 사라짐 문제 있음)	값의 중심 이 ϕ의 값
ReLU (Rectified Linear Unit)	$R(z) = \max(\phi, z)$	ϕ이하는 ϕ으로 고정, ϕ값 초과시 해당값 그대로 출력 (Simple함)	기울기 소실 문제 제거. 연산 간단 (3개 명령 만으로 수행)
ELU (Exponential Linear Unit)		ReLU는 ϕ이하는 ϕ값으로 Dying ReLU(뉴런이 ϕ을 출력하여 더이상 학습 안되는문제) 발생 (ϕ이하-비 선형적)	$R(z) =$ $\begin{cases} z & z > \phi \\ \alpha \cdot (e^z - 1) & z \le \phi \end{cases}$

(Macro) 매크로 Code	
	`def ELU(z, alpha): return z if z > ϕ else alpha*(e^z - 1)`

이름	그래프	설명	비고
Leaky ReLU 함수		ELU와 마찬가 지로 Dying ReLU를 방지하는 함수 (ϕ이하는 선형적임)	$R(z) =$ $\begin{cases} z & z > 0 \\ \alpha z & z \le \phi \end{cases}$

매크로 Code	
	`def leakyrelu(z, alpha): return max(alpha*z, z)`

이름	그래프	설명	비고
Softmax 함수	활성화함수이지만 그래프가 존재하지 않는 함수	레이어가 특정 클래스에 속할 확률이 얼마인지 구하는 함수	Softmax 함수를 써서 모든결과 1로 수렴 가능.

4. Sigmoid 함수에서의 기울기소실 문제 해결 방안

가. Sigmoid 함수의 Graph

- 기울기소실문제 발생 : 입력값이 아무리 커도 미분값의 범위가 제한됨으로써 층이 많을수록 gradient 값이 0에 수렴하는 문제가 있음

나. 기울기소실문제 (Vanishing gradient problem) 개선

- ReLU (Rectified Linear Unit) 함수 적용.

"끝"

문 96) FFNN (Feed Forward Neural Network)

답)

1. 입력 → 은닉 → 출력으로 구성, FFNN의 정의

신경망에서 정보의 흐름이 입력 → 은닉 (Hidden) → 출력층으로 정보가 전방 (Forward)으로 전달되는 인공 신경망 (가장 일반적인 Neural Network 임)

2. Feed Forward NN의 개념도와 구성요소

　가. Feed Forward NN의 개념도

－Input, Hidden, Output 층으로 구성

　나. Feed Forward NN의 구성

구성	내용
Input Layer	입력 계층 (Data Input) ┌ Deep NN임
Hidden Layer	은닉 계층 (하나 이상의 Hidden Layer의 경우는
Output Layer	출력 계층 (결과 Output)

| 3 | | DNN의 등장 |

입력과 출력 Layer 사이에 다수의 Hidden Layer 탑재

"끝"

문 97) 딥러닝(Deep Learning)의 파라미터(parameter)
와 하이퍼파라미터(Hyperparameter)를 비교하고
하이퍼파라미터의 튜닝방법을 설명하시오.

답)

1. Deep Learning의 파라미터와 하이퍼파라미터의 개요
가. Parameter와 Hyperparameter의 개념도

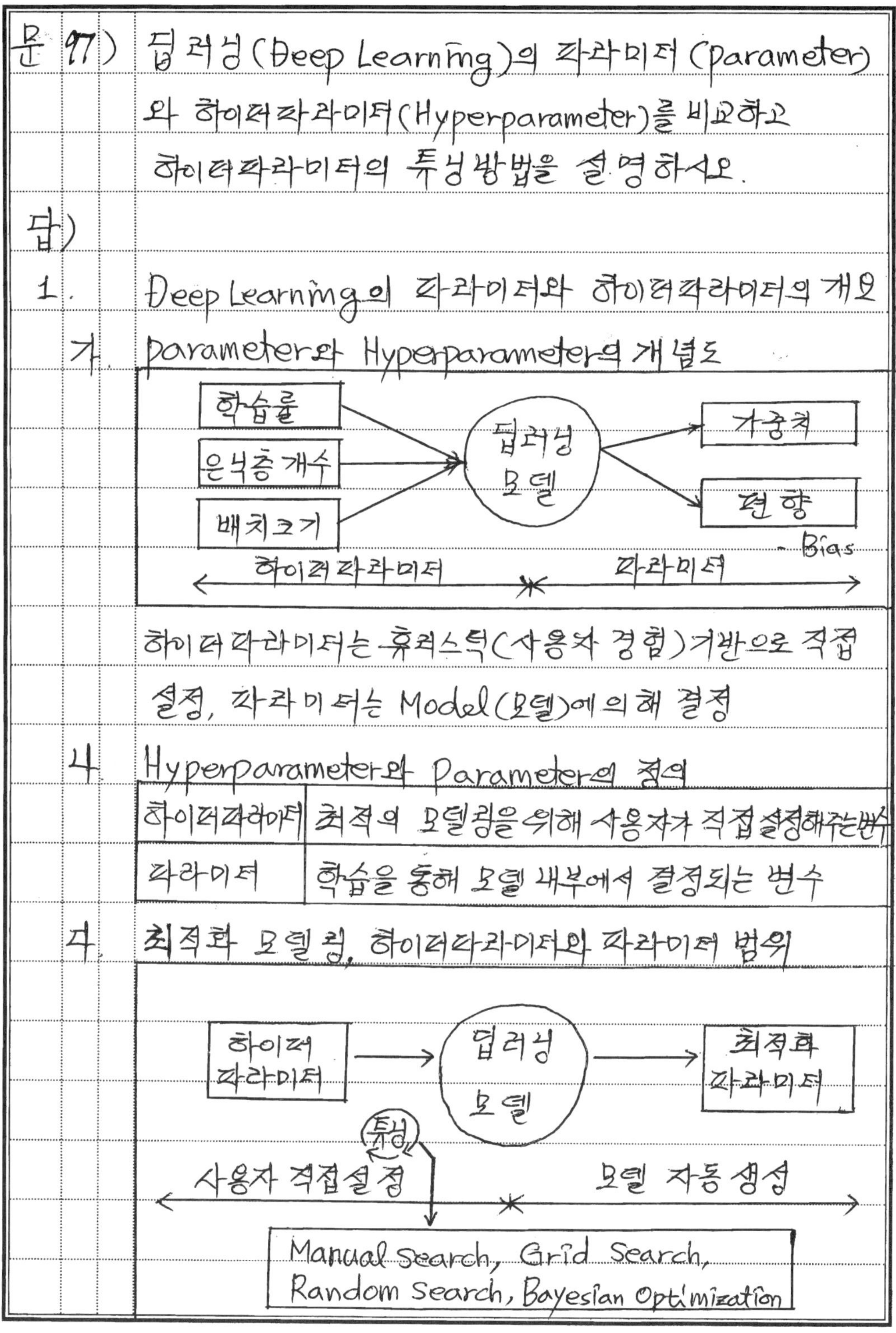

하이퍼파라미터는 휴리스틱(사용자 경험)기반으로 직접
설정, 파라미터는 Model(모델)에 의해 결정

나. Hyperparameter와 Parameter의 정의

하이퍼파라미터	최적의 모델링을 위해 사용자가 직접 설정해주는 변수
파라미터	학습을 통해 모델 내부에서 결정되는 변수

다. 최적화 모델링, 하이퍼파라미터와 파라미터 범위

2.		비교와 Hyperparameter의 종류		
	가.	Parameter와 Hyperparameter의 특징비교		
		구분	하이퍼파라미터	파라미터
		목적	모델링최적화파라미터값도	최적화된 딥러닝 모델구현
		생성주체	사용자가 판단을 통해생성	데이터를 학습한 모델이 생성
		종류	-학습률 -경사하강법 반복 횟수 -활성화 함수	-인공신경망 가중치 -SVM에서의 서포트벡터 -선형회귀에서의 결정계수
		조정여부	하이퍼파라미터 조정가능	파라미터 임의 조정 불가

- Deep Learning 모델 최적의 파라미터값 도출을 위해 Hyperparameter 튜닝이 필수

	나.	Hyperparameter의 종류		
		종류	설명	적용시 고려사항
		학습률 (Learning Rate)	Gradient(경사도)의 방향으로 얼마나 빠르게 이동할것 인지 결정하는 변수	너무 작으면 학습의 속도가 늦고, 너무크면 학습불가
		손실함수 (Cost Function)	입력(Input)에 따른기대 값과 실제 값의 차이를 계산하는 함수	-평균 제곱오차 고려 -교차 엔트로피 (Entropy)오차고려
		정규화 (일반화) 파라미터	과적합(Overfitting) 문제 회피위해 정규화 방법(L1/L2) 사용	사용하는 일반화 변수도 하이퍼 파라 미터로 분류

미니 배치 크기 (Mini-Batch size)	배치셋 (Batch set)수행을 위해 전체학습 Data를 등분하는 (나누는) 크기	가용 Memory 크기와 Epoch(한번 학습한 상태) 수행 성능을 고려
훈련반복횟수 (Training Loop)	학습의 조기 종료를 결정하는 변수	학습 효율이 떨어지는 시점을 적절히 판단
은닉층의 뉴런개수 (Hidden Unit)	훈련(Training) 데이터에 대한 학습 최적화 결정 변수	첫 Hidden Layer의 뉴런 수가 Input Layer보다 큰 것이 효과적
가중치초기화 (Weight)	학습 성능에 대한 결정 변수	모든 초기값이 0일 경우 모든 뉴런이 동일한 결과

이외에도 다양한 Hyperparameter가 존재하고 최적의 딥러닝 모델 생성을 위해 하이퍼파라미터의 튜닝이 필요

[상세설명]

3. 최적의 모델 도출을 위한 Hyperparameter의 튜닝 방법및

가. Hyperparameter의 튜닝방법

| | | 추출
범위
개선 | ↓ | Bayesian
Optimization | -기존 추출 기반 탐색
-Bayesian Theory |

학습의 규모가 커질수록 탐색시간 가준 Bayesian 최적화가
가장 우수하지만 모델수준등을 고려할때 상황에 맞는
튜닝방법을 선택 하는 것이 핵심

4. Hyperparameter의 튜닝 상세

튜닝방법	요소	설명
Manual Search	휴리스틱 조합	사용자의 직관과 경험 기반탐색
	탐색의 단순성	사용자가 도출한 조합중 최적조합
Grid Search	모든 조합 탐색	Hyperparameter 적용값 전체 탐색
	시행 횟수 한계	하이퍼파라미터 개수 증가에 따른 전수 탐색 한계
Random Search	랜덤 샘플링	범위내 무작위 값 반복 추출
	탐색 범위부여	하이퍼파라미터 최소/최대값 부여
Bayesian 최적화 (Optimizati -on)	관측 Data	-Bayesian 정리활용
	기반의 F(x)추정	-Gaussian Process
	습득(Acquisition) Function	확률추정결과를 바탕으로 입력값 후보 추천 함수

"끝"

문 98) Backpropagation (역전파법)

답)

[개념]

1. 오차역전파법, 오차 Feedback, Backpropagation의
   전방(Feed Forward) 연산 이후, 에러(Error) 예측값
   과 True 값과의 오차를 후방(Backward)으로 다시
   보내 줌으로써 각 노드에 최적의 Weight(가중치)와
   Bias를 학습하는 기법

2. 오차역전파법(Backpropagation)의 구조 및 설명

   가. 오차역전파법의 구조

   나. 오차역전파법의 설명
   결과값(output)을 통해서 다시 역으로 Input 방향으로 오차를
   다시 보내어 가중치(Weight)를 재 업데이트(Update)

3. 오차역전파법의 동작절차

   가. 동작절차

⑤은닉층 가중치수정

경사하강법 사용

④출력층 가중치수정

오차측정

③ 결과를 실제값과 비교

오차역전파 (Back-Propagation)

결과 출력가능 (원하는 값의 범위)

⑥ 결과 출력

4. 역전파시 경사하강법 (Gradient Descent)의 사용이유

너무 많은 신경망 안의 가중치조합을 모두 계산하면 시간이

오래걸리기 때문에 효율성을 고려하여 고안된 방법

" 끝 "

문 99) 기울기 소실(Vanishing Gradient Problem)
답)   문제

1. 기울기가 사라짐, 기울기 소실(Vanishing G.P.)의 개념도

역전파 과정에서 입력층으로 갈수록 기울기(Gradient)

가 점차적으로 작아져 입력층에 가까운층들에게

가중치들이 Update가 제대로 되지 않는 현상

2. 기울기 소실문제 해결기법, ReLU

가. ReLU(Rectified Linear Unit) 개념

$$f = \begin{cases} (x<0)\ f(x)=\emptyset \\ (x \geq 0)\ f(x)=x \end{cases}$$

-입력값이 $\emptyset$보다 작으면 $\emptyset$, 입력값이 $\emptyset$보다 크면 입력그대로

나. ReLU 특징

장점 (속도빠름)	Sigmoid나 tanh 함수와 비교 했을때 경사하강 (Gradient Decent)의 수렴속도가 매우 빠름
단점 (Die)	$x<0$일때 기울기가 $\emptyset$이기 때문에 만약 입력값이 $\emptyset$보다 적으면 뉴런이 die(동작안됨)현상 존재

3. ReLU 함수의 개선   → Parametic

가. 개선된 함수의 적용(Leaky ReLU, PReLU)

Leaky ReLU	Dying ReLU 현상을 해결하기위해 제시된 함수 ReLU는 $x<\emptyset$ 일때 함수값이 $\emptyset$이지만

		Leaky ReLU	Leaky ReLU는 기울기 부여
			$F(x) = \max(0.001x, x)$
		PReLU	Leaky ReLU와 비슷하지만 파라미터 a 추가.
			$F(x) = \max(ax, x)$ / a는 파라미터
4	기울기 소실 해결방안들		
		타 함수사용	Leaky ReLU, PReLU 함수사용
		기울기 Clipping	기울기 폭주 방지, 임계값 초과되지 않도록 기울기들 조정
		가중치 초기화	가중치 초기값을 적절히 조정
		배치 정규화	각 층에 들어가는 입력을 평균과 분산으로 정규화

"끝"

문 100) 경사하강법(Gradient Descent)

답)

1. 신경망의 연결 가중치 최적화, 경사하강법의 정의

- 함수의 기울기를 구하여 기울기가 낮은 쪽으로 계속 이동
  (경사)
  시켜서 극값에 이를때까지 반복하는 최적화 알고리즘

- Cost Function의 최소값을 찾는 옵티마이저의 한 유형

2. 경사하강법의 개념도와 해당 함수

가. 경사하강법의 개념도

나. 경사하강법의 함수

경사하강법	신경망
변수 x	각 연결의 가중치(Weight)
함수 f	훈련 Data의 훈련결과와 실제값의 차이를 제곱해서 더한값에 훈련 Data 개수만큼 반복계산
함수의 경사 $\frac{dy}{dx}$	최소화 하기 위해 어떻게 계산할지 여부
움직임의 정도 ε	학습률

3. 경사하강법 사용시 문제점 및 개선방안

구분	문제	개선
정확한 최저점 탐색 실패	(그래프) 최저지점을 지나침	① 확률적 경사하강법 적용 ② Adagrad 방식 변수의 업데이트 빈도에 따라 학습율을 조정하는 기법
극소 최저점 (Local Minimum) ↓ global Minimum 탐색 실패	잘못된 최저점에 걸림	① 모멘텀: 학습율을 관성을 고려해 조정 (정확도 개선, 연산부담↑) ② Rusprop: 학습율조절 이전 학습율의 평균을 이용하여 적용

"끝"

문 101) Overfitting, Underfitting, Best fitting

답)

1. 과적합(Overfit), 부적합(Underfit), Best fit의 개념

분류	설명
과적합 (Over)	- 학습 데이터에서는 성능(정확도)이 좋지만 실제 Data에서는 성능이 떨어지는 현상 예) 지도학습 통해 학습분류 양호하나 실전에서는 분류성능 저하
부적합 (Under)	- 적정(특정)수준의 학습을 하지 못해 실제 성능이 떨어지는 현상. 예) 둥근모양은 Ball → 사과나 (오학습) 달도 Ball (공)으로 판단 (Underfitting)
적합 (Best)	적정 수준의 학습으로 실제 적정한 일반화 수준으로 판단 (기계학습 지향)

2. 과적합, 부적합, 적합 개념도

구분	과적합(Over)	부적합	적합
Training Set (Old Data) 개발 과정			
Test Set (New Data) 실제 과정			

3		과적합(Overfitting)의 발생원인과 대응방안	
	가	Overfitting의 발생원인	

구분	설명
Over training	지나친 학습 (Training)
지나친 튜닝	Overfitting due to Noise
Data skewness	범주별 Data 셋을 잘 분류하지 못한 경우
부족한 사례	불충분한 Data set
과도하게복잡	불필요하게 복잡한 Model

나. Overfitting (과적합) 대응 사례

- 모수집관의 일정크기, 범위를 선택하여 에이러 범위줄임
- 교차검증을 많이 수행, 일반적인 모델 도출
- 여러 모델을 가지고 작업하여 결과 비교분석

"끝"

문 102) Overfitting 과 Underfitting 해결방안

답)

1. Overfitting(과적합)과 Underfitting(부적합) 발생경우

Overfitting 과적합	많은 공통특성중 일부특성만 반영하여 새로운 데이터에 대한 prediction에 대해서 잘못된 분류를 하는 경우.
Underfitting 부적합	많은 공통특성이외에 지엽적인 특정까지 반영하여 새로운 데이터에 대한 Prediction에 대해서 잘못분류하는 경우.

2. Overfitting, Underfitting, Best-fitting 그래프

- Overfit : 일반화 되지 못한 학습 데이터
- Undefit : 학습하기에 부족한 데이터

3. Underfit 와 Overfit의 해결 방안

　가. Underfit의 해결 방안

- 충분한 학습 데이터 확보
- 편향되지 않고 균형있는 학습 데이터 활용

		전체 대상을 포함 할수 있는 넓은 범위 확보	
4		Overfitting 해결방안	
		정규화 (Regularization)	데이터를 일정한 규칙에 따라 변형하여 이용하기 쉽게 만드는 과정
		교차검증 (Cross Validation)	주어진 Data를 일부는 학습 시켜모델 (Model)을 만드는데 사용하고 일부는 모델을 하는데 사용하는것. 전체 대상을 포함 할수있는 넓은 범위확대
		Dropout (노드 생략)	노드(Node)의 일부를 랜덤 (Random) 하게 생략 하여 학습을진행함으로서 일반화를시도

노드(Node)의 일부를 랜덤 (Random) 하게 생략 하여 학습을진행함으로 로서 일반화를시도

node
(미사용)

"끝"

문 103) 과적합(Overfitting)의 발생이유와 해결방안

답)

1. 실 Data에서 성능 저하 과적합(Overfitting)의 정의

과적합	적합	학습 Data에서는 성능(정확도)이 양호
		하나 실 상황에서는 성능이 저하되는
		현상 (예. 지도학습 통해 학습분류는 양호
		하나 실전에서는 분류 성능 저하)

2. 과적합(Overfitting)의 발생이유

구분	발생이유	설 명
학습	Feature 부족	특정 Feature(특징)에 맞추어진 Data들
피이터	편향(Bias)	피이터의 편향적인 학습 → 과적합
	차원의 저주	고려하는 Feature 너무 많아 모델에 과부하
튜닝	Over-튜닝	Over-Training, 지나친 학습 (Training)
(Tuning)	Noise	Overfitting due to Noise
	분류범주	범주별 Data set을 잘 분류하지 못한 경우
모델	복잡	불필요하게 복잡한 Data set
학습	특정 Feature	특정 Feature에 너무 의존적 학습
	Over-학습	과도한 학습 수행

3. Overfitting의 해결 방안

구분	해결 방안	설 명
학습	피이터 증가	특정 Feature 의존 안되게 Data 추가
Data	Bias 제거	편향없이 Data 구성 적정성 점검후 수행

			차원고려	Feature 고려의 적정성 검토
		튜닝	Over-튜닝	지나친 Training 지양
			범주고려	모수 일정크기, 범위선정등 범위고려
		학습 Model	Early stopping	과적합 방지위한 조기에 학습 중지
			모델복잡도줄임	은닉층수를 줄여 신경망의 복잡도를 줄임
			Dropout	과적합 방지위한 신경망 일부를 미사용

"끝"

문 104) Overfitting과 Underfitting의 문제점과 대응방안

답)

1. 과한 학습과 부족한 학습, 오버핏과 언더핏의 문제점

구분	현상	문제점
Overfit (과적합)		- 과학습, 오류분산 - High variance, 과분산 - 비슷한 입력에 다른 결과 - 불충분한 Dataset 등
Underfit (부적합)		- 편향된 Data set - High bias, 과편향 - 불충분한 학습 피이처 - 교차 검증 미비 등

2. 오버핏과 언더핏의 원인별 대응방안

구분	원인	대응방안
Overfit	편중된 학습 피이터	다양한 훈련 피이터 확보
	너무 많은 Features	정규화, 표준화, 일반화
	무분별한 Noise 수용	Dropout (일부 Node 생략)
Underfit	부적절한 분석 모형	분석 모델 유연성 확보
	학습 피이터 부족	충분한 학습 Data 확보
	표준 집합부족	교차검증 (Cross Validation)

- 오버핏과 언더핏은 Trade-off 관계, 적절한
  훈련 Dataset을 통해 최적의 값 찾아야 필요

3. Overfitting과 Underfitting 방지를 위한 고려사항

고려사항	설명
Training Dataset의 최적값 선정 필요	충분한 Training Dataset 확보 - Noise 고려, 적절한 분포도 필요
학습 대상, Data의 적절한 Feature	- 대상별 적절한 Feature 수 선정 - 원하는 분석모형 고려하여 일반화

"끝"

문 105) Dropout

답)

1. Hidden Layer의 일부 Node 연산 생략 Dropout의 요개요

 가. Overfitting(과적합) 문제 개선, Dropout의 정의

  - Hidden Node를 모두 훈련시키지 않고 Random 하게

   Drop out (실제수행 하지 않음) 시킴

 나. Dropout 필요성

  - 고질적 적합(Overfitting)문제 해결 알고리즘

  - Traing Data 학습시 성능 고려서 적용 (성능향상)

2. Dropout 구성도및 과적합 회피 방법

 가. Dropout의 구성도

← output Hidden Layer ← Input Dropout	Node(노드)의 일부를 Random 하게 생략하여 학습을 진행 함으로 과적합 (Overfitting) 문제 해결

 나. Overfitting(과적합) 회피 방법

- 학습을 진행할수록 오류 개선 경향
- 지나치게 학습이 진행되면 과적합 발생
- 검증 데이터(Test Data)에 대한 오류가 감소하다가
  증가되는 시점에 학습 중단 필요.

3. Dropout시 고려사항
- 어느 Node 생략할지 고려 없이 Random 하게 생략
  과정 반복시 결과값의 차이분석 필요.
- 성능 향상 고려 필요. 학습 속도 향상고려.

"끝"

문 106) ANN (Artificial Neural Network)

답)

1. 신경망을 모방한 수학적 모델, ANN의 개요

가. ANN (Artificial Neural Network) 의 정의

인간 두뇌의 학습과정을 뉴런과 시냅스 작용을 통한 연산 과정으로 간주하고 이를 재현한 분류, 예측모형

나. 생물학적 신경망과 ANN의 비교

<신경망>

신경망	인공신경망
세포체	노드 (Node)
수상돌기	입력 (Input)
축색돌기	출력 (Output)
시냅스	가중치 (Weight)

신경세포(뉴런)의 입력은 다수, 출력은 하나, 여러 신경세포로부터 전달되어온 신호들을 합산하여 출력함. 단, 합산된 값이 설정값(Threshold) 이상일때만 출력신호 발생

2. ANN의 구성도 및 구성요소

가. ANN (Artificial Neural Network)의 구성도

4.	ANN의 구성요소		
	Node (노드)	신경계 뉴런 역할, 가중치와 입력값의 곱으로 활성함수를 통해 다음 노드에 전달해주는 역할	
	Layer (층)	입력층	학습위한 기초 Data, Input Layer
		은닉층 (중간층)	정보를 전파, 학습, 활성화 、 Hidden Layer
		출력층	도출된 결과값을 출력. output Layer
	가중치	활성화 함수의 입력값으로 사용되는 뉴런간의 연결계수	
	활성함수	임계값을 이용, 뉴런의 활성화 여부를 결정하기위해 사용. -항등함수, 검사함수, 계단함수, 시그모이드함수	

3. ANN의 한계점

- 인공신경망 학습에 소요되는 시간이 오래 걸림.

- 부분 최적화 (Local optima)로 인해 현실적인 사용이 어려움

- 사전훈련 Data (Training Data set)에 지나치게 맞추어져 (Over-fitting) 제대로 작동이 안되는 등의 문제 발생

"끝"

문 107) DNN (Deep Neural Network)

답)

1. 심층계층을 가진 인공신경망, DNN의 개요

가. DNN (Deep Neural Network)의 정의

ANN의 한계를 극복하고, 복잡하고 표현력 높은 모델을 구축하기 위해 입력계층과 출력계층 사이에 복수개의 은닉계층 (Hidden Layer)으로 이루어진 인공신경망

나. DNN의 등장배경

ANN 한계극복, 입/출력 계층 사이에 여러개 은닉계층 추가

2. DNN의 구성도 및 설명

- 복수개의 Hidden Layer (은닉층)으로 구성됨
- DNN을 응용한 알고리즘이 CNN, RNN, LSTM, GRU 등

3. DNN (Deep Neural Network)의 부각배경

구분	ANN의 한계	개선 점
알고리즘 개선	사전 학습 데이터에	한꺼번에 학습이 어려

		알고리즘 개선	지나치게 맞추어지는 (over-fitting) 등의 효과적인 알고리즘의 부족	우리 층마다 개별학습을 하거나 몇개의 노드를끊는 (Dropout) 방식으로 개선
		Big Data 출현	인공 신경망을 학습시킬 만한 충분한 데이터(Data) 부족	Big Data로 인한 이용 가능한 검증된 활용가능 한 대량 데이터 확보
		H/W의 발전	계층이 늘어날수록 상당한 컴퓨팅 파워의 부족	GPU등 Computing 성능의 비약적 향상

"끝"

문 108) CNN (Convulutional Neural Network)

답)

1. 합성곱을 이용, CNN의 개요

가. Convolution Layer와 Pooling Layer 구성, CNN 정의

영상 인식에 적응이 용이하도록 만들어진 인공 신경망의

한 종류로 일반 다층 퍼셉트론에서 사용되는 구조와 다르게

컨볼루션 레이어와 풀링 레이어로 구성

나. CNN 신경망의 특징

영상, 음성 ── Pre-Processing ── 우수한 Filtering

2차원 입력 데이터 / 가장 좋은 Feature(특징) 추출 / 최대한 작은 복잡도

2. CNN의 구성도(flow) 및 구성요소

가. CNN의 합성곱 신경망의 구성도

합성 → Convolution(중첩) +ReLU / Star 보트 / Pooling(통합) / Fully connected / 결과 예측, 선박, Boat

반복과정 수행

Convolution (합성, 중첩), Pooling (통합)으로 복합적으로

구성하여 반복과정을 수행하고 결과 예측함

나. CNN의 구성요소

구분	설 명
추론과정	학습된 내용기반, 새로운 입력에 대한 답을 획득
학습과정	주어진 학습 데이터를 기반으로 최적의 추론

		학습 과정	수행을 위해 추론구조 또는 학습 파라미터 (가중치)들을 설정, 거납적으로 배우는 단계	
		Convolution Layer	- 컨볼루션 연산을 통해 특징을 추출하는 레이어 - 규칙적인 패턴을 가진 곱셈으로 이루어짐	
		pooling Layer	- 입력공간을 추상화하는 Layer - Sub Sampling을 통한 차원 축소: Max pooling, average Pooling	
		Fully Connected	Pooling된 결과의 연결(결과 예측위 함)	
		결과예측	Output preditions. 도출된 사물,영상등 결과	

3. CNN의 Convolution과 pooling의 동작원리 및 종류

가. Convolution과 pooling의 동작원리

		Convolution Layer	대상의 일부분을 여러개의 필터(filter)를 사용하여 재구성, 이때 활성화(Activation) 함수로서 ReLu 함수를 사용	

pooling	구성된 컨볼루션 레이어를 샘플링 통해 재구성
결과도출	pooling를 통해 최종 사물, 영상등 인식

나. pooling 알고리즘의 종류

- Max pooling과 Average pooling의 예시

S1 | S2 (입력)

12	20	30	0
8	12	2	0
34	70	37	4
112	100	25	12

Max pooling

20	30
112	37

Average pooling

13	8
79	20

4. CNN의 활용

- 보통 정보추출, 문장분류, 얼굴인식 등 분야의 활용
- pooling 과정에서 Noise 상쇄 및 미세한 부분의
  일관적인 특징을 상세화 하기 위한 연구가 지속필요
- 몇개의 Convolution과 pooling 단계를 적용할지는
  성능을 고려하여 판단할 필요있음

"끝"

문 109) R-CNN (Region-based CNN)

답)

1. 영상내 사물인식, R-CNN의 개요

| 정의 | - 입력 영상내 사물인식을 위해 사물의 영역탐지 및 사물특징추출, 분류. CNN 기반의 신경망 알고리즘 |

2. R-CNN의 구성도와 설명 및 알고리즘

가. R-CNN의 구성도와 설명

①	Input Image (입력이미지)
②	2000개 정도 Region 추출 (Selective Search)
③	Cropping (자르기), Wrapping (크기등일화), Feature 추출
④	각 Region의 Feature에 대한 분류 수행

4. R-CNN 구현을 위한 알고리즘

알고리즘	핵심기술	설명
Sliding Window	전체영역 탐색	- 화면내 전체 영역 Sliding Scan - 탐색(Search)영역과다, 연산증가
EdgeBoxes	탐지영역수 감소	- Edge 정보기반 에지박스화 - 영역 감소, 연산능력 향상

Selective Search	pixel 통합	- Low Level Feature 기반 사용 - Super pixel 통합 기반
바운딩 Box Regression	위치변환	- 탐지된 영역의 사물 중앙화 - 영역 P의 위치 $d(p)x \to G$

- RCNN은 탐색된 영역대상의 Feature 추출, 분류 수행하므로 정확하지만 연산시간 과다 소요

3. R-CNN 한계점에 따른 개선 방안

한 계 점	개 선 방 안
- 탐색 영역마다 CNN수행하므로 연산시간과다소요 - 2000 영역 → 2000 번 수행	- SPP-net 기반 Fast RCNN 적용 - CNN 선수행(1회)후 SPP-net 기반 Pooling

- SPP-net : Spatial Pyramid Pooling - network
- SPP는 Convolution Layer에서 생성된 feature map을 입력받고, 각 feature map에 대해 pooling 연산후 고정된 길이의 출력 생성.

"끝"

문 110) YOLO (You Only Look Once)

답)

1. Deep Learning 기반 객체 탐지기술, YOLO의 개요

가. Object(객체) 탐지기술, YOLO의 정의

하나의 뉴럴넷을 사용하여 이미지 하나에서 $S \times S$ Grid, B개의 바운딩 Box (Bounding Box), C개의 클래스 확률 이용, 객체를 인식하는 실시간 객체 탐지 기술

나. YOLO (You Only Look Once)의 특징

특징	설명
빠른 속도	R-CNN, Faster R-CNN 대비 빠른 인식속도
Unified Detecting	하나의 이미지에서 동시에 모든 물체의 바운딩 박스
높은 정밀도	하나의 물체에 하나의 Bounding Box 만으로 예측
한계점	작은 물체가 모여 있을 경우 인식률 저하현상

2. YOLO 기반 객체 인식 절차 및 설명

가. YOLO의 객체인식 절차

-원래 이미지에 Resize → 신뢰도측정, 확률 Map →
Bounding Box, Class 확률입력 통한 최종 객체 인식

4 YOLO 객체 인식 절차의 설명

No.	절차	핵심 기술	설명
①	이미지	원래 Image	Grid, Bounding Box 가능해상도
②	S×S Grid 분할	이미지 Resize Grid Cell 분할	-이미지를 S×S grid로 구성 -Grid 기반 객체인식
③	Bounding Box 생성	-객체 위치 -Box크기 구분 -각 Cell 신뢰도측정	-B개의 Bounding box -Box크기 결정, CNN 수행 -Box별 신뢰도 계산
④	Class 확률 Map 구성	P(class|object) 확률 계산	해당 Cell에 물체 존재시 어떤 클래스가 있을지 조건부 확률 계산
⑤	최종객체 인식	CNN Network 객체분류&인식	GoogLeNet, VGGNet등 CNN Network 이용 객체분류

-객체 탐지 정확도 평가는 mAP (mean Average (Accura-cy) Precision)을 이용해서 평가 가능

3 YOLO 구현위한 주요 기술

구분	기술요소	설명
객체 탐색 기술	Grid	-이미지를 S×S 격자로 구성 -인접 Grid 기반 객체 인식
	Bounding Box	-객체 정계 결정 알고리즘 -x, y, w, h (높이) Confidence Score

			Darknet	-신경망 실행 Framework
				-CUDA, OpenCV 영상처리
객체		CNN	-Convolutional Layer	
			-Pooling, Connected layer	
분류		Confidence	-각 B-Box Grid Cell 신뢰 수치	
기술		Score	-Pr(Object)×IOU	
		Class	-Loss 기법 기반 분류 예측	
		Probability	-확률 : Pr(Class|object)	

-YOLO는 속도빠르나 동일 Cell에 여러 객체 존재시 인식률저하

4. YOLO와 R-CNN의 비교

항목	YOLO	R-CNN
방법	모든 이미지 영역에서 Localization Classification 수행	-2000개의 Region -각 Region별 CNN 수행
단계구성	One-stage 방식	Two-stage 방식
인식속도 (FPS)	매우 빠름	매우 느림
인식정밀도 (mAP)	합리적 수준의 높음	매우 높음

-빠른 인식 속도와 높은 정밀도의 컴퓨팅 영상인식을
위해 One-stage 방식의 YOLO 알고리즘 많이 사용

"끝"

- Confidence score: Cell(box)에 객체가 있는지없는지의 확률
  score

문 111) RNN (Recurrent Neural Network)

답)

1. 순차적 데이터 학습 알고리즘, RNN의 개요

가. RNN (Recurrent Neural Network)의 정의
인공 신경망을 구성하는 유닛(unit) 사이의 연결이
Directed Cycle을 구성하는 신경망, 하나의 입력값을
넣으면 여러 개의 값이 나오는 관계를 만드는 알고리즘

나. RNN 알고리즘의 특징

- 시간의 흐름에 따라 변화되는 데이터
- 이전의 데이터가 다음 데이터에 영향을 미침   파악
- 단순한 사전적 의미가 아닌 앞뒤 문장의 맥락 관꼰후의이

2. RNN의 구조및 정꼭 추출과정

가. RNN의 구조 설명

- 특정 부분이 반복 (Directed Cycle) 되는 구조를
  가짐. 즉, 반복이란 Feedback 되는 구조 형태임

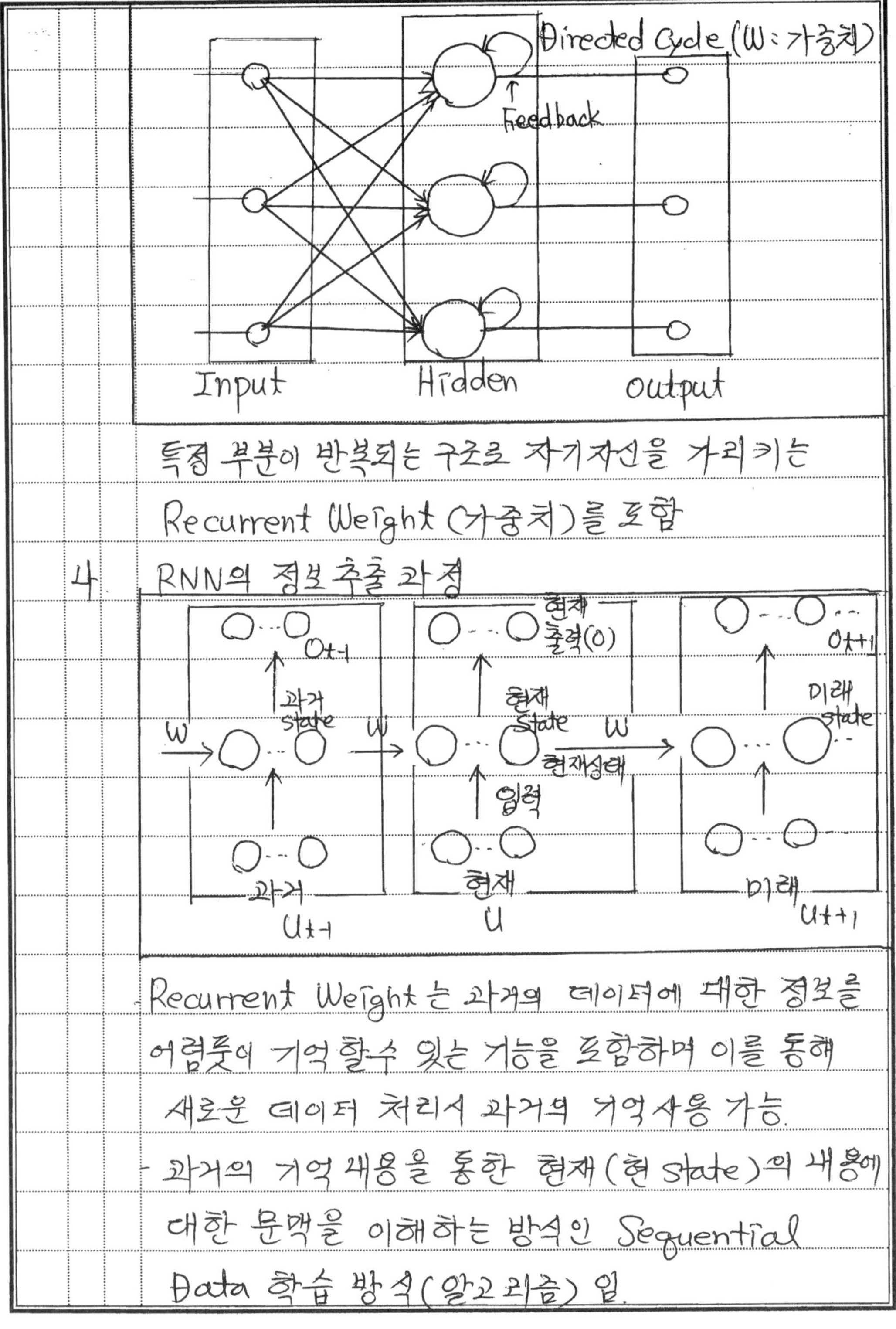

특정 부분이 반복되는 구조로 자기자신을 가리키는
Recurrent Weight (가중치)를 포함

4. RNN의 정보 추출 과정

Recurrent Weight 는 과거의 데이터에 대한 정보를
어렴풋이 기억 할수 있는 기능을 포함하며 이를 통해
새로운 데이터 처리시 과거의 기억사용 가능.

과거의 기억 재용을 통한 현재 (현 state)의 내용에
대한 문맥을 이해하는 방식인 Sequential
Data 학습 방식 (알고리즘) 임.

3. RNN의 실제 사용예시

가. 아래 모형 및 글자 예시에서의 동작

y_t h_{t-1} → ht → x_t	Hello 'h','e','l','l','o' → Vector (Encoding) 으로 표현 Text → 숫자 h : 1, 0, 0, 0 One Hot e : 0, 1, 0, 0 Encoding l : 0, 0, 1, 0 o : 0, 0, 0, 1

$$h_t = \tanh(W_{hh}h_{t-1} + W_{xh}x_{t}\cdots)$$

활성함수는 하이퍼볼릭 탄젠트 (tanh)

나. 위의 모형에서 'Hello' 문자 학습 예시

출력문자 →	"e"	"l"	"l"	"O"	"H"는 재학습 필요
Output Layer	1.0 2.2 -3.0 1.2	0.5 0.3 -1.0 1.2	0.1 0.5 1.9 -1.1	0.2 -1.5 -0.1 2.2	
	↑ W_hy	↑ W_hy	↑ W_hy	↑ W_hy	
hidden Layer	0.3 0.1 0.9	→W_hh→ 1.0 0.3 0.1	→W_hh→ 0.1 -0.5 -0.3	→W_hh→ -0.3 0.9 0.7	
	↑ W_xh	↑ W_xh	↑ W_xh	↑ W_xh	
Input Layer	1 0 0 0	0 1 0 0	0 0 1 0	0 0 1 0	
입력문자 →	"h"	"e"	"l"	"l"	

4. RNN의 활용분야

구분	내용
언어 모델링과 텍스트 생성	주어진 문장에서 이전 단어들을 보고 다음 단어가 나올 확률을 계산해주는 언어모델링. 어떤 문장이 존재할 확률 계산후 자동번역의 출력값으로 어떤 문장을 내보내는지 도출
자동 번역 (기계번역)	입력은 언어 모델과 같은 단어들의 Sequence 이지만 Output 값이 다른 언어로 되어 있는 단어들의 시퀀스로 처리. 입력 전부 받은후 →(System) N/W가 출력값을 내보내는 작업 진행
음성 인식	Sound Wave (사운드웨이브)의 음향신호를 입력 받아 출력으로는 음소들의 Sequence와 각각의 음소별 확률분포를 추정
이미지 캡션 생성	컴퓨터 비전 (Computer vision)에 활용하는 CNN과 RNN을 함께 사용하여 임의의 이미지를 Text로 설명해주는 System 구성

"끝"

문 112) LSTM(Long Short-Term Memory)

답)

1. RNN의 기울기 소실문제 개선, LSTM의 개요

　가. 3가지 Gate(In, out, forget)사용. LSTM의 정의

　　In/output/forget Gate를 통해 레이어의 입출력을
　　조절해 필요할 때에만 데이터를 넣고 과거정보를 Update
　　하고 출력하여 기울기 소실문제를 해결하는 알고리즘

　나. LSTM 알고리즘의 등장배경

　　- RNN에서(문장의 앞뒤 연관 관계) 파악에 한계)
　　- RNN의 Gradient Vanishing Problem 개선 필요

2. LTSM의 구성도와 각 Gate 설명

　가. LSTM의 구성도

　나. 각 Gate의 설명

구분	설명
Forget gate ①	직전 Cell 값 (여: 현재 Cell 기억값)을 얼마나 잇을지의 정도. 셀 State(↑Cell)에서 어떤 정보를 버릴지 선택하는 과정

		Input gate	- 현재 입력값을 얼마나 반영할지의 정도 - 새로운 정보가 Cell state에 저장될지 결정하는 단계
		Output gate	- 출력값을 얼마나 반영할지의 정도 - 어떤 출력값을 Output (출력) 할지 결정
3.		LSTM의 활용	

- RNN의 긴문장 선후관계 파악 한계에 적용
- 기울기 소실 문제에 대응
- RNN처럼 음성, 문자열등 순차적으로 등장하는 Data 처리에 적합한 알고리즘

"끝"

문 113) GRU (Gated Recurrent Unit)

답)

1. LSTM과 유사. GRU의 개요

　가. 2개 Gate (Reset, Update)로 구성. GRU의 정의

　　Reset Gate (r) 와 Update Gate (z) 만 사용하는

　　알고리즘 (LSTM의 Forget Gate와 Input Gate는

　　GRU 에서는 Update Gate (z)로 통합)

　나. GRU (Gated Recurrent Unit)의 특징

　　- GRU는 2개 Gate, LSTM에서는 3개 Gate

　　- GRU는 LSTM에 있는 Output Gate가 없기 때문에

　　　내부 메모리 값이 외부에서 보게 되는 Hidden state 값과 동일

2. GRU의 구성과 Gate 설명

　가. GRU의 구성도

　　r = Reset Gate,　z = Update Gate

　나. Gate의 설명

Reset Gate	새로운 입력을 이전 메모리와 어떻게 합칠지 결정

		Update Gate	이전 메모리를 얼마만큼 기억할지 결정
3.		Gated Recurrent Unit 알고리즘의 활용	

- RNN 기울기 소실 (Gradient Vanishing) 문제 개선
- RNN, LSTM 처럼 음성, 문자열 데이터 처리에 활용

"끝"

문 114) RBM(Restricted Boltzman Machines)

답)

1. 추론과 학습을 위한 알고리즘, RBM의 개요

가. Node간의 연결성 제한 RBM의 정의

추론과 학습을 쉽게 하기위해서 층간의 연결을 제거
하여 연결성을 제한한 볼츠만 Machine

나. Restricted Boltzman Machine의 특징
- 가시-가시 뉴런, 은닉-은닉 뉴런간의 연결을 금지시킨 알고리즘
- 차원 감소, 분류, 회귀분석, 협업필터링, 속성학습에 유용

2. RBM의 구조와 정보추출과정

가. RBM의 구조

- 가시뉴런과 은닉 뉴런들은 조건부 독립의 관계를 서로간에 가짐
- 한개의 Hidden 유닛층이 존재 하며 Hidden유닛 간 연결없음
- 즉, Hidden Layer간, Visible Layer간의 연결은 없음

나. RBM의 정보추출과정
- 보여지는 Layer와 숨겨진 (Hidden) Layer 사이에서
멎멎의 포워드 (forward)및 백워드 (Backward) path들을
생성하는 자율방식으로 스스로 데이터를 재구성하는 방법

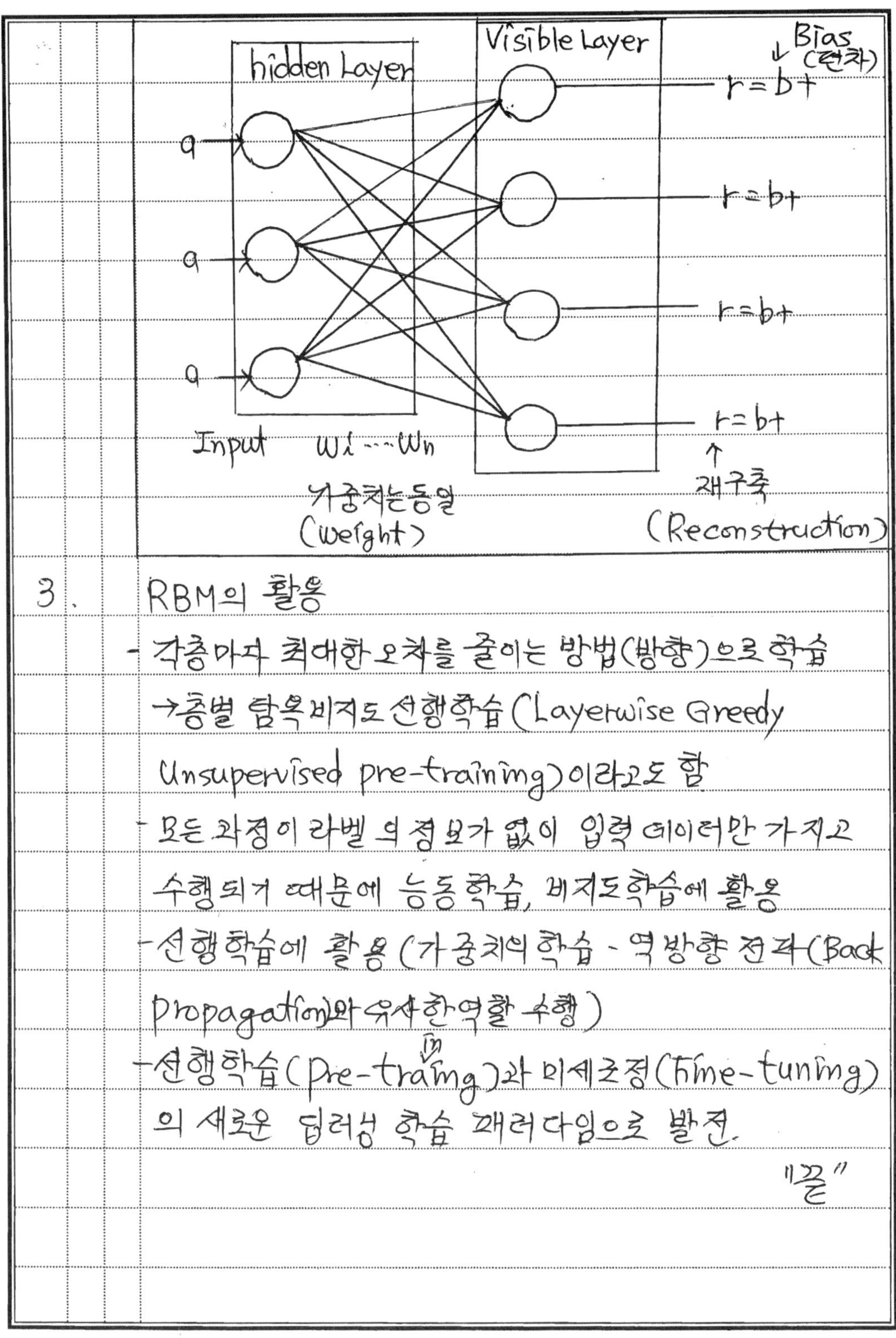

3. RBM의 활용

- 각층마다 최대한 오차를 줄이는 방법(방향)으로 학습

→ 층별 탐욕비지도 선행학습(Layerwise Greedy

Unsupervised pre-training)이라고도 함

- 모든 과정이 라벨의 정보가 없이 입력 데이터만 가지고

수행되기 때문에 능동학습, 비지도학습에 활용

- 선행학습에 활용 (가중치의 학습 - 역방향 전파(Back

Propagation)와 유사한 역할 수행)

- 선행학습(Pre-training)과 미세조정(Fine-tuning)

의 새로운 딥러닝 학습 패러다임으로 발전.

"끝"

문 115) DBN (Deep Belief Network)

답)

1. RBM을 층층이 쌓아 학습하는 딥러닝, DBN의 개요

   가. DBN (Deep Belief Network)의 정의
- 기계학습에서 사용되는 Graph 생성모형으로 볼츠만 머신의 일종인 RBM을 층층이 쌓아 학습하는 딥러닝기법

   나. 잠재 변수(Latent Variable)의 다층계층구성, DBN의 특징
- 계층간에는 연결존재, 계층내의 유닛간에는 연결없음
- 생성모형이라는 특성상 선행학습에 사용될수 있음
- DBN 특성상 훈련 Data가 적을때도 유리함

2. DBN의 특징(세부) 및 RBM과의 관련성

   가. DBN의 세부특징

(visible unit V, V / Hidden unit H, H, H 다이어그램, 에너지 함수)	- Visible Unit, Hidden Unit 모두 내부 연결 강도는 $\emptyset$. - Visible unit과 Hidden unit 간의 관계만 존재

   나. 홉 필드 네트워크 (Hopfield N/W)를 기반으로 한 볼츠만
- ① 머신과 RBM은 에너지 함수에 홉 필드 네트워크와 유사성을 보임

② Visible Unit과 Hidden Unit이 따로 존재하고, 확률적으로 Unit의 값을 획득할 수 있으며 이때의 확률이 볼츠만분포처럼 에너지를 통해 결정된다는 점에서 Hopfield Network와 차이를 지님

3. DBN의 구조와 학습과정 설명

가. Deep Belief Network의 구조

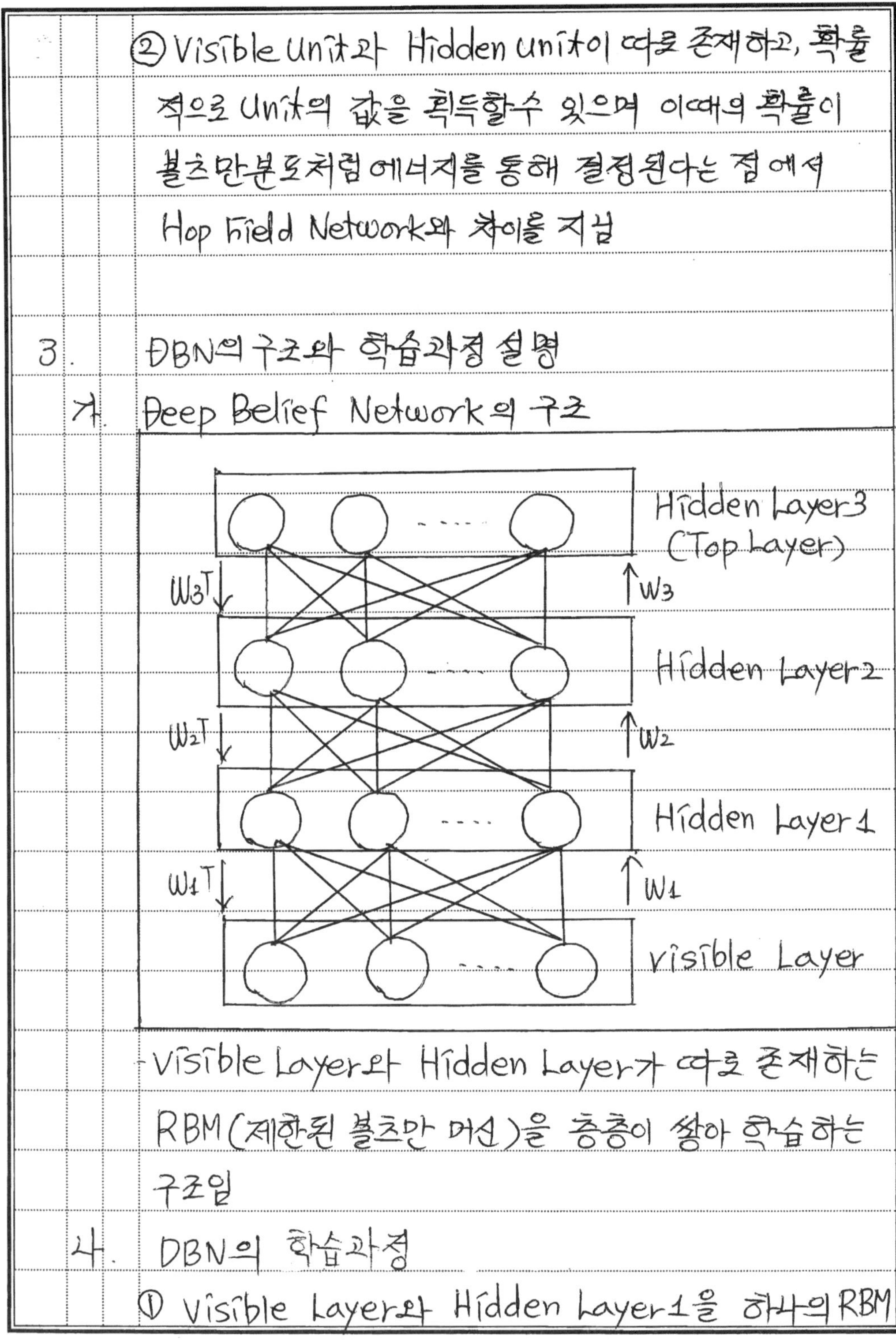

- Visible Layer와 Hidden Layer가 따로 존재하는 RBM(제한된 볼츠만 머신)을 층층이 쌓아 학습하는 구조임

나. DBN의 학습과정

① Visible Layer와 Hidden Layer1을 하나의 RBM

으로 생각하고 RBM을 학습시킴.

② 학습이 종료되면 (①의학습 종료) Hidden Layer1
의 값을 새로운 입력으로 하여 Hidden Layer 1과
2를 RBM으로 학습함

③ ①,② 학습후 단계적으로 올라가면서 마지막 층까
지 학습시켜 결과를 도출해 냄

4. DBN의 분류기법 & 활용분야

가. DBN의 분류기법

기법	내용
BP-DBN (Back-pro pagation DBN)	DBN의 최상단에 출력단을 덧붙여 BP-ANN 처럼 작동시킴. 임의로 선택된 연결강도를 사용하는 전통적인 ANN보다 더 나은 결과 보여줌
Associate Memory DBN	연상 기억을 사용하는 방법. 최상단에 Label Layer를 사용해서 학습을 시키는 방법

나. 활용분야 : 영상, 음성, 자연어 처리등 전 분야에 활용

"끝"

문 116) DQN(Deep Q-Network)

답)

1. Q-Learning에 CNN을 결합한 심층강화학습, DQN의 개요

가. Deep Q-Network의 정의

Q-Learning이라는 강화학습 알고리즘에 CNN의 심층학습(Deep Learning)을 적용하여 기존 강화학습의 한계를 극복한 DeepMind사에서 개발한 심층강화학습알고리즘

나. DQN의 등장배경

$$딥러닝 + 강화학습 \Rightarrow ① 기존 강화학습 한계극복$$
$$심층강화학습 \qquad ② 다양한 현실문제 적용가능성$$

2. DQN의 구성도와 구성요소

가. Deep Q-Network의 구성도

나. DQN의 구성요소

구분	설명
State	현재상태 (St)
Action	특정상태에서 수행 가능한 행동들

	보상함수 (Reward)	State 'S'에서 Action 'a'를 실행하였을 때의 보상(Reward)
	learning rate α(알파)	0~1 사이의 실수. 학습의 결과로부터 얻어지는 강화 값의 경사율을 조절하는 역할
	할인율 γ(감마)	0~1 사이의 실수. 가치함수를 수렴하도록 만드는 역할을 함
	Q값	기존의 Q값에 state S에서 a라는 Action을 실행하였을 때의 결과를 업데이트하는 값

"끝"

문 117) GAN (Generative Adversarial Networks)

답)

1. 경쟁을 통한 원본 복제기술, GAN의 개요.

- 경쟁적 발전학습, GAN의 요소, 정의, 특징

경쟁적 학습 도식		정의	특징
① 경쟁적 발전 ② 생성자 Generator 최대한 진짜 같은 요소를 생성 생성 Data 실제 Data 구분자 Discriminator 진품과 모조품을 구분하는것		①과 ②가 서로 적대적 학습을 통해 상호성능을 강화하는 신경망 알고리즘	-MinMax Game -①은 판별력 최소화 ②는 판별력 최대화 최소/최대 경쟁기반

생성자와 판별자간 복제본 구별 경쟁력을 통한 Min Max

기반의 성능강화 비지도학습 알고리즘

2. GAN의 구성도와 동작원리, 구성요소

가. GAN의 구성도

Fine Tune Training

Z = Latent 랜덤변수

실 Data → Sample 실제 이미지

Generator 생성자 = G(z) → Sample x̂ Fake 이미지

Discriminater = D(x) 구분자 ② ? → Real / fake

x = Training Data
x̂ = 생성된 Instance

G(z): 실제 Data와 비슷한 Data를 생성하기위해 노력

D(x): 실제와 가짜를 구별하기 위해 노력

4. GAN의 동작원리   「경쟁

① 생성기 G는 가지고 있는 진본 데이터 x의 분포를 알아내려고

② 판별기 D(x)는 자신이 판별하려는 샘플이 생성기 G(x)가 만든 위조(fake) 샘플인지 혹은 진본 데이터로부터 만들어진 진본 샘플인지 구분하여 경우에 대한 확률 계산

다. GAN의 구성요소

구분	구성요소	설명
학습기	Generator	생성자, Fake Data 생성기
	Discriminator	구분자, Fake Data 감별기
데이터	Real Data	실제 Data (Real Data)
	Fake Data	G(x)에 의해 생성되는 가짜 Data
판별함수	Sigmoid	입력 Data가 실제 Data인지 여부 판별(1,∅)
	Function	1에 가까우면 진짜 Data, ∅에 수렴되면 가짜 데이터

3. GAN의 응용기법

응용기법	특징	설명
DCGAN	감독자판정이며(연산)	생성자 : Deconvolution Net. 감독자 : Convolution Net
SRGAN	8K Display	저해상도→고해상도로 변환
StackGAN	저/고해상도	문자/단어 이미지 생성
Cycle GAN	이미지 변환	자율적 이미지 스타일 변환

"끝"

< GAN의 이해 >

정의 랜덤(Random) 노이즈(Noise)를 입력값으로
받은 Generator(생성자)가 생성한 가짜 이미지를
Discriminator(감별자, 식별자)에서 진위 여부를
확률값으로 가려내는 방법
⇒ 식별모델 → 생성모델, 목표 : G의 승리

도식

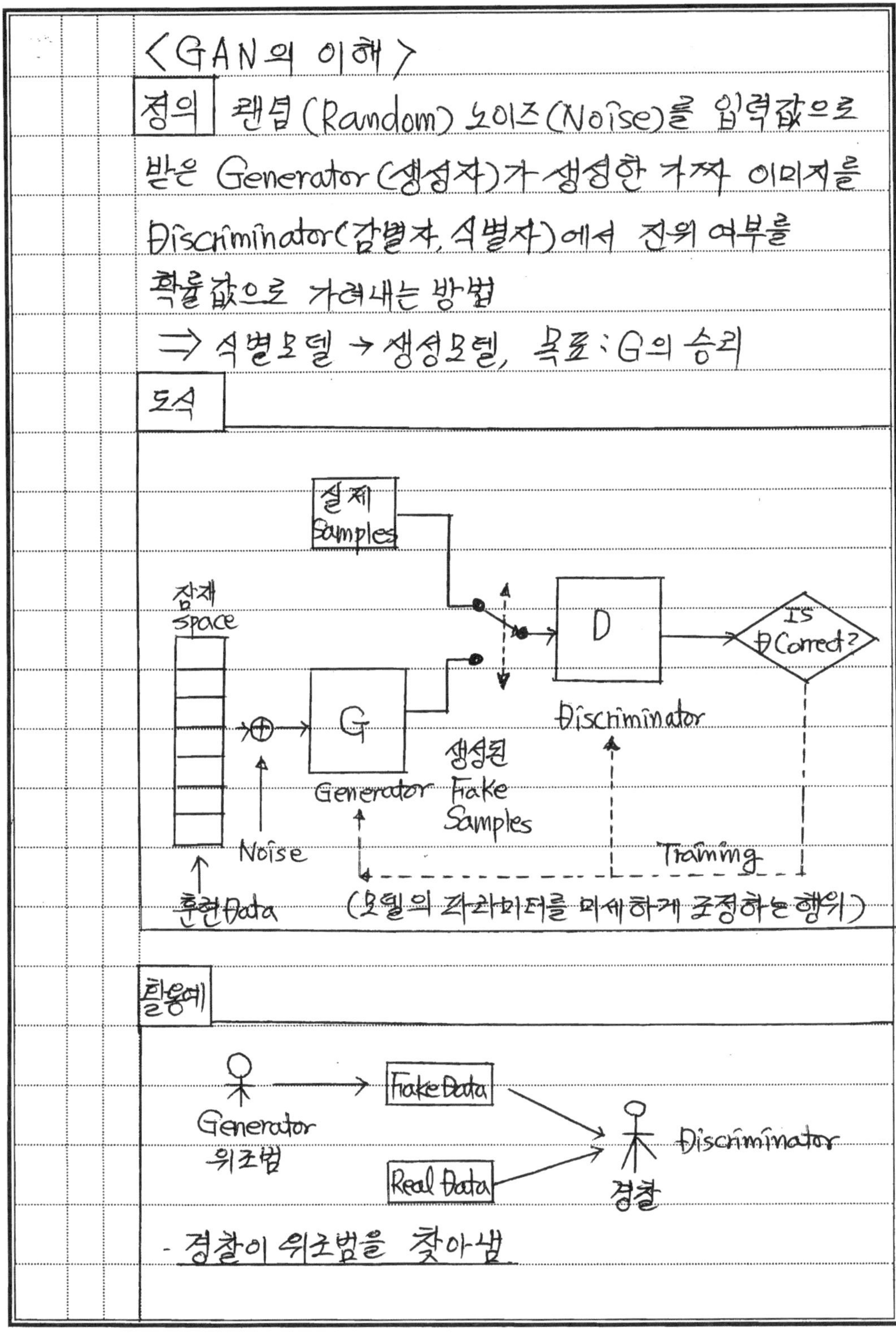

- 경찰이 위조범을 찾아냄

문 118) 딥 페이크 (Deepfake)

답)

1. 유사 컨텐츠 생성 위한 신경망 기술, Deepfake 정의
  - Deepfake = | AI Deep Learning | + | 가짜의미, fake |
  - 원본과 유사한 Contents을 생성하기 위해 LTSM 과
    GAN 알고리즘을 활용하는 신경망 기술

2. Deepfake의 생성원리 & 기술요소
  가. Deepfak의 생성원리

  - GAN 기술을 기반, 반복학습으로 점점 정교화, 진짜 같은
    합성 이미지를 생성

  나. Deepfake의 기술요소

구분	기술요소	설명
GAN (Generative Adversarial Network)	생성자	샘플 데이터 기반 유사 Data 생성
	판별자	생성 데이터와 원본의 유사도 판별
	min-max 이론	최악 경우 발생 가능한 손실 최소화
	내시균형이론	생성 Data의 최적화된 판별 수행

		인공 신경망 기술	LSTM (Long Short-Term Memory)	장기의존성 문제 해결 위한 Input, Output, Forget 기반 인공신경망 기술
			Auto-Enco- der	Data의 Feature를 추출하기위한 차원축소에 특화된 인공신경망 기술

- 신사업 창출, 교육등에 긍정적 효과 발생.

- 범죄, 가짜뉴스등에 문제점도 존재.

3. Deepfake 기술의 문제점 & 해결방안

문제점	해결 방안
악성합성물에 활용범죄	- Deepfake 활용 범죄시 강력한 처벌 마련 & 대응 - 선제적 대응위한 전문성 확보 가능 기관 신설
가짜뉴스 유포	- Watermark 기술 활용, Deepfake 창작물 구분 - 생성된 창작물에 대한 공용적인 기준 설립

- Deepfake 기술에 대한 안전성 & 신뢰성 확보하여
기술의 가치 증대 지속 확보 필요

"끝"

문 119) DeepLearning 4J

답)

1. 머신러닝 open S/W. DeepLearning 4J의 개요

   가. DeepLearning 4J의 정의
   - 하둡(Hadoop)과 스파크(spark)를 통합 사용 가능한
     자바 기반의 상용수준의 머신러닝 오픈소스 Software.

   나. 딥러닝 4J의 강점

Canova 이용		
Vector처리기술	강점	다목적 다차원의 배열 클래스 - n-dimensional array class
GPU에 수행가능 신속한연산가능		확장성 하둡, 스파크 확장가능

2. DeepLearning 4J의 구성도 및 사용 알고리즘

   가. DeepLearning 4J의 구성도

   Hadoop Spark Mesos ← CPU,메모리, 디스크등 통합 관리
   입력 Data → Canova → ND4J → 예측&분류 output.
   기계학습을위한 벡터처리기술
   GPU Native

   - JAVA 기반에서 딥러닝 알고리즘 지원하는 컴퓨팅 프레임워크

   나. DeepLearning 4J가 사용하는 인공신경망 알고리즘

알고리즘	설명
RBM	Restricted Boltzmann Machine
DNN	Deep Neural Network
CNN	Convolutional Neural Networks, 이미지에 적용
RNNs/LSTMs	순차적인 데이터 모델링

		Recursive autoencoders	시계열 데이터, 센서 데이터에 적용
		Deep autoencoders	자동 질의응답, 데이터 압축에 적용
		Recursive Neural Tensor N/Ws	형상, 자연어분석에 적용
		Stacked Denoising Autoencoders	누적 디노징 (잡음제어) 오토인코더

3. Deep Learning 4J 활용사례

- 얼굴/이미지 (Image), 음성 (Voice) 검색

- 음성인식 및 음성-문자변환

- 스팸 (Spam) 메일 필터링 (Filtering) - 비정상 행위 탐지등

"끝"

문 120) 신경망 처리장치 (NPU: Neural Processing Unit)

답)

1. Deep Learning 전용 chip, NPU의 개요

   가. AI 반도체, Neural Processing Unit의 정의
   - GPU/TPU 성능 개선을 위해 DNN, CNN, RNN 활용한
     머신러닝 Data 입출력 & 연산 처리 가능한 반도체

   나. Fast AI 연산, NPU의 특징

저전력	머신러닝 특화 process 및 최소 전력 기반
고성능/고효율	GPU (Graphic) 처리 성능 개선
Fast AI 연산	TensorFlow, Caffe 2, Theano, CNTK, Torch 등 ML(머신러닝) S/W 지원

   - 구글의 TPU보다 개선된 AI 구현에 최적화 processor

2. 신경망 처리장치 (NPU) 아키텍처 & 기술요소

   가. 신경망 처리장치 (NPU) 아키텍처

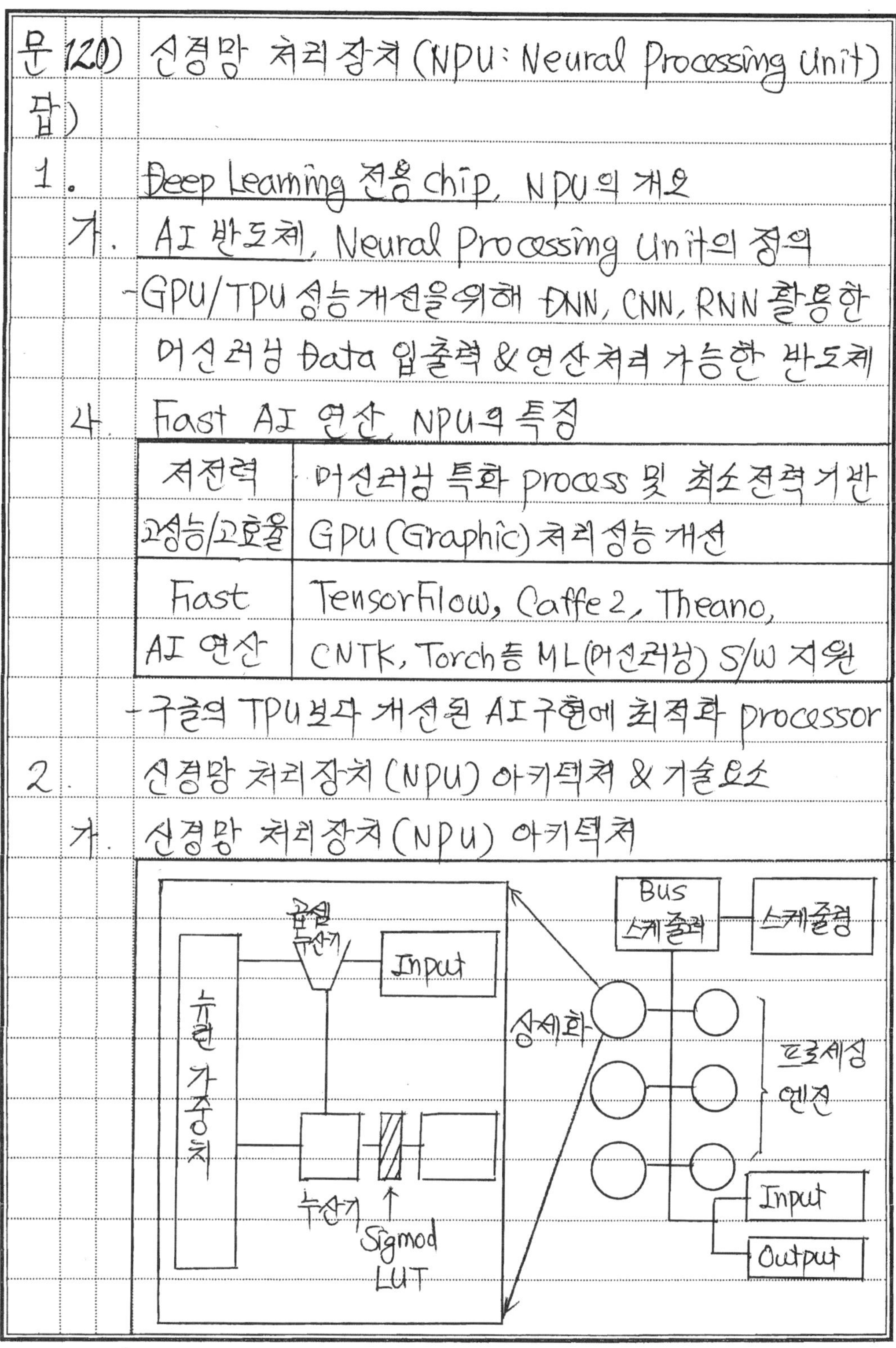

- 입력 Data는 누산기, Sigmod, Lookup Table 등
H/W 장치를 활용하여 Deep Learning 고속 연산 수행

4. 신경망 처리 장치(NPU) 기술요소

요소	기술	기능
① Processing Engine	Sigmoid LUT Accumulator, Neuron Weights	머신러닝 Data In/out 연산을 처리하는 Hardware
데이터 전송	Bus Scheduler	① 간 Data 통신 & 병렬 처리
딥러닝 알고리즘	CNN, DNN RNN	입력 Data를 딥러닝 알고리즘 활용, 출력값 처리

- 딥러닝 처리 S/W 알고리즘을 전용 H/W방식으로
구현하여 GPU 처리방식 성능개선

3. NPU와 그래픽 처리장치(GPU) 비교

항목	NPU	GPU
개념	딥러닝기반 인간두뇌모방	고속렌더링위한 그래픽칩
특징	저전력, 고성능, 고효율	고속 Graphic 연산/병렬
핵심 기술	다수연산 Unit, 저정밀도연산, 전용 HW가속, Memory 최적화	SM(Stream Multi-procerssor), SMID, 고대역 Memory
사례	삼성엑시노스등	구글 TPU

- NPU는 GPU보다 저전력, 고성능, 고효율로
최근 On Device AI 기기에 핵심 역할 수행

"끝"

문121) 혼동행렬(Confusion Matrix)

답)

1. 실제값, 예측값 비교, Confusion Matrix의 개요
    가. Data의 참, 거짓의 분석, 혼동행렬의 정의
    - 데이터분석에서 잘못된 예측의 영향을 간결하게
    파악하기 위해 예측된 값과 실제값이 일치하는지
    여부를 행렬로 분류하는 모델 평가 기법
    나. Confusion Matrix의 특징
    - 혼동행렬 작성으로 모델의 성능을 평가할수 있음
    - Positive/Negative는 예측한 값,
    - True/False는 예측한 값과 실제 값의 비교 결과

2. 혼동행렬(Confusion Matrix)의 작성방법과 설명
    가. Confusion Matrix의 작성방법

예측＼실제	Positive	Negative
Positive	① True Positive(TP)	③ False Positive(FP)
Negative	④ False Negative(FN)	② True Negative(TN)

    나. 혼동행렬의 설명

① TP : 실제 Positive를 Positive라고 예측 (True)	
② TN : 실제 Negative를 Negative라고 예측 (True)	
③ FP : 실제 Negative를 Positive라고 예측 (False)	
④ FN : 실제 Positive를 Negative라고 예측 (False)	
③ : Type 1종 Error ④ : Type 2종 Error 라고 명명	

3		1종오류와 2종오류의 설명및 예시	
	가.	치명적인 1종오류 (False Positive)	
		의미	실제 Negative를 Positive라고 예측 (False)
		예시	암환자(Negative)를 정상(positive)으로 판독
	나.	치명적인 2종오류 (False Negative)	
		의미	실제 Positive를 Negative라고 예측 (False)
		예시	올바른걸(positive)을 잘못된걸(Negative)로 판독

"끝"

문122) Machine Learning의 평가 방법
- Accuracy (정확도), Recall (재현율), Precision
(정밀도)

답)

1. Machine Learning 평가 Matrix

예측＼실제	Positive	Negative
Positive	a (True)	b (False)
Negative	c (False)	d (True)

a = True Positive   b = False Positive

c = False Negative   d = True Negative

2. Accuracy, Recall, Precision의 의미 및 수식

   가. Accuracy (정확도)의 의미 및 수식

의미	전체 결과중 실제 정답과 같은 판단이 나온 비율
수식	$$\dfrac{a+d}{a+b+c+d}$$

   나. Recall (재현율)의 의미 & 수식

의미	실제 True중 컴퓨터가 True라 한 것의 비율
수식	$$\dfrac{a}{a+b}$$

   다. Precision (정밀도)의 의미 & 수식

의미	컴퓨터가 True라 한것 중에 실제 True의 비율
수식	$a / a+c$

3. 아래 경우에 대해 정확도, 재현율, 정밀도에 대해 계산.

예측＼실제	Positive	Negative
Positive	60 (a)	10 (b)
Negative	10 (c)	20 (d)

- 정확도, 재현율, 정밀도 계산

구분	수식	과정	결과(%)
정확도	$\dfrac{a+d}{a+b+c+d}$	$\dfrac{80}{100}$	80%
재현율	$\dfrac{a}{a+b}$	$\dfrac{60}{70}$	85%
정밀도	$\dfrac{a}{a+c}$	$\dfrac{60}{70}$	85%

"끝"

문123) F1 Score

답)

1. Machine Learning의 평가방법 F1 Score 개요.

　가. Recall(재현율)과 Precision(정밀도) 활용, F1 Score의 정의

$$F1\ Score = 2 * \frac{Recall * Precision}{Recall + Precision}$$

　- Recall, Precision의 조화평균을 통한 알고리즘
　(Algorithms)의 평가방법

　나. 평균(산술평균)을 쓰지 않고 조화평균을 쓰는 이유
　Recall, Precision 둘중 하나가 $\emptyset$에 가깝게 낮을 때
　지표에 그것이 잘 반영되도록 하여 Model의 성능이
　좋지 않다는 것을 판단하기 위함

2. F1 Score의 기하학적 의미

Recall (재현율)　　　　F1 Score　　　　Precision (정밀도)

　단순 평균이라기 보다는 작은 길이 쪽으로 치우치게 된,
　그러면서 작은쪽과 큰 쪽의 사이 값을 가진 평균

3. F1 Score의 예시와 조화평균(Harmonic mean)

　가. F1 Score 예시 - Recall, Precision이 각각 1과 $\emptyset.\emptyset1$ 이라는
　값을 가지고 있다고 가정

$$\boxed{\text{산술평균}} \qquad \frac{1 * 0.01}{2} = 0.505$$

$$\boxed{\text{조화평균}} \qquad 2* \frac{1 * 0.01}{1 + 0.01} = 0.019$$

- F1 Score가 낮은 수치를 보이므로 학습 모델의
Quality가 좋지 못함을 알수 있음

4. 조화평균(Harmonic Mean)의 예시

- 100km 떨어진 어느 도시까지 차로 갔다온다고 하자.
가는 길에는 시속 80 km, 오는 길에는 시속 120 km의
속력으로 달렸다면 움직인 거리는 200 km, 움직인
시간은 $\frac{100}{80} + \frac{100}{120}$ 이므로 평균속력은

$$\frac{\text{움직인 거리}}{\text{움직인 시간}} = \frac{200}{\frac{100}{80} + \frac{100}{120}} = \frac{2}{\frac{1}{80} + \frac{1}{120}}$$

$$= 96 (km/hour)$$

"끝"

문 124) 다음 예시에서 정확도(Accuracy), 정밀도(Precision), 재현율(Recall), F1 Score를 각각 구하시오 (음치와 정상의 예측 비율)

| 번호 : [1, 2, 3, 4, 5, 6] |
| 정답 : [음치, 음치, 음치, 음치, 정상, 정상] |
| 예측 : [음치, 음치, 정상, 정상, 정상, 정상] |

답)

1. 정확도, 정밀도, 재현율, F1 Score의 정의

구분	설 명
정확도	예측이 정답과 얼마나 정확한가? Accuracy
정밀도	예측한 것중에 정답의 비율은? Precision
재현율	찾아야 할것 중에 실제로 찾은 비율은? Recall
F1 - Score	정밀도와 재현율의 평균 $F_1 = 2 \times \dfrac{정밀도 \times 재현율}{정밀도 + 재현율}$

2. 음치 예측시의 정확도, 정밀도, 재현율, F1-Score

구분	설 명	결과
정확도	예측이 맞는 비율 찾기 1, 2, 5, 6번 맞추고 3, 4번은 틀림 6명중 4명 맞춤. 4/6 = 2/3 = 0.66	0.66
정밀도	음치라고 예측한 번호중에 진짜 음치? 음치라고 예측한 1, 2번이 둘다 음치가 맞음. 2/2 = 1.0	1.0

		구분	설명	결과
		재현율	전체 음치중 맞춘 음치의 비율. 음치 4명중 2중에서 2명 맞춤. 2/4 = 0.5	0.5
		F1-Score	$2 \times \dfrac{정밀도 \times 재현율}{정밀도 + 재현율} = 2 \times \dfrac{(1.0 \times 0.5)}{(1.0 + 0.5)} = 0.66$	0.66

3. 정상예측시의 Accuracy, Precision, Recall, F1-Score

구분	설명	결과
정확도	예측이 맞는 비율 찾기 1, 2, 5, 6번 맞추고, 3,4번은 틀림 6명중 4명 맞춤. 4/6 = 2/3 = 0.66	0.66
정밀도	정상이라고 예측한 번호중 진짜 정상? 정상이라고 예측한 3,4,5,6번중 정상은 5,6번뿐임. 2/4 = 0.5	0.5
재현율	전체 정상중 맞춘 정상의 비율은? 원래 정상 2명중 2명 맞춤. 2/2 = 1.0	1.0
F1-Score	$= 2 \times \dfrac{(0.5 \times 1.0)}{(0.5 + 1.0)} = 0.66$	0.66

- F1-Score 값이 높으면 성능이 높음

"끝"

MEMO

인공지능 활용

음성인식기술−ASR(Automatic Speech Recognition)/NLU(Natural Language Understanding)/TTS(Text to Speech), 음성인식(Voice Recognition), 챗봇(ChatBot), 가상개인비서(Virtual Personal Assistant), 패턴인식(Pattern Recognition), 머신러닝 파이프라인 AI 에이전트, MCP(Model Context Protocol), Physical AI, Vertical AI, On-Device AI, Soveregin AI, Multimodal AI, AI TRiSM, AI 거버넌스 플랫폼, 인공지능 전환(AX, AI Transformation) 등을 학습합니다.　　　　　　　[관련 토픽−31개]

문 125) 음성인식기술, ASR(Automatic Speech Recognition), NLU(Natural Language Understanding), TTS(Text to Speech)

답)

1. 음성인식(Speech Recognition)의 개요

가. AI Connectivity, Service의 접목, 음성인식의 정의

사람의 음성을 인식하여 미리 입력된 음성인식 DB를 통해 해당 음성에 대해 적절하게 Service 하는 기술

나. 인간과 기계간의 소통방식의 변화

2. 음성인식 기술에 적용되는 ASR, NLU, TTS 기술설명

가. 음성인식 구성도

- 음성인식기술은 ASR + NLU + TTS + 서비스 제공으로 구성

나. ASR, NLU, TTS의 설명

구분	설 명	기술

		ASR	컴퓨터가 이해하는 Text로 자동변환	AI통한 언어&음성 (학습)
		NLU	주어진 Text의 (어떤)의미 인지를 파악.	다양한 음성
			발화자의 의도 파악기술	패턴학습
		TTS	Text 문장 음성으로 변환하는 기술	속도&음을 낮이조절
3.		음성인식기술 활용도		

- Smart Speaker : 단순질문, 뉴스, 날씨, 맛집등 안내
- Smart platform 결합 : 예) "불 꺼줘" 음성인식 실행 (편리함)
- AI 아라트 : 조명, 가스제어, 냉난방기계조절 등

"끝"

문126) 음성인식 (Voice Recognition)

답)

1. 음성 패턴 인식, Voice Recognition의 개요

가. 음성인식 DB 활용, 음성인식의 정의
- 컴퓨터나 음성인식 시스템에 전달된 사람의 음성을 분석해 특정과 패턴을 추출하고 미리 입력된 음성 인식 DB에서 가장 근접한 결과를 찾아내는 기술

나. 음성인식의 장점

친숙/편리	다양한 기기의 음성조작 (TV, 게임 등)
상시입력	이동 및 작업중 입력 (모바일 기기, 물류 등)
개인화	개인별 맞춤형 서비스 제공 (보안, 금융, 교육 등)

2. 음성인식 처리 과정 및 기술

가. 음성인식 처리과정

도식	전처리부 · 인식부 / 인식구간 추출 → 잡음 처리 → 특징 추출 → 비교 → 인식 결과 / Noise 제거 / 음성모델 DB
전처리부	사용자의 음성으로부터 인식 대상 구간을 찾아 잡음성분 제거 및 특징추출
인식부	- 음성 DB 비교하여 가능성 높은 단어 인식 결과 출력 - 음성모델 DB를 In-Memory 환경동작 → 성능up

4. 음성인식 기술

구분	기술	설명
음성 전처리	Barge-in (바지인)	음성 송출과 음성인식 동시수행 (예 적용) 안내 방송중 사용자 명령인식. (자동차) Barge-in은 "Echo" 제거 사용자 목소리만 인
	음원분리/추출	다중마이크, Signal 분리 / Extraction
	Noise 제거	고성능 Adaptive Filter, 잡음제거
패턴 매칭	DTW (Dynamic Time Warping)	음원간 유사도 측정, 단어 인식 유클리안 거리 / DTW / DTW는 두 값의 차이가 가장 최소점 탐색 활용
	HMM	Hidden Markov Modeling 음성의 시간적 특성(특징) 은닉/관찰영역
	Viterbi	비터비 Search, 연속어 탐색
음향 모델	벡터비교	인식 대상 단어/음소간 유사 정도 비교
	상태열비교	복잡한 모델 토서, 재부분 활용
특징 추출	LPCC	Linear Prediction Cepstrum (Coefficient) 계수 과거 대비 현재 샘플링값의 상관관계
	MFCC	Mel-Frequency Cepstrum Coefficient 주파수 변환 청각 특성 반영

3. 음성인식의 발전 및 알고리즘들

가. 음성인식 발전 방향

음성인식 기술은 많은 어휘, 자연스러운 대화체를 인식하여

인식률을 늘이는 방향으로 발전

나. 음성인식 알고리즘

구분	설 명	특징
VQ (Vector Quantization) (양자화)	연속 & 떨어진 벡터들을 코드북과 매핑하여 통신하기에 적절한 Digital Sequence로 부호화하는 방법	-Data 충실도 유지, -Bit율 감소 -소량의 데이터 율로 우수한 성능
HMM (Hidden Markov Model)	음성단위 해당 패턴들에게 통계적인 정보를 확률모델로 저장하여 입력값에 대한 패턴 매칭 확률 계산	-음성 및 언어 처리를 단일구조로 처리 -음성 패턴 인식중 가장 널리 이용
DTW (Dynamic Time Warping)	화자종속 고립어 인식 시스템에 주로 사용	단어수가 증가하면 계산량 증가, 높은 인식률

4. 음성인식 활용 사례

구분	설 명
Apple	시리(Siri): 음성명령을 인식하고 Web과 On-Line 서비스를 검색해 답변을 제공하는 인공지능형 음성인식 서비스
안드로이드	안드로이드 마켓에 가상 비서앱 다수 존재
구글	Voice Action: 전화걸기, 문자보내기, 메일작성, 메모, 일정, 예약, 알람등 음성으로 실행
삼성전자	가전 제품에 음성 인식 기술 적용

"끝"

문 127) 챗봇(chatbot)

답)

1. 인공지능(AI) 기반 채팅, chatbot의 개요

가. AI 기반 의사소통 chatbot의 정의

- 사람과 문자 대화를 통해 질문에 알맞은 답이나 각종 연관 정보 제공 인공지능기반 Communication S/W

나. 챗봇(Chatbot)의 특징

인간과 의사소통	자연어 기반 문자/음성 대화
다양한 Data 활용	센서, Internet, 상황 기반 Data
AI기술 활용	학습 Data 패턴화, 분류기 사용 등

2. Chatbot 서비스 구조 & 주요기술

가. Chatbot Service 구조

- 지식베이스 통한 사용자 질의에 대한 응답

나. chatbot의 주요기술

주요기술	구현기술	설명
상황인식	-센서 N/W	-가상공간 현실 상황 정보화

컴퓨팅	Context Aware	-사용자 중심 지능화 서비스
시멘틱 Web	-RDF	Computer가 정보자원의 의미를
	-SPARQL	이해하고 논리적으로 추론
패턴인식	-문자/영상인식	-도형, 문자, 음성, 영상식별
	-패턴분류기	-식별 내용 패턴화, 패턴인식
자연어처리	Word2Vec	-인간 언어 Computer 인식
	-워드임베딩	-검색, 질의응답, 자동번역, 통역
Text	-NLG/NLU	비정형 Text 데이터에서
Mining	-Data Mining	새롭고 유용한 정보 탐색

3. Chatbot의 활용분야

분야	종류	관련기업
대화형 커머스 & O2O	-쇼핑, 여행기, 숙소 예약	Amazon, eBay
	-레스토랑 주문, Taxi call	다음카카오
개인비서 서비스	-헬스케어, 뉴스피드, 날씨	Google, MS,
	-금융상담, 일정관리, 길찾기	CNN, Skype
공공 서비스	-법률/행정상담, 세금납부	법무부,
	-부동산 정보, 구인/구직, 통계	통계청 등
엔터테인먼트 서비스	-광고, Media, 방송안내	Wechat
	-데이팅, 공연, 엔터테인먼트	
기업용 메신저	-정보검색, 파일공유/보관	WeWork,
	-사원정보, 사무자동화, CRM	Growbot

문128) 가상 개인 비서 (Virtual Personal Assistant)

답)

1. 가상개인비서(VPA)의 개념

AI(인공지능) 기술을 적용하여 다양한 업무와 사용자가 요구하는 서비스를 가장 효율적인 방식으로 수행하도록 설계된 S/W (Software) & Application.

대상: 챗봇(Text) → 음성인식봇(음성) → 가상개인비서(Text+음성+검색,제어 등)

2. 가상개인비서의 서비스 Process 및 주요기능

가. VPA의 Service Process

사용자 In → PC/스마트폰 (Text, 음성, 검색, 제어 등) ── 서비스 요청 → Cloud, 응답 ← Out → 사용자

나. 가상개인비서(VPA)의 주요기능

기능	설 명	사례
비서	스케줄확인, 정보탐색 등 비서역할을 모방하여 수행하도록 설계된 S/W	페이스북 개인비서 M
AI	음성인식, 머신러닝, 문장분석, 상황인지 등 AI기술과 ICT기술 결합	MS의 코타나
음성인식	사용자음성인식, PC/스마트폰, 사용자 인터페이스 연계 적용 등	Apple Siri
Text	다양한 Text 인식, 변환 등	챗봇

3. 가상개인비서의 예상 Issue
- (의사결정) 가상비서의 최종판단 및 실행오류시 사용자와
  의사결정 책임소재의 문제 발생 → 자기통제권 부여 필요
- (개인정보) 개인정보 많이 개방시 서비스 완성도가 높아짐
  → 옵트인(Opt-in) 필요 : 개인정보 활용범위 결정권한
- (비즈니스) 수익창출모형 부재 해결 필요

"끝"

문 129) 패턴인식 (Pattern Recognition) 시스템

답)

1. 특정정보식별, 패턴인식의 개요

가. 표준패턴과 입력패턴 비교, Pattern Recognition 정의

컴퓨터를 사용하여 문자, 도형, 음성등을 인식하여 처리하는 시스템으로 표준패턴과 입력패턴을 비교하여 특정 정보를 식별하는 정보시스템

나. 패턴 인식 과정

객체 → 특징 → 패턴 → 클래스 (카테고리)

고유의측면, 양, 특성   특징의 집합   집합화 / 분별화

패턴인식은 추출된 특징의 집합을 패턴화하여 특정 객체 를 인식 (Recognition)하는데 사용

2. 패턴인식 처리 시스템의 처리 단계 흐름및 설명

가. pattern 인식 처리 단계 흐름

실세계 → 측정 장치 → 전처리 $\bar{u} = |v|$ → 차원 축소 → 인식 예측 → 모델 선택 → 분석 결과

- 센서 / 카메라 / 마이크   - 잡음제거 / 특징추출 / 정규화   - 특징선택 / 특징사양   - 분류 / 회귀 / 클러스터링 / 서술   - 교차검증 / 부트스트랩 (Bootstrap)

- 패턴 인식과정은 인간이 어떤 대상을 인식하는 과정과 유사 하게 측정장치, 전처리, 모델을 통해 실세계를 인식하고 처리함

나. 패턴인식 시스템의 처리 단계 상세 설명

단계	상세 설명	요소기술
데이터수집	입력장치통한 Data 수집및 전처리	표 변화, 잡음제거
특징선택	대상정보추출, 인식대상정보 변환	Robert operator
인식,예측	알고리즘등을 이용한 패턴인식	분류,회귀,클러스터링
모델선택	학습원 결과 값을 모델에 반영	교차검증, 부트스트랩
인식단계	입력된 정보에 대한 결과도출	Class, 카테고리분류

패턴인식 System의 인식 기술 고도화로 다양한 정보시스템에 활용

3. 패턴인식 활용사례

구분	활용분야	상세 설명
정적패턴 (시간에 무변화 카메라)	문자인식	텍스트 이미지 → 컴퓨터상 편집 가능문자
	생체인식	음성/지문/홍채/행동 패턴등 인식
	Big Data, Mining	데이터 패턴 인식, 부가 정보 추출 활용 / 고객유형, 소비패턴 식별등
동적패턴 (시간에 변화, 음성/날씨)	진단시스템	자동차오동작 & 의료진단
	예측시스템	날씨 / 지진 패턴분석 & 예측
	군사/보안	N/W 트래픽 & 위성통한 목표물 추적등

"끝"

문 130) 머신러닝 파이프라인 (Machine Learning pipeline)

답)

1. 머신러닝의 전주기, 머신러닝 파이프라인의 개요

가. 머신러닝 파이프라인의 정의

데이터 수집부터 전처리, 학습 모델배포, 예측까지 전 과정(주기)을 순차적으로 처리하도록 설계된 ML 아키텍처

나. Machine Learning의 필요성

효율적 개발	단순성, 유연성, 모델품질보증, 관리&추적
자동화	모델 전과정 지속수행위한 자동화 구축
예측&정확성	내부 구조를 이해, 머신러닝 성능(예측) 향상

2. Machine Learning 파이프라인의 Flow & 설명

가. 머신러닝 pipeline의 Data 처리 흐름

① Data 수집 → ② 준비 → ③ 모델 Training → ④ 모델 배치 → ⑥ 예측, 모니터링

- ① Data 수집
  - Data Lake
  - ETL
  - Data set (이미지, Text, 동영상, 음악등)
  - Big Data등

- ② 준비
  - Labeling (어노테이션)
  - 정규화
  - Bias분석
  - Data 일관성
  - Data 품질
  - Data 표준등

- ③ 모델 Training
  - Hyper parameter
  - Data 병렬처리
  - 모델 병렬처리
  - 모델 학습
  - 검증
  - 모델생성등

- ④ 모델 배치
  - 패키징
  - 검증후배치
  - Client 배치 (주기적갱신)
  - REST API 설정등

- ⑤ 재학습 (feedback)

- ⑥ 예측, 모니터링
  - 형상관리
  - 디버깅 (문제발생시)
  - 지속모니터링 (SDK 활용)
  - 지속품질 향상등

4. Machine Learning 파이프라인의 설명

단계	활동	설명
데이터 수집 ①	Data Lake (Data 레이크)	-다양한 Raw Data 실시간 수집 전처리, 변환, 저장 -Real Time/Batch Data, FTP, SQL/NoSQL, HDFS 등
	ETL 적용	-기존 Data 소스에서 Data 수집 -Download Data, Data 소스 추출 등
데이터 준비 ②	데이터 정규화 (Normalization)	-사용할 데이터에서 일관성 확보 -K-means 클러스터링의 경우 필수
	편향분석 (Bias Analysis)	-모델에 포함된 편향성 제거 -Data 일관성 확보, 정확성 확보 등
	Data Annotat ion (어노테이션) ↓ 데이터 레이블링	-인공지능이 데이터의 내용을 이해 할 수 있도록 주석을 달아주는 작업 데이터 원본 → Data set 객체로 변환
	리소스설정	데이터 저장소 설정 (파일&디렉토리 등)
모델 Training ③	Hyperparame -ter 적용	-최적 검러닝 모델 구현 위해 학습률 등 변수(parameter들) 설정 -학습률, 손실함수, 훈련 횟수 등
	병렬처리 (Parallelism)	-처리성능 향상 위한 모델 분산 처리 -GPGPU, TensorFlow, Torch Framework 적용 등

352 인공지능

			모델 Training ③	모델 학습	- 모델학습 위한 계산노드/클러스터링
					- 학습 Parameter (Dropout 비 등) 조정
				모델 패키징	- Docker 이미지 생성
					- 컨테이너 설정 (모델 훈련 등)
				모델 검증 (V&V)	- Loss값을 0으로 수렴가능 검증
					- 평가지표가 충분히 나오는지 검증
			모델 배치 ④	Cloud Hosting	- IDC에 수선되는 Data 여측
				머신러닝 모델 배치	- REST API기반
				Client 기반 머신러닝	- Client 기반 주거적 검선
				모델 배치	- Client 활용시 N/W 대역폭 확인
				Repository 활용 (저장소)	- 완성된 파이프라인 배치
					- Parameter 추가, 활용 등
			피드백⑤	지속 학습	- 모델 정확성 향상위한 지속학습
			예측, 모니터링⑥	지속 품질 향상,	- 모델 지속 모니터링 (성능/정확도 등)
				SDK 활용 등	- Issue 발생시 개선 등

3. 머신러닝 파이프라인의 실무 적용 방안

가. 머신러닝 pipeline 유형및 적용

구분	상세 설명	OSS 사례
기본모델	배포, 캐싱, 코드우선, Reuse	Kubeflow Pipeline
데이터 오케스트레이션	Data 중심활동, 강력한 Data 이동	Apache Airflow

지속통합/ 배포 (CI/CD)	유용한 활동지원, 승인, 제어사용, DevOps	Jenkins

4. 머신러닝 파이프라인의 실무적용및 사례

구분	상세적용	사례
개발자 측면	협업 : 기계학습 디자인 프로세스 모든 영역에서 공동작업을 수행가능	관계분리, 개발
유지보수 측면	-재사용성 : REST 호출을 통해 외부시 스텝에 게시된 파이프라인 트리거사용 -추적용이성 : SDK를 사용하여 버전관리	GIT 등록
성과 측면	품질향상 : 중요한 영역을 분리, 변경 내용 격리등	ISO 23053, ISO 23348

- MS 애저, 아마존 AWS등 활용, ML 파이프라인 적용가능
- OSS 머신러닝 파이프라인 관리도구는 kubeflow 등이 있음

"끝"

* kubeflow (쿠브플로우)란

ML Workflow

데이터 전처리 & 탐색적 Data 분석	→	데이터 변환	→	하이퍼 파라미터 튜닝	→	모델 학습	→	모델 배포

분석부터 배포까지 모든 작업에 필요한 도구와 환경을

쿠버네티스 (kubernetes) 환경에서 kubeflow

컴포넌트로 제공.

문 131) 자연어 처리 (Natural Language processing) - 1

답)

1. Natural Language Processing 의 정의
   - 컴퓨터를 이용하여 사람 언어의 이해, 생성, 분석을 다루는 인공지능기술. -인간의 언어현상을 기계적으로 분석해서 컴퓨터가 이해할수 있는 형태로 만드는 자연언어 이해과정

2. 자연어 처리 구조와 구성요소

   가. 자연어 처리 구조

입력문장 → 형태소분석기 → 구문분석기 ← 문법
사전
각공저적기반 → 의미분석기
출력문장 ← 문장 생성기 ← 담화 분석기
생성사전, 생성문법

   입력문장에 대해 형태소/구문분석 →의미분석 (담화)후 생성사전와 생성문법등을 통해 문장생성후 출력함

   나. 자연어 처리 구성 요소

구성요소	설 명	비고
형태소 분석기	Text를 입력으로 하고 그것을 형태소 단위(사전의 표제어단위)로 분석하여 사전에 있는 정보를 (품사정보) 함께 출력해 주는 분석기	명사, 조사, 형용사, 부사등

구문 분석기	형태소분석 결과로 도출된 품사를 조금 더 큰 단위로 묶어 구문 단위로 도출하는 분석기	명사구, 동사구, 형용사구
의미 분석기	구문이 의미적으로 부합하는지 검사하는 분석기	수학적 척도은 없음
각종사전	자연어 처리를 위해 기본이 되는 용어들	형태소사전, 참고어

3. 형태소 분석의 사례

- 어떤 대상 어절의 모든 가능한 분석 결과를 출력하는 과정

예시) 나는 → 나(대명사) + 는(조사)

나는 → 날(동사) + 는(관형형어미)

"끝"

문 132) 자연어 처리 (Natural Language Processing) - 2

답)

1. 구문 & 의미분석, Natural Language Processing 장의
   컴퓨터를 이용하여 사람 언어의 이해, 생성, 분석을 다루는
   인공지능 기술. -인간의 언어 현상을 기계적으로 분석하여
   Computer가 이해할수 있는 형태로 만드는 자연 언어
   (Natural Language)의 이해과정

2. 자연어 처리 구조와 구성도

가. 자연어 처리 구조

입력문장 → 형태소 분석기 → 구문 분석기 ← 문법
각종지식기반 ─ 사전 ─ 의미분석기
출력문장 ← 문장생성기 ← 담화분석기
생성사전, 생성문법

입력문장에 대해 형태소/구문분석 → 의미분석 (담화)후
생성사전과 생성문법등을 통해 문장생성후 출력함

나. 자연어처리 구성요소

구성요소	설 명	비고
형태소 분석기	Text를 입력으로 하고 그것을 형태소 단위 (사전의 표제어 단위)로 분석하여 사전에 있는 정보를 (품사) 함께 출력해 주는 분석기	명사, 조사, 형용사, 부사등

		구문 분석기	형태소 분석 결과로 도출된 품사를 조금 더 큰 단위로 묶어 구문 단위로 도출하는 분석기	명사구, 동사구, 형용사구
		의미 분석기	구문이 의미적으로 부합하는지 검사하는 분석기	수학적 규칙은 없음
		각종사전	자연어 처리위한 기본 용어들	형태소사전, 선어

3. 자연어 처리의 예시

분석	설명	예시
형태소	입력된 문장을 형태소 단위로 분할하고 품사부착	-생선을 먹는 아이 명사 조사 동사 어미 명사 -나는 : 나(대명사) + 는(조사)
구문	주어, 목적어, 서술어와 같은 구문 단위를 찾음	(구문 트리 도식)
의미	문장이 의미적으로 올바른 문장인지 판단	사람이 사과를 먹는다 (O) 비행기가 사과를 먹는다 (X) 사람이 비행기를 먹는다 (X)
담화	대화 효율상 어떤 의미를 가지는지를 찾음	-문맥구조분석(문장들의 연관관계) -의도분석(전후관계를 통한 실제 의도) ex)철수는 어항을 떨어뜨렸다. 그는 울고 말았다.

구문 분석 예시의 트리 도식:

분석 예시	John ate the apple. S NP VP N VP John VP John V NP John ate ART N John ate the N John ate the apple	S = Sentence NP = Noun phrase VP = Verb phrase N = Noun ART = Article
Tree 형태	John ate the apple (구문 트리)	

"끝"

문 133) 엑소브레인 (ExoBrain)

답)

1. 한국형 인공지능(AI), 엑소브레인의 정의

- 자연어를 이해하여 지식을 자가학습하며, 전문 직종에 종사하는 수준의 인간과 기계의 지식 소통이 가능한 지식과 지능이 진화하는 소프트웨어 (SW)

2. ExoBrain 단계별 연구목표 및 연구결과

1단계 핵심기술 — 개발 → 2단계 응용기술 — 개발 → 3단계 글로벌기술

	1단계 핵심기술	2단계 응용기술	3단계 글로벌기술
단계별 목표	일반지식융합 응답 분석형 S/W	전문지식융합 협업기반응답 추론형 SW	다중도메인 글로벌지식융합 문제해결형 SW
연구 과제	개념검증, 도전과제 콘테스트(ex.퀴즈등)	전문분야 실용화 (예:의료, 법률등)	글로벌문제 해결 상용 S/W (예:예측등)

- 단순응답분석부터 지식융합후 문제 해결까지 종합 플랫폼 구성됨. 엑소브레인이 퀴즈쇼에서 인간을 제치고 우승

3. 엑소브레인 병렬형 4개 세부 과제

인간모사형 지능		
자연어 심층이해	① 과제	지능진화형 Wise QA 핵심기술 및 Platform 기술개발
자율학습기반지식진화	② 과제	자기학습형 지식 베이스 구축 및 추론 기술 개발
전문가수준 지식 생산및공유	③ 과제	인간모사형 자가학습 지능 원천 기술 개발
문제 해결형 협업	④ 과제	자율 지능형 지식/기기 협업 Framework 기술개발
인간과 기계의 지식소통 및 협업		

4.   엑소브레인(ExoBrain)과제 기대 효과
- 지능 진화형의 인공지능 원천 기술확보및 기술선도
- 전문가 문제 해결/의사결정 자원지식 컨설팅제공
- ICT융합기반의 지능형 서비스산업 & 신시장 창출
- 한국형 인공지능(AI) 표준화및 저변확대

"끝"

문 134) 엑소브레인 (ExoBrain) 과 DeepView 기술요소

답)

1. ExoBrain과 Deepview의 정의

| 엑소브레인 | "내 몸 바깥에 있는 인공두뇌"라는 의미로 "세계 최고 AI 기술 선도"위한 국가혁신기술 개발형 R&D 과제 (SW명) |
| 딥뷰 (DeepView) | 사람이 사물을 인지하고 시공간적으로 상황을 각악하듯 직관적으로 인지하는 시각적 AI S/W |

2. 엑소브레인의 핵심기술요소 (ETRI, KAIST등 주관)

기술	내용
자연어 이해기술	자연어 이해를 통한 지속적 언어지식 학습 빅데이터를 Base로 형태소분석 & 자연어이해
질의응답기술	사람과 유사한 자연어 기반 최적 질의 대응
자기학습기술	지식생산을 Base로 지식베이스 구축
추론기술	지식 Base 기반 스스로 예측/추론 하는 강 인공지능 (AI) 지향기술
인간모사형학습 자원원천 기술	자기학습 통한 인간과 유사한 지능화 원천 기술, 지식베이스 확장통한 영역 확장
자율 협업 지능기술	지식/기계의 협업을 위한 지능형 Frame Work 개발, 도메인 협업 지식제공 방법, 추론 기술 상호협력, 복합 상황추론, 재규모 불완전 추론, 지식소통 협업

3. 딥뷰 (Deep view)의 핵심기술요소

분류	기술요소	설 명
시각 정보 기술	시각데이터자산화	실시간, 대규모 데이터 수집
	빅데이터 저장	비정형 대용량 데이터 저장 기술
	API 자원	시각데이터 변환 & 외부 연계
대규모 처리	처리 pipeline	병렬, 분산처리 지원
	하이브리드	Workflow 기반 분산처리화
	스케줄러	GPU 사용 극대화 기술
내용 분석	이미지 분석	객체움직임분석후 상호관계 분석
	시각텍소노미	event, 객체에 대한 지식체계구축
	시멘틱 추론	온톨로지 기반으로 복합영상추론
예지형 응용	예측 기술	시각정보 기반 재난/재해, 선제적예측
	실시간 대응	시각정보의 즉각적대응, 행위발생연계

- Deep view = 시각 지능

"끝"

문 135)   딥뷰 (Deepview)

답)

1.   시각 지능, Deepview의 정의

- 대규모 이미지(Image), 동영상을 분석하여 내용이해 및 상황예측을 실시간으로 수행하는 대규모 시각 BigData 분석및 예측 Software.

2.   Deepview의 기술 개념도

센서 / 위성 / 영상 / CCTV / 드론 / 블랙박스 / UCC / 동영상 / SNS → 수집정제 ▷ 대규모처리 ▷ 분석,이해 시각화 → 위험탐지 / 재해예측 / 환경변화 … 〈예지형응용〉

시각지능
Input ─── * ─── Processing ─── * ─── output

-다양한 대규모 Data에서 실시간 시각데이터 처리 및 예측

3.   Deepview의 기술요소

분류	기술요소	설명
시각정보수집	시각Data 자산화	시각Data 실시간, 대규모 Data 수집
	빅데이터 저장	비정형 대용량 데이터 저장기술
	API 지원	시각Data 변환&외부 서비스 연계
대규모처리 (processing)	처리파이프라인 (pipeline)	대용량 비정형시각 데이터 처리 방법의 표준화 기술 병행, 분산처리지원
	하이브리드	Workflow 기반의 분산 처리식
	스케줄러	GPU 사용 극대화 기술
내용	이미지 분석	객체와 움직임 분석/상호관계 복합분석

taxonomy : 분류체계

			내용	시멘틱스 오미(분류학)	event, 객체에 대한 지식체계 구축
			분석	시멘틱추론	온톨로지 기반으로 복합영상 추론
			예지형	예측기술	시각정보 기반 재난/재해등 선제적 예측
			응용	실시간	시각 정보에 대하여 즉각적인 event,
				대응	행위 발생 연계
			지원	플랫폼화	고성능 비주얼 디스커버리 플랫폼 지원

"끝"

문 136) SNA (Social Network Analysis)

답)

1. 사회구성요소간 관계분석기술, SNA의 개요

　가. SNA (Social Network Analysis)의 정의
　- 사람, 그룹, 조직, Comupter & 데이터등 객체 간의 관계 & Network의 특성과 구조분석, 시각화하는 첨단분석방법

　나. SNA (Social 네트워크 분석)의 특징
　- 실시간 대용량 정보를 효율적으로 처리하는 기술과 사회 관계망을 Topology와 관계강도(Tie-Strength) 표현
　- 고차원적 분석기법 → Social N/W 내의 중심성, 연결성, 밀집성을 분석 하고 각 Node의 연결강도를 정의

2. Social Network Analysis의 속성 및 측정지표

　가. SNA의 5가지 속성

속성	도식	설명
응집력(Cohesion)		행위자들간 강한 사회화 관계존재
구조적 등위성 (Equivalence)		한 Network의 구조적 지위와 2위 처가 주는 역할이 동일한 사람들간의 관계
명성 (Prominence)		Network에서 누가 권력(Power)을 가지고 있는가?
범위		행위자의 Network 규모
중계 (Brokerage)		다른 Network와 연결해 주는 Broker 역할 수행

4.	SNA 속성별 주요 측정지표		
	속성	측정지표	내용
	응집력	밀도	사회 N/W에서 가능한 총 관계자 수중에서 실제로 맺어진 관계 수의 비율
		결속	모든 노드끼리 완전하게 연결된 하부N/W
	구조적 등위성	유클리적안거리	가장 짧은 물리적 거리
		상관계수	두 행위자들간 관계의 객관 유사도
	명성	연결정도	행위자간 얼마 만큼의 관계를 맺고 있나.
			행위자에 직접적으로 연결되어 있는 행위합
		근접	간접적으로 연결된 모든 행위자들 간의
		중심성	거리 (직접적으로 연결된 행위자 포함)
	범위	도달가능성	행위자간 연결이 얼마나 많은가 ?
		최단경로	가장 적은 수의 관계자를 거치는 경로
	중개	매개 중심성	Network 내에서 한 행위자가 담당하는 매개자 혹은 중개자 역할의 정도
		구조적틈새	중복 접촉이 없는 연결

3. SNA의 주목 배경

- SNS의 활성화 : 트위터, 페이스북등 소셜N/W 서비스의 활성화
- Smartphone 활성화 : 개인의 위치, 행위등에 대한 데이터축

"끝"

문 137) 텐서플로 (TensorFlow)

답)

1. Google의 AI platform 라이브러리, Tensorflow 개요

가. Dual 모드(CPU, GPU) 지원, Tensorflow 정의

Machine Learning 모델의 손쉬운 제작과 Build 및

Release를 위해 구글에서 만든 End-To-End 오픈소스플랫폼

나. Tensorflow의 특징

직관적 API	Keras, 파이썬, C++API 등 거의 플랫폼 호환성 지원
Dual 모드	CPU, GPU 모드별로 ML 연산과 단순작업 분할
TPU	Tensorflow 전용 최적화 Chipset 활용

2. Tensorflow Architecture 및 구성요소

가. Tensorflow 아키텍처 (ver 2.0 기준)

- 간소화된 API 기반으로 keras와 모델생성, 배치등으로 구성

나. Tensorflow의 구성요소 및 설명

항목	특징	기능설명

		Tensor	Int, String등 정의	다양한 상수, 변수값 설정
		Operation	임의 연산 수행	다양한 속성값 표현
		Node	In/out 구성	방향성 그래프 구조체 & 묶음
		Kernal	Dual 모드 지원	CPU, GPU별 연산 & 작업
		Training	Metrix 구성	Core 텐서플로우, 분석보드 구성
		Model versioning	모델 병렬화	모델 저장 & 관리
		Deployment (배치)	서버, Edge 지바이스, Web 지원등	Model Release, 언어 & platform 무제약 배포

- Tensorfow upversion 통해 속도 & 성능, 첨단 모델 학습으로 다양한 인공지능(AI) project에 적용중

3. 최신 인공지능(AI) 프로젝트 동향

사용기술 & 특징	설 명
보강 학습 알고리즘	미술, 음악 물질 생성 project
fast.ai	고속 뉴럴 네트워킹 Training
Mask R-CNN, Fast R-CNN	객체 검출 신속
강화학습 + 프로토타입	강화학습 Agent 생성 & 학습

- Tensorflow의 흐름과 기술을 활용할 다양한 project들이 증가할 것으로 전망됨.

"끝"

문138) 파이썬(python)의 특징 및 자료형(Data Type)

답)

1. Python = '비단뱀'뜻   파이썬 (python)의 개요

　가. <u>Interpreter 언어</u>, python의 정의

　　1991년 프로그래머 키도반로섬이 개발한 인터프리터언어

　　배우기 쉬워 교육용언어로 많이 사용되다가 현재는 데이터

　　분석 & Machine Learning등에 사용되고 있는 언어

　나. Programming 언어의 변화와 python 위치

　　-S/W의 사용목적과 H/W의 발달에 따라, Programming

　　언어도 변화 및 발전함

2. Interpreter 형식언어, python 의특징과 JAVA와 비교

　가. python의 특징

특징	설 명
인터프리터 언어	실행시 마다 소스코드를 한줄씩 기계어로 번역하는 [번역]
배우기 쉬운 언어	문법자체가 아주 쉽고(Easy) 간결하며 사람의 사고체계와 매우 닮음

	동적 데이터타입	데이터 타입에 관계없는 일반화된 Code작성 (가능)
	메모리(Memory) 자동관리	Garvage Collection 기능 사용하며 필요시 메모리 자동 할당(Allocation), 해제
	라이브러리 제공	많은 종류의 라이브러리를 제공하며 서드파티(제3자) 외부모듈도 풍부

- Python은 쉽고 간결한 언어로 다양한 분야에서 사용중임

4. Python과 JAVA 언어와의 문법비교

구분	JAVA	파이썬
변수선언	int a = 100;	a = 100 (명시선언 생략가능)
문장종결어	; 기술하여 문장 종결토시	종결어 없음
함수사용	Method로 명시	Function으로 명시
조건문	조건() 기술, { }로 블럭구별	조건문뒤에 콜론(:) 기술

- python은 JAVA 언어에 비해, 좀 더 자유롭고 유연한 데이터 타입 (Data Type)을 지정 가능함.

3. Python의 자료형 (Data Type)

가. 기본자료형

자료형	항목	설 명	사용예
Number	정수형 (Int)	정수자료형	123, -34, 0
	실수형 (Float)	소수점이 포함된 숫자	123.45
	8진수	0o 또는 0O으로시작	0o35, 0o12
	16진수	0x로시작	0x2A

	String	문자열	문자, 단어등으로 구성된 문자들의 집합	"a", "123" "AB"
	Boolean	True, False	참, 거짓을 표현	a=True, b=False

-python은 기본 자료형과 군집 자료형을 지원함

4. 군집 자료형

자료형	항목	설명	사용예
List	List명=[값1, 값2, 값3, ⋯]	복수의 데이터를 하나로 묶을수 있음	a = [1, 2, 3] b = list ('abc') - Index, slicing 가능
Tuple	튜플명=(값1, 값2, 값3 ⋯)	리스트는 생성, 수정, 삭제 가능하나 튜플은 그 값을 바꿀수없음	a = 1, 2, 3 b = (4, 5, 6) 튜플 List로 변경후 수정가
Dictionary	Dic. 명={key1 : value, key2 : value, ⋯}	Key를 통해 Value를 얻는 자료형	과일={'사과': 'apple', '배': 'pear', '포도': 'grape'}
Set	set()	집합에 관련된 것을 쉽게 처리 하기위한 자료형	b = (1, 3, 2, 4, 1) c = set (b) print(c) {1, 2, 3, 4}

-python은 군집 자료형을 통해, 다양한 비정형 데이터 처리가 용이함

4. python의 활용분야

구분	활용분야	설 명
	System	운영체제의 시스템 명령어 사용
	유틸리티 제작	가능한 각종 도구로 개발이 유리함
개발 분야	GUI 프로그래밍	Tkinter 활용, 윈도우 프로그램 개발
	C/C++와의 결합	타언어와 결합 개발, 사용 용이
	웹 프로그래밍	웹 게시판, 방명록 개발 쉬움
	수치연산	Numpy 수치연산 모듈 제공
	데이터베이스	pickle 모듈 제공 통한 개발 활용
분석 분야	데이터분석	Panda 모듈 사용, 분석분야 증가
	사물 인터넷	라즈베리파이 사용한 제어도구

- 파이선은 Easy 배울수 있어 다양한 응용분야에 활용가능

"끝"

문 139) 패션 의류용 이미지를 분류하는 다층 신경망을 만들려고
한다. 의류용 이미지는 바지, 치마, 티셔츠등 10가지유형
의 흑백이미지(32 * 32 pixels)로 구성되어 잇고, 학습에
투입할 이미지 데이터는 검증및 테스트용 데이터를 제외하고
총 48,000 장이다. 입력층, 은닉층, 출력층의 완전연결(
Fully Connected) 3계층으로 구성되어 잇고 은닉층의 뉴런
개수는 100개 일때 다음에 대하여 설명하시오.

　가. 신경망 구성도

　나. 입력층의 입력개수, 출력층의 뉴런 개수, 학습할 가중치
　　와 절편의 총 개수

　다. 원 핫 인코딩 (One-Hot Encoding)과
　　소프트맥스 (Softmax) 함수

답)

1. 패션의류용 이미지분류를 위한 다층 신경망 설계의 개요

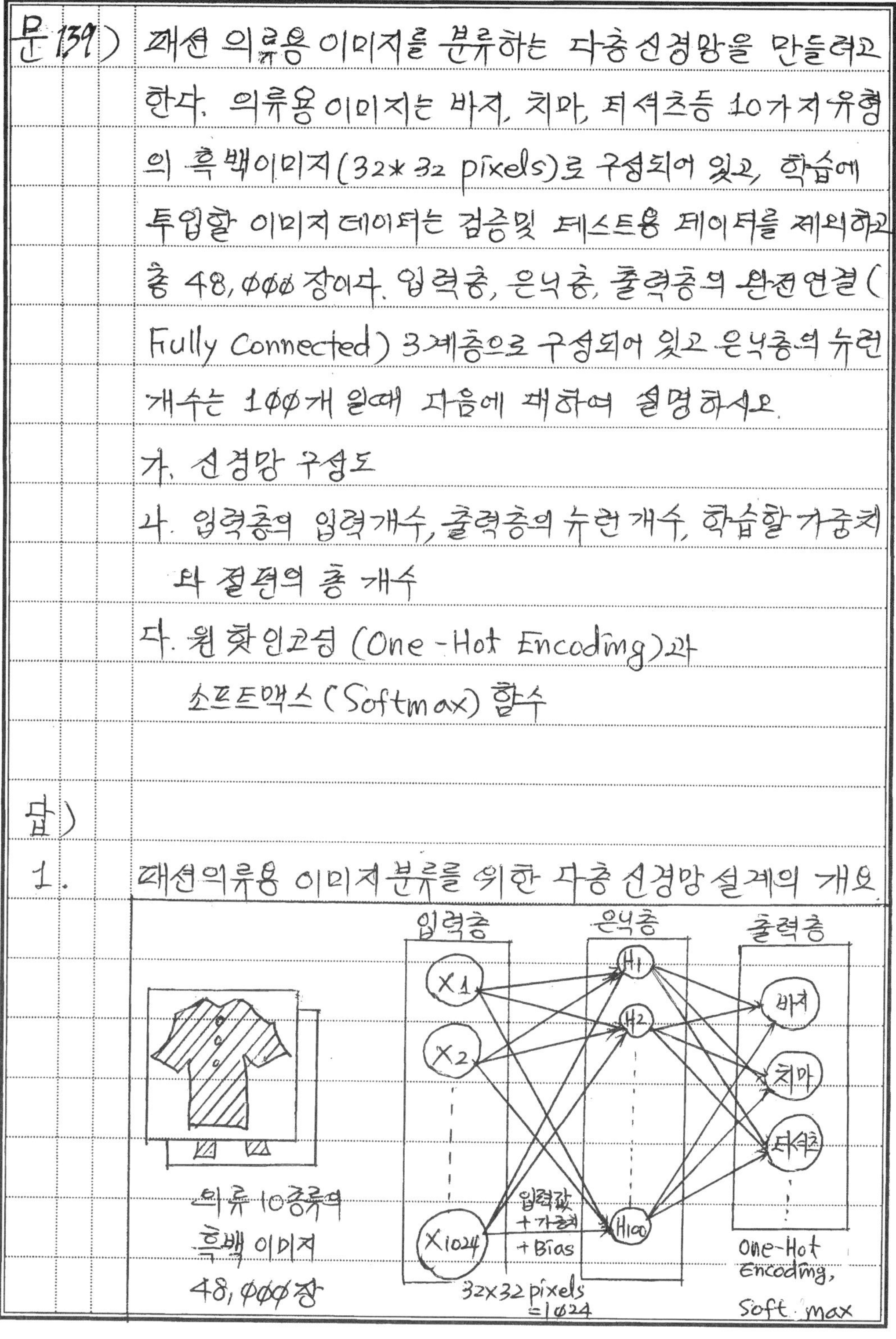

- 다층 신경망은 다수 레이어 효율적 처리 및 패턴인식,
예측, 분류등에 효과적임
- 바지, 티셔츠등 패션 의류 이미지를 분류하기위해
다층신경망 (Multi Neural Network)을 활용함

2. 신경망 개념도및 입력층의 입력 개수, 출력층의 뉴런개수
학습할 가중치와 절편의 총개수

가. 패션의류용 다층신경망 개념도

- 패션의류용 다층신경망은 입력층 1024(pixel), 은닉층
100개, 출력층(의류10종)으로 구성됨

나. 출력층의 뉴런개수, 학습한 가중치와 절편의 총개수

항목	개수	설 명
입력층의 입력개수	1,024 개	이미지크기가 32x32 픽셀이고 각 픽셀 이 하나의 입력값으로 입력 (32x32 = 1024)

	출력층의 뉴런 개수	10개	분류할 의류 이미지가 바지, 치마, 티셔츠 10종이 출력층의 개수가 됨
	학습할 가중치와 절편의 총 개수	103,500개	-입력층과 은닉층사이 : $1024*100$ 　　$= 102,400 + 100 = 102,500$개 -은닉층과 출력층사이 : $100*10 = 1,000$개 -총 개수 $= 102,500 + 1,000 = 103,500$

-출력층의 값을 제어(Control)하기 위해 Softmax, one-Hot Encoding을 활용함

3. One-Hot Encoding 과 Softmax 함수

가. One-Hot Encoding 함수 (예시)

개념	범주형 변수에 대해 단 하나의 값만 True이고 나머지는 모두 False인 Encoding 기법
예시	범주형 변수　　10가지 유형　　인코더 값 　　　　　　　　2^으로 대응 바지　　　　　　　　　　　　$[1, 0, 0, 0]$ T-셔츠　　　　　　　　　　　$[0, 1, 0, 0]$ 치마　　→ One-Hot Encoding　$[0, 0, 1, 0]$ 　⋮　　　　　　　　　　　　　⋮

4. Softmax 함수 (예시)

개념	입력받은 값을 출력으로 $0 \sim 1$ 사이의 값으로 모두 정규화하며 출력값들의 총합은 항상 1이 되는 함수

4. 활성화 함수 적용시 고려사항

고려사항	함수 적용 예시
문제의 결과가 직선을 따를 경우	선형(Linear) 함수를 주로 이용
2개를 분류(Classification) 하는 문제일 경우	ReLU와 그 변형된 활성화 함수를 주로 이용
3개 이상을 분류 하는 문제(사업)일 경우	Softmax와 그 변형된 활성화 함수를 주로 이용
신경망에서 활성화 함수 적용할 경우	1개 이상의 비선형 함수를 적용

- 활성화함수는 정확도와 학습시간을 고려하여 선택 가능

하고 경우에 따라서는 혼합(Mixed) 사용도 가능

"끝"

문 140) STT (Speed To Text)

답)

1. 음성의 Text 변환, Speed To Text 개요

　가. 인간 - 컴퓨터 상호작용 (Human - Computer Interaction) 기술, STT의 정의
　- 사람이 말하는 음성 언어를 Computer가 해석해 그 내용을 문자 Data로 전환/처리하는 기술

　나. STT 기술의 발전 (등장: Computing Power와 연관)

2. STT process 와 Text 인식 비교

　가. Speed To Text (STT) process

　- Decoder로 음성을 Text로 변환하는 과정이 핵심

　나. 음성인식 (STT)와 텍스트 인식의 비교

구분	음성 인식	Text 인식
입력속도	150 단어/분	40 단어/분
입력방식	Random Access	계층적 GUI

		정보입출력	마이크, 스피커등	K/B, Display
		대화방식	컨텍스트 기반 양방향	단 방향
		Multi-Tasking	Hands-free 가능으로 Multi-Tasking 가능	Touch 나 Text 입력시 Multi-Tasking 불가

3\. Speed To Text의 활용사례

구분	활용 사례
의료	디지털 헬스케어 (전자의무기록 자동작성) 등
기업/금융	예약서비스등 단순/반복 업무응대, 회의록작성
정부	음성인식 모바일행정 서비스 (민원/상담등)
자동차	주행중 기타 제어장치, 사용자 음성기반 인증등
교육	E-Learning, 어학교육 Contents, 쇼핑 등

"끝"

문 141) IVR(Interactive Voice Response)

답)

1. 대화형 음성응답, IVR의 개요

가. 미리 설정된 자동화 메뉴 사용, IVR의 정의

- 사전 녹음된 Message & Text - 음성 기술을 통화자를 응대하는 DTMF(Dual-Tone Multi-Frequency) I/F와 결합하여 연결된 상담원 없이도 정보 제공 전화 System

나. IVR process(예시)

- 고객 호인입시 여러 Depth 통해 안내 서비스

2. IVR(대화식 음성응답)의 장/단점

구분	항목	설명
장점	효율적 통화	IVR솔루션 통한 상담사 연결, 대기시간↓
	운영 비용절감	비용효율, 주말시간도 활용 가능
	오류 감소	IVR System에 의존 오류 최소화
	보안 향상	음성인식 기술 활용, 개인 신원 검증
	복잡한 IVR 메뉴	너무 복잡시 통화자는 어려움 호소

| | | 단점 | 건 대기시간 | 기술 발전, 건 대기시간 해소 필요 |
| | | | 인간미 부족 | 녹음 메시지로 인간미 향상 필요 |

3.	IVR(Interactive Voice Response) 활용
	- STT/TTS 등의 기술과 결합하여 서비스 품질 향상
	- 보이는 상담서비스 (보이는 ARS)에 활용
	- AICC (AI Contact Center)와 결합하여 서비스 등

"끝"

문142) 생성형 AI (Generative AI) - 1

답)

1. 자연스런 상호작용, 생성형 AI의 개요 & 특징

　가. 능동적 답변 생성기술, Generative AI의 정의

　　- 대규모 데이터에서 패턴과 규칙을 학습하여 사용자

　　요구에 따라 언어, 이미지, 영상등의 결과물 (답변)

　　을 능동적으로 생성하는 AI 기술 (생성형 AI)

　나. 사용자 요구충실 대응, GAI의 특징

　　- 대규모 데이터 학습 & 자율판단 수행

　　- 사용자 요구에 따라 새로운 Contents 생성

　　- 언어 대화등 사람과 자연스러운 상호작용

　다. 인공지능(AI)과 생성형 AI간의 관계

　　① 인공지능 (AI: Aritificial Intelligence)

　　　② 기계학습 (ML: Machine Learning)

지능화,
고도화
　　　　③ 딥러닝 (Deep Learning)

　　　　　④ 생성형 AI (Generative AI)

　　① 인간의 지능을 모방하여 인간 처럼 사고/행동하는

　　가장 큰범위를 포괄하는 개념 ② 컴퓨터가 데이터를

　　통해 학습할수 있도록 하는 알고리즘과 기술 (머신러닝)

　　③ 인공신경망을 깊고 넓게 복합적으로 쌓아 학습을

　　수행하는 방식 ④ 데이터를 학습하여 사용자 요구에

　　따라 결과물을 능동적으로 생성

- 기존 DL 기반 기술이 단순히 기존 Data를 기반으로 예측하거나 분류 정도 였다면 생성형 AI는 사용자가 요구한 질문이나 과제를 해결하기 위해 스스로 데이터를 찾아서 학습하여 이를 토대로 능동적으로 Data 나 콘텐츠 등 결과물을 제시하는 한 단계 더 진화한 AI 기술

2. 생성형 AI 구현 계층 및 핵심요소

가. GAI (Generative AI) 구현 계층

(피라미드 도식)

좌측 화살표: 최적화↑, 안전성↑, 정확도↑, 정밀도↑, 신뢰성↑

① AI 모델 관리
- 모델 안전성, 모델감독 / AI 거버넌스

② 학습 데이터 효율화
- 합성데이터, Labeling

③ AI 모델 최적화
- 파인튜닝
- 오케스트레이션 — 환각(Hallucination) 제거
- Vector DB — 성능향상, 고속 검색 등

- Framework — 기반 환경 제공
④ - 파운데이션 모델/LLM — 개발환경 제공
- Cloud/IT Infra. — 기본 Model 제시 등

나. 생성형 AI 구현 계층별 핵심요소

계층	핵심요소	역할 / 솔루션
AI모델 관리	모델 안전성	- 편향된 결과 생성 제어, 모델안전성 확보 - 대규모 언어모델(LLMs), GPT 시리즈

		AI 관리모델	모델 감독/	AI Model 동작 Monitoring & 감독
			AI 가시성	설명 가능한 AI (XAI)
		학습 데이터 효율화	합성 Data	실제 데이터 모방, 부족한 학습 데이터 확보, 소량 Data 학습 (유사데이터 생성)
			Labeling	데이터의 설명 역할, AI 모델에 필요 정보 훈련. - Labelbox, 어노테이션
			파인튜닝	AI 모델 세부 조정, 특정 작업/ 데이터 추가 학습. - Weights and Bias
		AI 모델 최적화	오케스트레이션	AI 모델을 다양한 데이터 Source 와 통합. - Langchain, LlamaIndex.
			Vector Database	AI Model이 생성한 Vector 저장 & 검색. - pinecone, chroma등
		기반 환경 제공	Framework	AI 모델 구축 위한 개발 프레임워크 - TensorFlow, PyTorch, Hugging Face
			파운데이션 모델/LLM	LLM등 다양한 작업에 적용 가능한 범용 AI 모델. - OpenAI, stability AI 등
			Cloud/ IT 인프라	Cloud, GPU 가상화등 AI 서비스 컴퓨팅 Infra 제공 - AWS, Azure, NVIDIA 등

- 생성형 AI 서비스는 IT Infra 부터 AI 모델 관리까지

여러 계층별 Solution을 기반으로 구성되며 언어, 이미지,

영상 등을 인식하고 학습하여 사용자의 요구에 따라

능동적으로 결과물을 생성하는 Service로 활용

3. 생성형 AI 분야별 활용사례 / 기술요소

분야	활용 사례	기술요소	세부요소
언어 생성	-ChatGPT/OpenAI -Bard -하이퍼클로바 X -DALL-E/openAI	트랜스포머 전이학습	-Self-Attention -Positional Encoding -Domain Adaption -Fine-Tuning
영상 생성	-Gen-1, Gen-2 /Runway -Dreamix Google	GAN VAE	-Generator -Discriminator -Encoder -Decoder
영상 인식	-Make-A-video /Meta -Imagen Video /Google	SAM HQ-SAM	-Image Encoder -Prompt/Output Token -Prompt/output -Global-Local Fusion
모션 생성	-Metaverse -Roblox	MotionGPT	-Text-to-Motion -Montion-to-Motion

- ChatGPT와 같은 대규모 언어모델(LLM)등 생성형
AI기술의 보안 위협으로 잘못된 정보, AI모델 악용, 유사
AI모델 서비스 빙자, Data 유출, plugin 취약점,
확장 program 취약점, API 취약점 등이 존재

"끝"

문143)	생성형 AI (Generative AI) - 2
답)	
1.	얼굴인식, 자율주행, 음성인식등 합성, 생성형 AI 개요
가.	Foundation Model, 생성형 AI 정의
	- 대규모 Data에서 패턴과 규칙을 학습하여 사용자
	요구에 따라 언어, 이미지, 영상등의 결과물을
	능동적, 맞춤형으로 생성하는 AI 기술
나.	Generative AI의 특징
	- 대규모 Data 학습 & 자율 판단수행
	- 사용자 요구사항에 따라 새로운 Contents 생성
	- 언어 대화등 사람과 자연스러운 상호작용
2.	기존 인공지능(AI)과 생성형 AI의 관계
	① 인공지능(Artificial Intelligence)
	② 기계학습(Machine Learning)
	③ (Deep Learning)
	④ 생성형 AI (Generative AI)
	① 인간 지능 모방, 인간 처럼 사고/행동, 가장큰 범위
	② 머신 러닝, 컴퓨터가 데이터로 학습할수 있는 기술
	③ 인공신경망 형태, 깊고 넓게 복합적 학습 수행
	④ Data 학습을 통해 사용자 요구사항에 따라 결과물을 능동적, 맞춤형으로 생성하는 AI 기술

- 기존 Deep Learning 기반 AI 기술이 단순히 기존 Data 기반으로 예측, 분류하는 정도였다면, 생성형 AI는 사용자가 요구한 질문이나 과제를 해결하기 위해 스스로 Data를 찾아서 학습, 이를 토대로 능동적으로 Data나 Contents 등 결과물을 제시하는 한 단계 더 진화된 AI 기술

3. 생성형 AI 구현 계층 & 핵심요소

가. Generative AI 구현 계층

AI모델 관리 (상위레벨)		
AI모델 관리	관리	- 모델 안전성
		- 모델 감독 / AI 가시성
학습 Data 효율화	효율	- 학습 효율화 확보
		- AI 모델 생성 효율화
AI모델 최적화	최적	- 파인 Tuning
		- 오케스트레이션
기반환경 제공	기반	- Framework, IT인프라
		- Foundation, cloud

4. Generative AI 구현 계층별 핵심요소

계층	핵심요소	역할 / 솔루션
AI 모델 관리	모델 안전성	편향된 결과물 생성 제어 / 모델 안전성 확보
	모델 감독 / AI 가시성	AI Model 동작 모니터링 & 감독, 설명 가능한 AI (xAI)

학습 Data 효율화	합성 Data	-실제 Data 모방
	합성 Data	-부족한 학습 Data 확보등
	라벨링	-데이터의 설명(주석)역할 -AI 모델에 필요한 정보훈련
AI 모델 최적화	오케스트레이션	-AI Model (모델)을 다양한 데이터 Source(소스)와 통합
	파인튜닝	-AI Model의 세부 Adjust (조정) -특정 작업/Data 추가 학습
	Vector Database	AI Model이 생성한 정보를 Vector화 저장 & 검색
기반 환경 제공	Framework	AI 모델구축위한 프레임워크(TensorFlow)
	파운데이션 모델/LLM	LLM등 다양한 작업에 적용 가능한 범용 AI Model (모델)
	Cloud/ IT인프라	cloud, GPU 가상화, Thin-Provisioning등 AI서비스 Computing 인프라

생성형 AI 서비스는 IT 인프라부터 AI Model 관리까지 여러 계층별 기반으로 구성, 언어/이미지/영상등을 인식하고 학습, 사용자 요구에 맞는 서비스 제공

4. 생성형 AI의 분야별 활용사례 / 기술요소

분야	활용사례	기술요소	세부요소
언어	ChatGPT	트랜스포머	Self-Attention

			생성	하이퍼클로바X	전이학습	Fine-Tuning
			영상 생성	-Gen-X	GAN	-Generator
				-Runway		-Discriminator
				-goole	VAE	Encoder/Decoder
			영상	-Make-A-video	SAM	Image Encoder
			인식	-Imagen video	HQ-SAM	Prompt/Output 등
			모션	-Metaverse	Motion GPT	-Text-to-Motion
			생성	-Code Assist		-Motion-to-Motion

"끝"

문 144) 생성형 AI의 보안위협과 대응방안

답)

1. 대규모 언어 모델(LLM)등, GAI 보안위협 정의

정의	ChatGPT와 같은 대규모 언어 모델(LLM)등 생성형 AI 기술의 보안위협으로 부터 잘못된 정보, AI 악용 모델, 유사 AI서비스 도용, Data 유출, plugin 취약점, 확장 program & API취약점등 위협

2. 생성형(Generative) AI의 보안위협

보안위협	위협 원인	가능한 보안위협
잘못된 정보	- 편향(Bias), 환각 - 최신 데이터학습부족	- 사회혼란조장, 잘못된유사결정유도 - 고위험 의사 결정
AI Model 악용	적대적 System 메시지, 위협코드, 가짜(Fake)	- 피싱 이메일 & 인물도용 - 사이버보안 위협 코드 작성 - 대화형 서비스 악용한 사이버 범죄 커뮤니티 활성화 - 사회공학적영향/가짜 뉴스 생성
유사 AI모델 서비스생성	유사 악성 서비스 접근 유도	- 사이버스쿼팅 URL - 가짜 Application 등
Data 유출	- 데이터합성과정문제 - 과도훈련데이터암기 문제 - 개인정보 & 민감 정보 작성	- 훈련 Data유출, 기밀유출 - 대화 기록유출 - Data 불법 처리우려 - DB해킹, 회원 추론공격등

	Plugin 취약점	- AI 적용 범위 확장	- 새로운 도메인 환경 모델 오작동
		- 안정성 확인 미흡	- Agent 화 된 AI 모델의 악용
		- 해커 공격 범위 확장	- 멀티 모달 악용
	확장프로그램 취약점	- 내부 악성 서비스	- 개인 정보 수집, System 공격
		- 보안조치 미흡	- 서버/스토리지 System 위협
	API 취약점	- 미흡한 API 권한관리	- API key 탈취
		- Data/명령어 분산	- 악의적인 prompt 주입

3. 생성형 AI의 보안 위협 대응방안

가. 구성

생성형 AI 모델 기반 공공 서비스

자체 AI 모델 구축 / API Key / 사업자 / AI / AI기반 모델 / 국가기관 내부 업무망 / 의료, 복지, 교육, / 금융, 환경, 기상 등 / 대민서비스, 내부행정 / API Key / 사용자

4. API기반 공공 서비스 서버 구축시 주의사항

분야	Action	보안
데이터 보안	입력 Data 검증, 데이터의 명확화 & 가명화, Data 오남용 방지, API관리	데이터 유효성 & 기밀성 보장
System 보안	보안요구사항 준수, 접근제한 & 인증, Protocol 보안, 오류 & 예외처리	지속적인 모니터링 과 Update

"끝"

문 145) AI 에이전트(AI Agent)

답)

1. 환경인식, 상호작용가능, AI Agent 개요

가. AI 기반 의사결정, AI 에이전트 정의

- 사용자 대신 환경을 인식하여 목표수립 & 외부도구와 상호작용(연계)하고 AI 기반의 의사결정과 계획/실행/개선이 가능한 Software

나. 목표 달성 지향, AI Agent의 특징

자율 계획	특정목표달성위해 계획, Workload 지정
환경 인식	멀티모달 기반 환경 정보 인식/처리상황인
외부 도구 사용	Code 실행, Web 검색, 계산 기능 등 사용
과거 기억 & 학습	과거 상호작용과 동작 기억, 지속 학습

2. AI Agent 동작 과정 및 단계별 유형

가. AI Agent의 동작과정

학습 & 개선, HITL (Human-In-The-Loop)

환경인식 수집 → 입력 Data 처리 → 의사결정 → 계획 & 실행

환경인식 수집	입력 Data 처리	의사결정	계획 & 실행
음성/영상수집	Data 전처리	지식 DB기반	목표 달성 전략
Text 인식	지식 DB 구축	의사결정	수립/실행
Web 검색 등	색인 & 저장	ML/DL 적용	우선순위 고려

4. AI Agent의 단계별 유형

지능화 ↑
- 지능형(복합) : 복잡한 작업 분해, 해결
5 - 학습 : 경험통한 성능개선, 스스로 학습&적응
4 - 유틸리티 기반 : 목표달성 외에 '최적결과' 도출
3 - 목표기반 : 특정목표 설정후 달성위한 행동
2 - 모델기반 반응 : 내부모델통한 환경상태 예측
1 - 단순반응 : 현재 입력(조건)에만 반응

4. AI Agent 간의 비교

유형	특징	장점	단점	예시
학습	경험으로 개선	적응·발전	Data 필요	LLM, 의료
유틸리티	최적화 결과도출	효율성극대화	계산복잡	추천시스템
목표기반	목표달성 지향	목적성 확보	목표설정필요	로봇청소기
모델기반	내부모델 활용	예측가능	구축비용	자율주행
단순반응	현재 입력만반응	Fast, 단순	복잡환경한계	챗봇(규칙)

- 단순반응형은 IoT, 의료/금융/자율주행등은 학습형으로

3. AI Agent 도입시 Issue & 대응방안

항목	구분	내용
고려용	Issue	- 구현복잡성 인해 대규모 투자필요
		- 대규모 Computing 인프라 투자 요구됨
	대응방안	- AIaaS, 전이학습등 초기 투자비 절감
		- GPUaaS등 Cloud 기반 투자비 최적화

				Issue	-다중 Agent Framework 오동작위험 -동일 Tool 적용, 무한 Loopback 발생
			오동작	대응방안	-Data 거버넌스 적용 & 철저한 검증 -Agent 동작시간 제한 & Monitoring
			보안	Issue	-대량 Data 보안 & 개인정보 유출위험
				대응안	-망분리 적용, 개인정보 익명 처리
			윤리	Issue	-딥러닝 (Deep Learning) 모델 편향 /부정확한 결과 도출 가능성
				대응안	-최종결과 인간 개입, AI 윤리원칙 적용

-AI Agent는 모든 산업분야에 응용 가능하므로
인공지능 기술의 핵심영역으로 발전

4. AI Agent의 기대효과

기대효과	설 명	예 시
효율성	반복 업무 자동화 가능	RPA, 일정관리
의사결정	Data 기반 Insight	시장분석, 통계
맞춤서비스	개인화 경험 제공	추천 System
비용절감	운영비 절감	고객센터 챗봇
학습·개선	경험기반 성능향상	머신러닝 Model
보안강화	이상 탐지/위협 대응	금융보안, 의료데이터
혁신	New 서비스 창출	자율주행, 생성형 AI

"끝"

문146) MCP(Model Context Protocol)

답)

1. USB-C처럼 범용연결 가능, MCP 개요

가. 다양한 AI모델과 도구가 연결가능, MCP의 정의

- AI Model이 외부 DB, File, 검색엔진, 개발 IDE등
과 양방향통신 가능하게 지원하는 Protocol

나. Real time Data 활용, MCP의 특징

항목	내용
표준 Interface	AI Model들과 외부 시스템간 호환성확보
양방향통신	외부도구 활용 작업 수행및 결과 도출
확장성	여러소스통합후 AI workflow 구축
개발효율성	SDK 제공 (python, Java등), Fast구현
실시간성	실시간 Data활용, 복잡한 Job 수행

2. AI용 USB-C, MCP 구성요소및 동작

가. MCP의 구성요소

4. MCP 동작 설명

No.	동작 과정	설 명
①	요청 Formatter (MCP Client)	사용자 입력과 Session ID를 포함한 요청을 MCP 서버로 전송
②	Context Window 로딩 (MCP Server)	Context storage에서 대화이력, 사용자 정보, 지시사항등 맥락 로딩
③	Context + Input 전달 (서버 → LLM)	맥락과 사용자 정보 (기존 기록 정보등)를 LLM 모델에 전달
④	LLM 처리 (AI Infra)	AI Model이 입력과 맥락 기반으로 응답 생성
⑤	응답수신 (LLM → 서버)	생성된 응답을 MCP 서버가 수신
⑥	Context 업데이트 (MCP 서버)	응답 내용을 기반으로 Context Storage & Token 정보 갱신
⑦	Respone Handler (MCP Client)	업데이트된 Context와 응답을 사용자 Interface(UI)에 전달

3. MCP의 주요 기대효과

기대효과	설 명
생산성 향상	MCP 도입 기업에서 평균 30% 이상 업무 효율성 증가 경험 & 보고사례
AI 응답 품질 개선	Real time Data 접근으로 정확하고 최신 정보 기반 Response 가능

		맥락유지 & 연속대화	이전의 대화 흐름(Flow) 기억하고 지속적인 상호작용이 가능
		통합개발 효율성	다양한 System과의 연결을 표준화된 방식으로 처리, 개발 시간 단축 효과
		보안 & 프라이버시↑	Data 접근(Access) 권한과 인증 절차를 통해 보안성(Security Robustness) 확보
		개량생태계↑	다양한 플랫폼과 호환, 확장성 확보
		AI능동작업	단순 질의응답이 아닌 업무 자동화 & 실행가능

4   MCP의 활용 사례

유형	사용 시나리오	MCP 역할 & 작동 방식
DB 질의 자동화	DB에서 이번달 매출 총액 보여줘	- 인공지능이 SQL 생성 - MCP가 DB와 연결해 질의 수행 - 결과 받아 응답
File System 제어	오늘 새로 생성된 파일을 정리해줘	- AI가 요청 분석 - MCP가 파일시스템 API와 통신 - 파일 정보수집 & 정리 수행
코드생성 + 실행	Python으로 Bubble Sort을 짜고 실행해줘	- AI가 Code 생성 - MCP가 실행도구에 Code 전달 - 실행 결과 받아서 사용자에 전달

"끝"

문 147) 피지컬 AI (Physical AI)

답)

1. 기기에 탑재된 AI, physical AI의 개요

　가. 실제 행동수행, 피지컬 AI의 정의

　　물리적 환경과 상호작용하는 AI (로봇, 자율주행차)

　　단순 Data 분석을 넘어 실제 행동 수행 가능한 AI

　나. Physical AI의 등장배경

인식 AI	→	생성 AI	→	AI 비서	→	물리적 AI	[작용]
- 이미지인식		- Chat GPT		- 명령수행		- 물리세계와 상호	
- 컴퓨터 비전		- Text/이미지		- Coding 보조		- 로봇	
- 음성인식등		/영상 생성		- 간병 AI		- 자율주행차등	

2. physical AI의 구성요소

구분	항목	내용
H/W	Sensors	정보수집 장치, CCTV, 센서등
	Actuator	로봇, 팔등 기계움직임 제어
	통신 Infra	Big Data 수집위한 통신 Infra
S/W	AI 알고리즘	ML, DL 모델 이용, 분석 & 결정지원
	상호작용 API	장비, 센서 시스템간 Data 송수신 API
	내장 시스템	Embedding System, 실시간 처리
	통신 제어	System 구성 Infra간 N/W 제어

3. physical AI 사례

구분	사례	기술
로봇청소기	최적 경로, 장애물인식/회피	DL기반 객체 인식
자율주행차	주변 인식후 경로 결정등	컴퓨터비젼, LiDAR등
협동로봇	작업자와 협력후 조립/검사	센서제어, 상황인식
드론배송	GPS 기반 위치 추적	GPS, 장애물회피 DL
의료수술	미세조작, 정밀수술지원	실시간 영상처리등

"끝"

문148) 버티컬 (Vertical) AI

답)

1. 해당 업무분야 특화, Vertical AI 개요

가. 특화 도메인 지식 내재화, 버티컬 AI의 정의
- 특정분야 전문가 수준의 문제 해결을 위해 전문
지식기반 자동화, 법/규정 준수등 해당 산업 분야나
해당 업무분야에 특화된 인공지능

나. Vertical AI의 필요성

2. Vertical AI의 특성과 구축 전략

가. 특정 Domain에 특화, Vertical AI의 특성

특성	설명
특정분야 Data 학습	-의료영상, 교통흔잡, 법률문서, 금융거래 등 특정산업의 전문 Data 학습 -범용AI보다 정밀도와 신뢰성↑
최적화된 업무흐름	-특정분야(산업) 업무 Process에 맞게 설계 -예)의료AI 경우, 진단→치료→관리 지원
전문가 Feedback 기반지속학습	-도메인 전문가(기술사, 박사, 의사, 회계사 등)의 Feedback(환류)지속 반영후 개선 -업무환경에서 지속 성능 향상
높은 진입장벽 &경쟁력 확보	-분야별 Data와 KnowHow가 필요해 모방이 어렵고 차별화된 경쟁력 제공 -Startup사 특정문제 & Issue를 깊게 해결하는 전략으로 유리
실질적 ROI 창출	-빠른 현업 적용 가능성 -도입 비용 대비 효과 극대화 -비용절감, 매출증대, 생산성 향상

4. Vertical AI의 구축전략

구분	전략	세부 활동
Domain 특화 측면	Data전처리 리&통합	-특정산업 맞춤형 DataSet 구축/정제 -ERP, MES등 이질적 Data 연동/통합
	특화 도메인 지식 내재화	-도메인 전문지식을 AI에 내재화 -제조, 금융등 산업별 규정/process

			LLM & 멀티모달AI	- Data를 종합 분석 → 문제 해결 - Text, Image, 음성, 센서등
		AI모델 적용 측면	Workflow 자동 화 & Agent화	- 상황판단 & 의사결정, 자동 실행 - Agent 2 Agent, MCP등 AI Agent
			Real time 예측 & 이상탐지	- 특정 산업에 특화된 고도화된 분석 & 자동 알림 제어 (Control) - FDS (이상거래 탐지), 예측 유지 보수 & Real time Monitoring등
		현장 활용 측면	데이터· 도구통합 & 오케스트레 이션	- 여러 AI Model· Agent 간 의 유기적인 오케스트레이션 - Lang Chain 등 현장 System (센서, API, DB등) 연결

- 특정분야 (의료분야 질병 예측, 노령자 교통사고 예방
제조 분야 생산라인 최적화 & 고장 예측, 금융분야
신속하고 정확한 신용 평가 수행)

3. Vertical AI와 범용AI 비교

항목	Vertical AI	범용 AI
목적	특정분야·도메인	다양한 분야 활용
Data 학습	산업별 특화 데이터 (의료, 교통, 금융, 국방등)	광범위한 Web지식, 일반분야
적용	의료, 법률, 제조, 교육등	문서 작성, 번역, 검색등
사례	제조 자동화, 금융이상탐지	챗봇, 번역기, 일반질의

		장점	높은 정밀도, ROI 창출	다목적 활용 가능
		단점	범용성↓, 개발유지 비용↑	특정분야 정확도 부족
		비유	전문 병원 - 한 분야만 깊이 다룸	동네 수퍼 - 여러 물건을 조금씩 다룸
		한계점	특정분야의 확장성 낮음	특정분야 문제 개선 어려움

"끝"

문149) On Device AI - 1

답)

1. 내손에서의 AI, On Device AI의 정의
- 중앙 집중환경에서 성능극복을 위해 Hardware, S/W, 통신기술을 단말(On Device)에서 자체적으로 AI기능을 수행하는 기술

2. On Device AI 구성 & 기술요소
가. On Device AI 구성

- Device에서 AI수행, 이때 개인정보보호기술도 접목필요

나. On Device AI 기술요소

구분	기술요소	설 명
H/W기술	뉴로모픽 칩	인간뇌모방, 뉴런-시냅스구조 반도체
	NPU	딥러닝 가속화 전용 H/W(병렬처리,저전)
	SOC솔루션	반도체 chip 통합, AI레이어 통합처리
S/W 기술	엣지 컴퓨팅	최근 Gateway에서 Data 처리
	경량화 F/W	모바일환경, AI모델 최적화 (지식증류등)

			파이프라인 H/W	학습부터 활용까지 파이프라인 관리
		개인정보 보호기술 (PET)	동형 암호	연산보존, 암호화된 상태로 데이터처리
			차등프라이버시	개인 정보에 Noise 삽입(Local 방식)
			영지식 증명	특정 내용없이 알고 있는 사실증명

- Device 업체와 Big Tech 기업에서 지속 연구 & 개발추진

3. On Device AI 사례

기업	기술 요소	설 명
삼성	Exysons	AI연산위해 NPU + 카메라 + 이미지 칩
퀄컴	Snapdragon	실시간 AI 응용 프로2램 최적화
구글	Tensor	TPU통한 실시간 번역, 사진/음성 처리

- TPU : Tensor Processing Unit

"끝"

문 150) 온 디바이스 (On-Device) AI - 2

답)

1. Device 자체 AI 서비스, On-Device AI 개요

　가. 엣지 (Edge) AI, 온디바이스 AI 정의

인터넷 연결없이 Cloud로 Data 전송없이 Device
내부에서 자체적으로 AI 연산 처리 하는 AI
(최초 모델 생성 / 압축후 Release 되어야 함)

　나. On-Device AI의 부각 배경

항공기, 오지등 AI 서비스요구 → Device, 센서, 배터리 연산장치 발전 → 반도체 기술↑, AI → On-Device AI 실현 가속화

2. On-Device AI 과정 & 주요기술

　가. On-Device AI 과정

AI 과정		구현 절차
Cloud내의 Models　　모델저장소		① CPU유형, RAM/ROM
Cloud Edge		Size등 Device 정보수집
M.L Compiler ┆ Target AI chip		② 적합한 머신러닝 컴파일
Tiny MLaaS ③↓ ②		러선택, AI모델 다운로드
Build 서비스 ┆OS 준비이미지 ③		③ 머신러닝 학습/추론
Device ① ④		모델생성
Edge ML App.	Edge AI NPU	④ 생성모델 배포후
배터리	모터제어	센서	디바이스에서 AI 실행
N/W	메모리	I/O등	

- On-Device AI 구현위해 Cloud에서 AI 모델 생성/압축이후 Release되어 Device 자체 AI 서비스

4. On-Device 주요기술

구분	주요기술	기능 & 세부기술
AI 기반 기술	엣지 AI	단말장치용 엣지 머신러닝 모델
	Framework	개발 프레임워크, TensorFlow 등
	AutoML	-데이터 준비, Model 생성, Model 평가등 주요 단계 자동화 -Autokeras, Edge Impulse 등
AI 모델	모델 경량화	모델 파라미터 크기나 연산수 최소화 위한 가중치 경량화 작업 등
	압축 모델 생성	-중복되는 항목 제거, 중요도 선정 -가중치 선택, 불필요 항목 제거등
	설계 자동화	대상 H/W 특성 기반 최적 성능 적응형 신경망 설계 자동화
Device 적용	엣지 AI 모델 컴파일	Code 최적화, H/W 파편화에 따른 명령어 set 대응하여 Compile
	MLOps	-지속 관찰 & Feedback 조정 - CI/CD에 CT(지속학습) 추가

- On-Device AI 구현위해 NPU, 뉴로모픽 반도체 등 H/W와 소형언어모델(sLM)등 S/W가 필요.
- 디바이스 자체 AI 서비스위한 최적 모델 생성 필요

3	On-Device AI와 Cloud AI, 상호보완방안		
	항목	On-Device AI	Cloud AI
	장점	신속응답속도, 저전력, 저비용, 개인정보보호	대용량, 대규모 모델, AI추론 성능 극대화
	단점	실시간 추론성능 상대적 저하	인터넷 연결 필요, N/W 병목 발생 가능
	상호보완방안	On-Device AI 영역 / Cloud AI 영역 (그림)	

-On-Device AI는 정보보호, 신속한 AI서비스, 오프라인 가용성확보등의 장점 있으나 AI 모델적용 & Device 사양에 따른 한계가 존재하므로 Cloud AI와 상호보완하는 형태로 발전.

"끝"

문 151) 소버린 (Sovereign) AI
답)
1. AI 주권확보, Sovereign AI 개요
  가. AI 기술 경쟁력 강화, 소버린 AI의 정의
    - AI 모델에 국가의 언어/문화적 가치를 반영하기 위해
      자국의 Data, Infra를 활용하여 독립적으로 개발, 훈련,
      학습, 활용, 제어 등이 가능한 AI System
  나. Sovereign AI의 부각 배경 & 필요성

글로벌 AI 모델 (ChatGPT, Copilot, Gemini, Notebook LM 등)	소버린 AI 부각 배경
	국가 안보 & AI Data 주권 중요성 증대
	글로벌 AI 산업 & 기술 패권 경쟁 격화
	프라이버시 & Data 보호에 대한 우려

필요성	
	AI Data 주권확보 통한 국가 안보 강화
	AI 기술 국제 경쟁력 강화 & 협력촉진
	국가 차원의 자국민 개인정보 보호 등

2. Sovereign AI의 핵심요소
  가. 국가적 문화 등, 특수성 위한 Sovereign AI 핵심요소

구분	핵심요소	기능
국가 Data 수집 & 관리	소버린 Cloud	- 국내법/규정 준수 Cloud Computing
	기반 platform	- 국가 Data Map, 상호 운용성 제공
	DQM (Data 품질관리)	- Data 품질, 개인정보 보호 준수
		- DQI, CTQ 선정, BR 도출/측정 등

자국어,	한국어 포함	- 한국어 포함 다국어 환경내 정보 추출
영상	NLP	- NLU, NLG 기반 음성 변환, 언어처리
정보	AI기반	- 시각 Data → 핵심 정보 추출/인식
처리	영상분석	- RCNN, YOLO 등 딥러닝 영상 처리
문화&	지식 Graph	- AI 시스템에 지식 Graph 제공
지식	구축 기술	- Graph DB 기반 추천 System 등
모델링/	문화/윤리등	- 국가 문화/역사등을 AI에 반영
표현	임베딩 기술	- TF-IDF, Word2Vec, VectorDB 기반
추론	강화 학습	- 국내 환경 적응 & 최적 패턴 도출
&	기반 적용	- Q-Learning, 유전 알고리즘 등
의사	지능형	- 효율적 의사 결정 지원
결정	의사결정	- 의사 결정시 최적 알고리즘 제공

4. 생성형 AI 구현 위한 Sovereign AI 핵심요소

구분	핵심요소	역할 / Solution
AI	모델	- 편향성 제어, Model 안전성 확보
모델	안전성	- Arthur AI, Credo AI 등
관리	모델 감독/	- AI 모델 동작 모니터링 & 감독, xAI
	AI 가시성	- Arize AI, WhyLabs 등
학습	합성	- 실제 Data 모방, 부족 Data 확보
Data	Data	- Gretel.ai, Tonic.ai 등
효율화	라벨링	- AI Model에 필요 정보 훈련
		- Labelbox, Scale, Snorkel AI 등

AI 모델 최적화	파인튜닝	-AI 모델 세부 조정, 데이터 추가 학습 -Weights and Bias, OctoML 등		
	오케스트레이션	-AI 모델을 다양한 Data 소스와 통합 -LangChain, LIamaIndex 등		
	Vector DB	-AI 모델이 생성한 Vector 저장&검색 -chroma, Pinecone 등		
기반 환경 제공	프레임워크	- AI Model 구축 개발 Framework - PyTorch, TensorFlow 등		
	파운데이션 모델/LLM	-LLM 등 다양 작업적용 가능 범용 AI 모델 - OpenAI, Anthropic 등		
	Cloud/ IT Infra	- Cloud, GPU 가상화 등 인프라 제공 - NVIDIA, AWS, Azure 등		

- Sovereign AI 구현 위해 Infra, Data, 인력, Biz 등의 요소 개발/관리가 필요.

- Sovereign AI 고도화 위해 연합학습, xAI 등 필요

3. Sovereign AI와 글로벌 AI Model 간의 비교

구분	소버린 AI 모델	글로벌 AI 모델
데이터 관리	자국내 Data Center, 자국민 Data, 주권확보	글로벌 Cloud, 데이터 위치 불명확
법률·규제	자국 법률·정책에 최적, 국내법 & 규제 준수	범용적, 특정국가 규제 반영 어려움
보안	국가·기업이 통제	외부 기업 의존, 리스크 존재

		확장성	국가·기업 중심 생태계	글로벌 N/W 기반 빠른 확장
		개인정보	타국유출 방지, 내부관리	글로벌 AI 서비스기업에서 관리
		서비스	자국민 대상	글로벌 Service

- Sovereign AI는 국가 기술주관과 문화적 정체성을
보호하기위해 필수요소임

"끝"

문152) 멀티모달(Multi modal) AI

답)
개요

1. 서로 다른 유형 Data 동시 처리, Multi-Modal

　가. 멀티모달 인공지능의 정의

　　Text, Image, Audio, 동영상 등 서로 다른 유형의
　　Data를 동시에 처리하고 분석하는 인공지능 기술

　나. Multi-Modal AI의 개념도

서로 다른 유형의 Data를 동시에 처리하고 분석

입력	멀티모달 AI 모델	출력
Text		Text
Image		Image
Audio		Audio
동영상 Video		Video

　　- 입력과 출력 양식이 서로 다른 Cross modal 형태

2. Multimodal AI의 주요유형 & 구성요소

　가. Multimodal AI의 주요유형

유형	입력(예)	AI 모델	출력(예)
Cross Modal	Text	멀티모달	이미지
다중유형 → 단일유형	Text, 이미지	멀티모달	Text
단일유형 → 다중유형	Text	멀티모달	이미지, 동영상

다중유형 → 다중유형	Text 동영상	→ (멀티 모달) →	Text 이미지

4. Multimodal AI의 구성요소

구성요소	역할
Input	다양한 유형의 데이터를 입력으로 사용, 멀티모달에 입력
AI 모델	입력별 유형의 Data를 활용하여 다양한 융합기법 사용하여 출력
Output	통합된 데이터 분석에 따른 결과를 Text, Image, Audio, Video 등을 포함하는 다양한 양식으로 Output

3. Multimodal AI의 핵심기술

구분	핵심기술	동작 방식
	정의	데이터 간 관계를 파악 → 의미 있는 정보추출
데이터 융합 (Fusion)	Early Fusion	- 초기단계에서 다양한 양식 결합 - 모델에 다양한 Data 소스를 통합하여 단일의 통합된 특징집합을 생성
	중간 Fusion	- 각 유형에서의 특징을 중간 단계에 결합 - 독립적으로 유형을 처리하여 특징을 추출하고 추출된 특징들을 나중에 결합
	Late Fusion	- 각 예측 결정후 결과를 결합 - 각유형에서 도출된 결론 & 예측 통합

			모달리티	정의	다양한 형식의 Data 활용, 인식하고 학습
			특정	이미지	CNN등 이용, Data의 특징 추출
			인코딩	Text	NLP 기술사용, Text의 특징 추출
				음성	RNN등 처리 알고리즘 통한 추출
				영상	컴퓨터 비젼 기술 활용한 추출
			Cross-modal	정의	서로 다른 유형의 Data를 학습하여 성능향상
				공통 표현	다른 유형에서 공통된 표현 방식으로 변환
			학습	집중 부분조절	중요도 고려, 학습과정에 집중부분조절
				정보 변환	한 유형에서 다른유형으로 변환학습

효율적인 학습을 위해 사전 학습된 양식별 모델을
사용하며, 공통 임베딩 공간학습, Data 증강 & 정규화,
전이 학습, 공동학습등 수행

4. Multimodal AI의 활용 방식 & 사례

구분	활용방식	활용 사례
창의적 콘텐츠 생성	이미지 생성	- Text 설명을 고품질 이미지로 생성 - Open AI DALL·E 등
	동영상 생성	- Text 설명 기반 동영상 생성 → 멀티 미디어 콘텐츠 제작 - Open AI Sora
강화된 사용자	질문/답변 & 정보제공	- 다양한 양식의 Data 입력, 사용자 질문에 답변 & 정보제공 - CLIP
I/F	사용자 I/F 제공	- Text, Audio, video 등 사용자 맥락에 맞추어 I/F 제공

		향상된 분석 능력	의료분야 활용	환자의 의료 이미지와 기록을 종합 분석, 진단 정확성 확보 → 치료법 추천
			모빌리티 활용	카메라, 레이더, 초음파 센서등 멀티 모달 센서 배열기반 주행 상황 분석등

알고리즘 편향성 최소화, 콘텐츠 출처 감지, 가짜 콘텐츠 최소화, 지식재산권 문제 해결등 멀티모달 AI 기술의 발전이 사회에 긍정적으로 기여할수 있도록 보장이 필수.

"끝"

문 153) AI TRiSM (AI Trust, Risk and Security Management)

답)

1. AI 신뢰, 위험, 보안관리, AI TRiSM의 개요

가. AI 보안 Framework, AI TRiSM의 정의

- AI의 잠재적 위험 관리를 위해 설명가능성, ModelOps, AI App 보안, 개인정보보호를 통합한 보안 구조

나. AI TRiSM의 필요성

AI 사이버 위협	AI 알고리즘 편향에 따른 불공정 결과
AI 사이버 위협	AI 학습 데이터 유출 & 오용에 따른 영향
AI 사이버 위협	예측 불가 의사결정에 따른 신뢰 상실
필요성	설명가능, 책임성 & 위험평가
필요성	Data 거버넌스 제공
필요성	투명성, 윤리 & 법률 준수

- AI 필수사항 & 위험 대응 핵심기술로 AI TRiSM 필요

2. AI TRiSM의 구성도 & 핵심요소

가. AI TRiSM의 구성도

관리 불가능한 위험 → AI TRiSM → 관리 가능한 위험

- 설명 가능성, 모델 모니터링
- ModelOps
- AI App. 보안
- 개인정보 보호

4. AI TRiSM의 핵심요소

구분	핵심요소	역할 /세부기술
신뢰 구축 측면	설명 가능성	-AI 이상 징후 & 편향 감지 -XAI, 관측 가능성, 지속적 모니터링
	Model Ops	-AI 모델 개발 변경/문제 추적 관리 -AIOps, DevOps, ITSM등
보안 강화 측면	AI App 보안	-모델 Data 암호화, AI 시스템 접근 제어 -Data 암호화, Zero Trust
	개인정보 보호	-AI system에 필요한 최소 개인정보 수집 -개인정보 비식별 조치, 토큰화

- 지속적 AI 보안교육, 전담팀 (TF) 구성등 필요

3. AI TRiSM의 문제점 & 고려사항

측면	문제점	고려사항
인식 부족	-AI 위험 과소평가 -대응 계획 미수립	-AI 위험교육 실시 -모범사례 공유/전파
보안 기술 부족	-보안 전문 지식 부족 -보안 조직/인력 부재	-기존 직원 추가교육 -AI 보안 전문가 투입
통합 과제	기존 보안 Framework 수정시 복잡성 증가	전담 부서 통합팀 (TF) 구성하여 위험 관리

- AI TRiSM를 통해 효과적 AI 위험 관리 필요

"끝"

문 154)	AI 거버넌스 플랫폼 (AI Governance Platforms)

답)

1. AI TRiSM 기반 AI 투명성 확보, AI 거버넌스 Platform의 정의와 필요성

정의	AI System의 법적, 윤리적, 운영적 성과관리 위해 AI TRiSM 기반 AI 사용정책 & 투명성 제공 플랫폼	
필요성	투명한 의사결정 & xAI	의사 결정 방식 이해, 결정에 대한 책임, 윤리적 결정원칙 준수
	장기간 윤리적 기준 유지	AI의 사회적 책임 보장, 재정적, 법적, 평판적 피해로부터 보호필요

- AI 거버넌스는 AI 도구와 System이 안전하고 윤리적으로 유지보장하는 가드레일 역할 수행 → AI 연구, 개발 & 활용 규칙과 표준을 수립하는데 기여

2. AI 거버넌스 platform의 원칙 & 핵심요소

   가. AI Governance Platforms 의 원칙

원칙	설명
공감	- 기술 영향도 & AI의 사회적 영향도 이해 - 이해관계자에 미치는 영향 예측 & 대처
편향성 제어	- 현실 세계 편견이 AI 알고리즘 미삽입 - 학습 데이터 검토하여 공정 & 편견없는 결정
투명성	- AI 알고리즘 작동 & 의사 결정 방식 투명성 - AI 기반 결과의 논리와 추론을 설명 가능

| | | 책임성 | -AI 도입시 변화관리 위해 사전기준수립 & 준수, AI의 영향에 대한 책임 | | |

나. AI 거버넌스 플랫폼의 핵심요소

구분	핵심요소	역할 / 세부기술
신뢰 구축 측면	설명 가능성	-XAI, 관측가능성, 지속적 모델 모니터링, -AI 이상징후 & 편향 감지
	Model Ops	-AIOps, DevOps, ITSM 등 - AI 모델 개발변경 / 문제 추적관리
보안 강화 측면	AI App. 보안	-Data 암호화, Zero Trust - 모델 Data 암호화, AI system 접근제어
	개인정보 보호	-개인정보 비식별조치 (익명처리) -최소한의 개인 정보수집

3. AI 거버넌스의 접근 방식 & 사례

가. AI 거버넌스의 접근방식

접근방식	프레임워크	주요 내용
비공식 거버넌스	공식 프레임 워크 없음	조직의 가치와 원칙기반 비공식 절차 존재
임시 거버넌스	있으나 체계 적이지 않음	AI 개발 & 사용위한 특정 정책 & 절차의 개발을 포함
공식 거버넌스	공식 프레임 워크 존재	조직의 가치와 원칙을 반영하고 관련 법률 & 규정준수

나. AI 거버넌스의 사례

			GDPR	개인 Data 보호 & 개인 정보보호관련 유럽 연합내 개인 데이터 처리 규정
			OECD	AI 시스템의 투명성, 공정성, 책임성등 신뢰할 수 있는 AI를 위한 관리 강조
			기업AI 윤리 위원회	기업내 윤리 이사회 & 위원회를 통해 AI AI 이니셔티브(주도권)를 감독하고 AI가 윤리 기준과 사회적 가치에 부합하는지 확인

"끝"

문 155) 인공지능 전환 (AX)

답)

1. AI로 전환, AI Transformation의 개요

가. 조직역량강화, AI 전환(AX)의 정의

- 인공지능을 경영 전반에 도입하여 조직과 업무 전반에 내재화하고 비즈니스 가치를 창출하도록 변화 과정

나. 인공지능으로의 전환 과정

정보화 (IX)	디지털 전환 (DX)	AI 전환 (AX)
- 수작업 → 전산화	- 데이터 활용 의사 결정	- Data 학습 → 경험 & 전문성 확보
- 온라인 서비스	- Data 분석 기반 효율성 개선	- AI 통한 자동화, 최적화, 전문화
- 반복업무 시스템화	- 부가 서비스 확대	

- 선택 아닌 필수, 조직 역량과 자원 결집 → 전사적 AX 추진

2. AX(AI 전환) 추진 전략

가. AX 추진 방향

구분	추진 방향	세부 활동
AI 중심 경영 체계	조직 체제 개편	- AX를 중장기 경영 전략과 연동
		- 전략 목표 설정 & 조직 개편
	AI 중심	- 기업/기관 경영 전반을 AI로 혁신
	조직 문화 조성	- 지식 공유와 협업 기반 마련
		- AX 부처 구성 및 대내외 활동 강화

			AI	AI기반	-단순 반복 업무 → AI로 자동화
			기반	자동화	-업무 Process를 AI기반으로 재설계
			업무	AI기반 선	-조직내 전체 구성원이 AI와 협업
			Process	순환 체제	-업무 성과를 창출 & 확산
			AI	AI친화	-데이터 사일로 (Data Silo) 해소
			친화적	데이터 구축	-데이터 접근성/활용성 제고
			운영	AI 정보보안	-전용 AI Infra 확보
			Infra.	체제 마련	-정보보안과 업무혁신 양립 체제)

나. 단계별 AX 추진과제

단계	추진과제	세부 목표
	AX	-최고 AX 책임자 (CAXO) 선임
	거버넌스	-제반규정을 AI Native로 정비
① 단계	정립	-내·외부 협력체계 형성
AX전략	전사 AX	-중장기 방향, 핵심과제, 가이드 등
수립 &	전략수립	-단계적 추진 & 짧은 Rolling Plan
기반마련	AX process	-업무 영역별 방법론 개발 & 구체화
	재설계	-재설계 추진규정 & 지침수립
	전사 AX	-기술/자원 통합 AI 전환 아키텍처
	아키텍처 설계	-전용망, 암호화, Log, DR/이중화
	AI Ready	-모든 업무 Data 화
② 단계	Data	-필요시 즉시 활용 가능준비
	확보	-Data 파이프라인 구축 등

				업무시스템	-단기적 Multi-LLM 서비스 활용
			단계적	AI 전환	-중장기적 AI 기반 업무환경 구현
			AI도입	AI Assistant 도입	-문서 업무, 일정, 회의록 등 AI 도입
			& 활용		-MCP, A2A, 전문 맞춤형 AI 어시스턴스
				생성형AI System	-전문가형 의사결정, 시뮬레이션 기능
					-뉴스/SNS, 내·외부 Data 활용 리스크 대응
				성능평가& Feedback	-AI 성능 모니터링, Feedback 평가
					-온라인 평가단, Trend 반영
			③단계	AI 생태계조성	-기업/기관 내부 AI LAB 환경조성
			AX성과		-AI 성과공유/표준화로 생태계 조성
			환류&	내부역량 강화	-구성원 AI 역량진단 & 전문가 양성
			역량강화		-AI Enabler/ Innovator/ Leader
				AI안전& 보안강화	-신뢰성/투명성 기반 Responsible AI
					-AI 윤리 거버넌스 등

-실질적 혁신위한 정교한 추진전략과 접근 필요

3.　AX의 성공 조건 (CSF)

방향	성공 조건 (CSF)
총체적 추진	-개별 사업을 넘어 기관 전체 전략과 제도에 내재화, AI 관심도 향상위한 AI 대회개최
	- 강력한 리더쉽과 거버넌스
전략적 접근	-중장기 전략 & 안정적 투자 메커니즘
	- 기술 불확실성 & 경제성 확보 전략

			협력과 참여	- 유관기관과 AI 데이터 공유 등 협력 강화 - 내부협력 체계 구축 & 전체 구성원 참여
			AX기반 확보	- 기관 전체 공통 기술/서비스로 AX 비용 절감 - 데이터 확보 총력/위험관리 체계적 대응
			주도적 혁신	- 조직 & 업무혁신 연계, 대내외 기관과 역할분담 - 구성원 자체역량 확보 → AX를 기관이 주도

"끝"

MEMO

AI 주요 기술 등

GPU와 CPU, 교차검증(K-fold Cross Validation)기법, 머신러닝 모델의 평가방법, 머신러닝 보안 취약점, 머신러닝 학습과정에서의 적대적 공격 4가지, 데이터 어노테이션(Data Annotation), AIaaS(AI as a Service)와 도입 시 고려사항, 전이 학습(Transfer Learning), 인공신경망의 오류 역전파(Backpropagation) 알고리즘, 인공지능 소프트웨어 개발 프로세스를 V 모델, 인공지능 개발과정에서 중점적으로 점검할 항목, 인공지능 데이터 품질 요구사항, XAI(eXplainable AI), 인공지능(AI) 데이터 평가를 위한 고려사항, AI 리터러시, ChatGPT, 랭체인(LangChain), LLM, RAG, 그래프(Graph) RAG, Vector Database, Prompt Engineering 등을 학습합니다.

[관련 토픽 - 36개]

문 156) GPU(Graphic Processing Unit)와 CPU (Central Processing Unit)의 차이점

답)

1. GPU와 CPU의 개념 및 특징

GPU
- 개념 - 이미지와 영상을 처리하는 역할
- 특징 - Floating Point 연산을 하는 ALU Core를 수천개 반복 구성시켜 빠른 Graphic 처리수행

CPU
- 개념 - 명령 해독, 산술논리연산 & 데이터 처리/실행
- 특징 - Computer의 가장 핵심부분
  - ALU, Register, 제어장치, Bus로 구성

2. GPU와 CPU의 차이점

구분	GPU	CPU
구조	ALU1 / ALU2 / ALU3··· / ALUn / 제어기 / DRAM	Control / ALU ALU ALU ALU / Cache / DRAM
구성요소	DRAM, 소형 Cache, 제어기 다수의 ALU, SP, TPC	DRAM, Cache, SP(stack pointer) Control, ALU 등
코어 구성	병렬처리용으로 설계 수천개의 소형 ALU.	하나의 CPU는 몇개의 최적화된 Core로 구성
연산 처리	-병렬 처리가 기본 -특정연산을 동시에 처리	-병렬/직렬 처리 -명령어를 병렬로 순차처

연산대상	부동소수점 연산중심	정수연산중심
데이터구조	비트맵(X,Y,Z기반역위치와 길이)	연산: Stack 기반
연산수행	Multi-Thread가 기본	Process/Thread 기반
기술요구	고속 병렬 연산	빠른 명령어 처리

- 고속 연산, 병렬 연산을 통한 GPU의 데이터 처리 능력으로 Machine Learning, Deep Learning등 인공지능분야에서 GPU가 보편적으로 사용.

3. GPU + CPU ⇒ GPGPU (General Purpose GPU)

	고속연산 행렬, 벡터연산	Programming 환경
CPU	⟷ 연산기능 담당	GPU 가속기

- GPU의 일부기능을 통해 CPU의 연산 기능을 분배하여 고속처리가 가능한 기술 (상호 Co-work)

"끝"

- GPU (-TPC) - SM구조
- TPC (Text Processing Cluster) → 최소명령어 단위는 SM (Streaming Multi-Processor)

TPC   TPC
SM SM   SM SM

문 157) 머신러닝 모델은 학습과 함께 검증및 평가 과정이 필요하다.
　　가. 교차검증(K-fold Cross Validation) 기법에 대해 설명하
　　나. 머신러닝 모델의 평가방법에 대하여 설명하시오.

답)

1. 머신러닝(Machine Learning) 모델 평가의 필요성

K-fold Cross Validation, Holdout	→	혼동행렬, ROC커브 (Curve)	→	신뢰성 증가, 예측 성능 향상, 알고리즘 비교
← 모델 검증	＊	모델 성능 평가	＊	필요성 →

- K-fold Cross Validation을 활용하여 머신러닝
(Machine Learning) 모델의 성능 검증을 진행(실시)

2. 교차검증(K-fold Cross Validation) 기법

　가. 교차검증기법 설명

구분		설 명
개념		K개의 fold을 만들어서 교차검증을 수행하여 머신러닝 모델(Model) 검증할수 있는 기술
특징	최적화	한번에 많은 데이터셋 학습으로 모델 최적화
	Iteration	K 만큼 반복(Repeat) 수행
단점	시간소요	일반 학습법 대비 시간 소요 증가
	K수에 의존성	K가 작을수록 결과 편중될 가능성 높음

1	갠	상세 설명

4. 교차 검증 메커니즘

개념도

K-fold cross validation flow

3-fold cross validation

Original data Set (100%) → ① → Training Data set (80%) → ② → Training fold / Training fold / Validation fold → Round1 / Round2 / Round3 → over-fitting → 분류 알고리즘

Test Data set (20%) ← 성능평가 Test data

④ → Classifier

③ → ⑤ 최종모델평가

수행절차

① 전체 Data를 Training Data와 Test data로 분할

② Training Data를 K개의 fold로 나눔 (K=3)

③ K-1개 (2개)는 Training data, 나머지 1개는 Validation data로 지정

④ Validation data를 변경하면서 학습수행

⑤ Test data로 모델(Model) 평가

- K-번을 Iteration하며 학습을 수행한후 최종모델에

대한 성능 검증수행

3. 머신러닝 모델 평가방법

가. 머신러닝 모델 평가방법 도식화

- 데이터 수집, 예측값과 실제값 비교수행, 혼동행렬

작성 → 혼동행렬 기반 성능평가 순으로 처리됨.

데이터
자료 수집 → 예측값과 실제값 비교 수행 → 혼동행렬 작성 → 혼동행렬 기반 성능 평가 기법, 정밀도, 정확도, F1 score, 재현율, ROC Curve

-TP, TN, FP, FN   - N * N 형태

- 혼동행렬 기반의 성능평가 매트릭스(Matrix)를 활용하여 머신러닝(Machine Learning) 모델 평가 수행

4. 머신러닝 모델 평가 방법 상세 설명

방법		상세 설명		
			예상 Condition	
			예측 참	예측 거짓
혼동	실제	실제 참	TP	FN
행렬	Condition	실제 거짓	FP	TN

TP: True Positive, FP: False Positive

FN: False Negative   TN: True Negative

예측된 값과 실제 값이 일치 하는지 여부를 행렬로 분류하는 모델 평가 방법

성능 평가 매트릭	정확도 Accuracy	Y로 예측된 것 중 실제로도 Y인 경우의 비율	$\dfrac{TP}{TP+FP}$
	정밀도 Precision	전체 예측에서 옳은 예측의 비율	$\dfrac{TP+FN}{TP+FP+TN+FN}$
	재현율 Recall	실제로 Y인 것 중 예측이 Y로 된 경우의 비율	$\dfrac{TP}{TP+FN}$

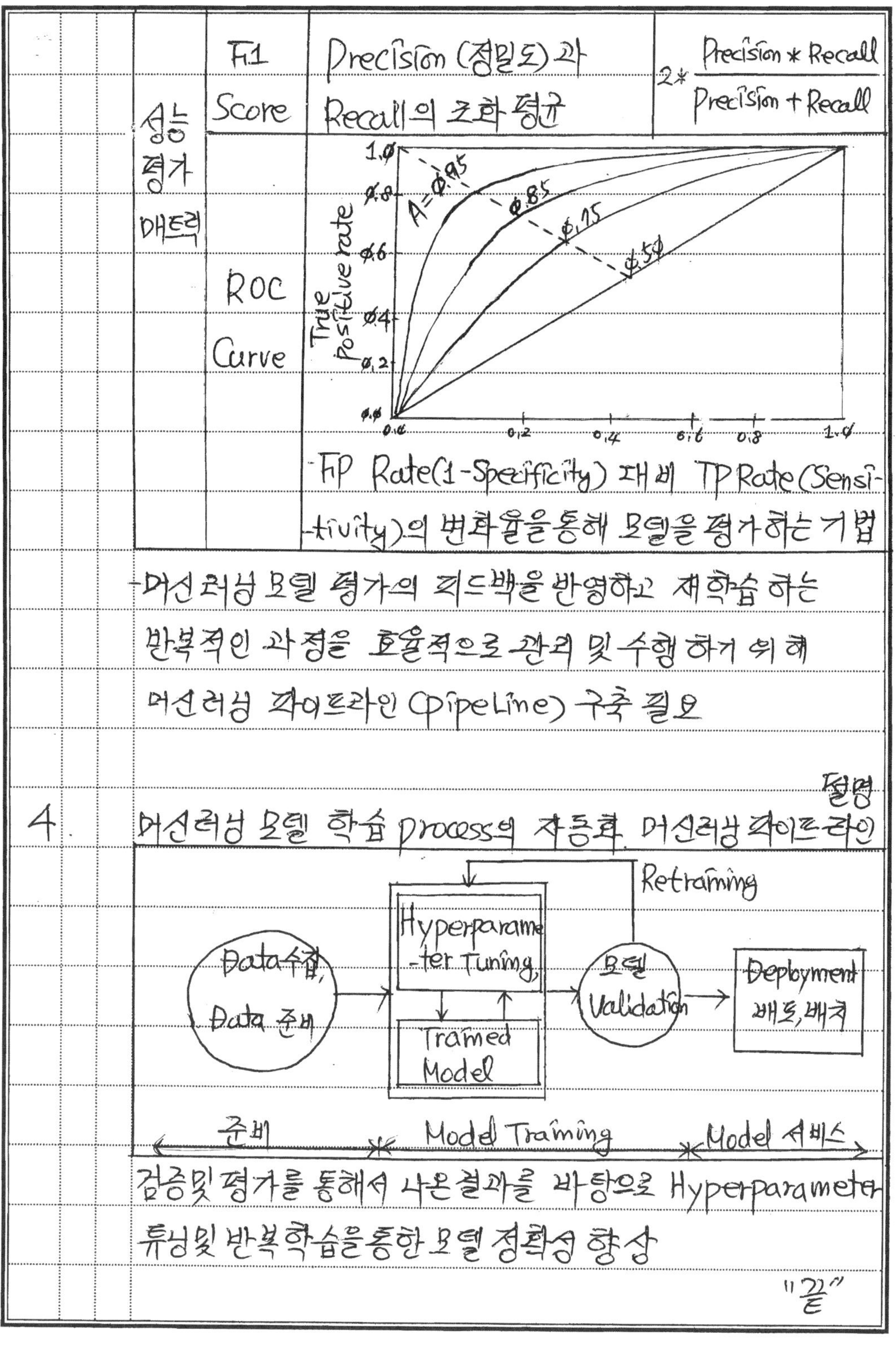

- 머신러닝 모델 평가의 피드백을 반영하고 재학습 하는
  반복적인 과정을 효율적으로 관리 및 수행 하기 위해
  머신러닝 파이프라인 (pipeline) 구축 필요

4. 머신러닝 모델 학습 process의 자동화, 머신러닝 파이프라인

검증및 평가를 통해서 나온 결과를 바탕으로 Hyperparameter
튜닝및 반복학습을통한 모델 정확성 향상

"끝"

문 158) 머신러닝 보안 취약점에 대해 설명하시오.

　가. 머신러닝 학습과정에서의 적대적 공격 4가지

　나. 각각 적대적 공격의 방어기법

답)

1. 머신러닝(Machine Learning)의 적대적 공격 개요

　가. AI 활용분야의 위협, 머신러닝의 적대적 공격의 정의

　- 머신러닝의 심층신경망을 이용한 모델에 적대적 교란 (Adversarial Perturbation)을 적용하여 오분류를 발생시키는 공격기술

　나. 적대적 공격의 유형

　- Invasion (침입), poisoning (중독), Evasion (회피) Model 추출, Inversion (전도) 등의 유형으로 분류됨

2. 머신러닝 학습과정에서의 적대적 공격 4가지

　가. 기밀성 측면의 공격기법

　- Inversion (전도), Model Extraction attack 등이 있음

		공격기법	설 명	사 례
		Inversion attack (전도공격, 학습데이터 추출공격) (역공학 활용)	머신러닝 모델에 수많은 Query를 던진후, 산출된 결과값을 분석해 모델 학습을위해 사용된 Data를 추출하는 공격 -산출된 결과값을 분석해 학습과정에서 주입된 데이터를 복원하는 방식	얼굴인식 머신러닝 모델의 학습을위해 사용한 얼굴이미지 데이터를 복원 가능 -역공학으로 최초 Data들을 추출해 낼수 있음.
		Model Extraction Attack (모델 추출 공격) (역공학 활용)	-머신러닝 모델을 추출하는공격 -역공학 활용 -유료 머신러닝 모델 서비스 (MLaaS: 머신러닝 asa서비스)를 탈취하거나, Inversion attack, Evasion attack과 같은 2차 공격에 활용하기 위해 사용될수 있음	(연구결과) 70초 동안 650번의 Query 만으로도 아마존 머신러닝 모델과 유사한 Model을 만들어 내는 것이 가능

		Poisoning Attack (중독공격, 오염공격)	-의도적으로 악의적인 학습 데이터를 주입해 머신러닝 모델을 망가뜨리는공격 -모델 자체를 공격해서 모델(Model)에게 영향	악의적인 발언을 하도록 훈련시켜 욕설, 인종차별, 성차별, 정치발언등 원치않은 결과유발
		Evasion Attack (회피공격)	입력 데이터에 최소한의 변조를 가해 머신러닝을 속이는기법. (이미지분류)사람의 눈으로는 식별하기어려운 방식으로 이미지를 변조해 머신러닝 이미지분류모델이 착오를 일으키게 만드는수법	-도로 교통표지판에 이미지 스티커를 부착해 자율주행 자동차의 표지판 인식 모듈을 교란 (자율주행차가 '정지'표시를 '속도제한' 표시로 오인식

-적대적 공격기법의 대상과 각각의 특징에 따른 대응 방안이 지속적으로 연구되고 잇음.

3. 적대적 공격의 방어 기법

가. 각각 적대적 공격에 대한 방어기법

Poisoning Attack	✕	Defense-GAN
Evasion Attack		적대적 훈련 (Adversarial Training)

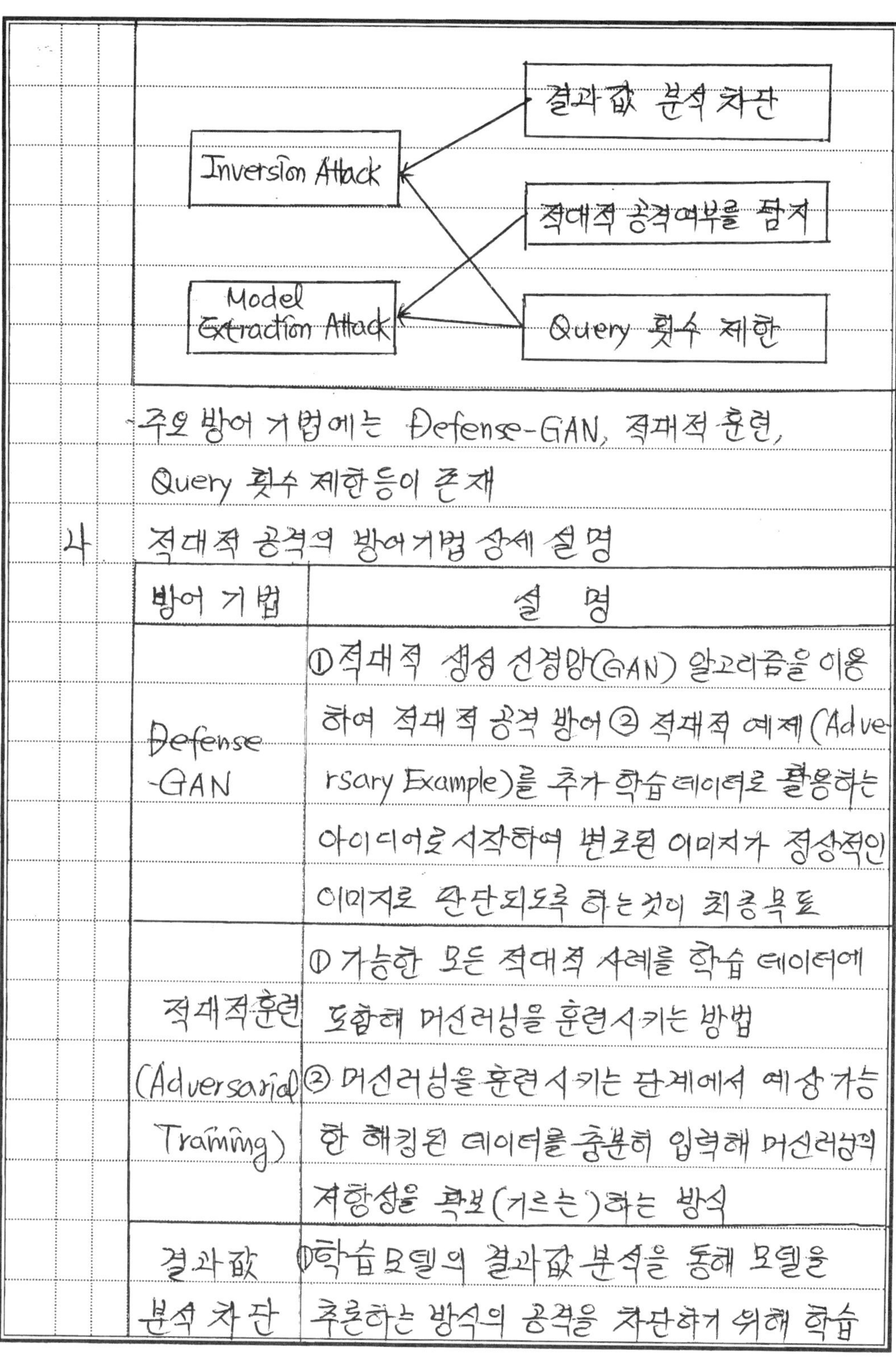

주오 방어 기법에는 Defense-GAN, 적대적 훈련,
Query 횟수 제한 등이 존재

4	적대적 공격의 방어기법 상세 설명	

방어 기법	설 명
Defense -GAN	① 적대적 생성 신경망(GAN) 알고리즘을 이용하여 적대적 공격 방어 ② 적대적 예제 (Adversary Example)를 추가 학습 데이터로 활용하는 아이디어로 시작하여 변조된 이미지가 정상적인 이미지로 판단되도록 하는것이 최종목표
적대적 훈련 (Adversarial Training)	① 가능한 모든 적대적 사례를 학습 데이터에 포함해 머신러닝을 훈련시키는 방법 ② 머신러닝을 훈련시키는 단계에서 예상 가능한 해킹된 데이터를 충분히 입력해 머신러닝의 저항성을 확보 (거르는) 하는 방식
결과값 분석 차단	① 학습모델의 결과값 분석을 통해 모델을 추론하는 방식의 공격을 차단하기 위해 학습

			모델의 결과값이 노출되지 않도록 하거나, 결과값을 분석할 수 없게 변환하는 방식으로 공격을 차단
		적대적 공격여부를 탐지	원래의 모델과 별도로 적대적 공격여부를 판단하기 위해 모델을 추가한 후, 두 모델의 추론 결과를 비교해 두 결과 간에 큰 차이가 발생하는 경우 적대적 공격으로 탐지하는 방식
		Query 횟수 제한	① 모델에 반복적인 Query를 시도하는 Inversion Attack이나 Model Extraction Attack을 방어하기 위해서 모델에 대한 Query 횟수를 제한하는 방식 ② 학습 데이터에 포함된 기밀정보, 민감정보가 노출되지 않도록 암호화 등의 가명처리

AI에 의지하기 보다는 인간의 검증 판세를 통해 데이터가 오염되지 않았는지 Model 오작동하고 있는지 등 지속 Monitoring 하고 점검하는 것이 필요.

"끝"

문 159) Data Annotation (데이터 어노테이션) 기법

답)

1. Data Labeling, 데이터 어노테이션의 개요

  가. Data Annotation의 정의
  - 인공지능이 데이터의 내용을 이해할수 있도록 주석을 달아주는 작업, 즉, AI 알고리즘이 이해할수 있도록 Labeling

  나. 데이터 어노테이션 방법 (Data Annotation Method)
  - Metadata를 Data set에 추가하는 작업, "태그(Tag)형식으로 이미지, Text, 비디오, 음성파일등에 추가 하는 방식

2. 데이터 Annotation의 기법및 설명

구분	예시	설 명(장/단점)
바운딩 박스 (Bounding Box)		- 객체의 가장자리에 딱 맞춘 사각형 틀을 그려 캡처 장점: 쉽고 빠르게 데이터 가공 단점: 해당 객체 미포함 픽셀 존재
폴리곤 (Polygon)		- 객체의 테두리 지점을 돗수 해 인식 규칙적이지 않은 형태의 객체 정밀선택 장점: 정확하게 인식 단점: 겹쳐져 있을경우 부정확
폴리라인 (Polyline)		- 객체 테두리에 여러 점을 찍어 인식 시작점과 끝점이 달라도 인식가능 - 자율주행 자동차의 차선 탐지훈련 등

	도인트 (point)	사과	-이미지 상단일 픽셀을 찾음 -이미지속 개체수, 군중속 사람선택 등 장점: 작업방법 쉽고 간단 단점: 윤곽 명확하지않을시 오류발생
	큐보이드 (Cuboid)	← 넓이 → 길이 목	-길이와 너비, 목 까지 표현 가능 -2D이미지 외에 정밀도를 높임 장점: 3D 환경에 사용가능 단점: 불규칙/가려진부분 등 작업어려움
	시맨틱 세그멘테 션 (Semantic Segmen- tation)	Sky Trees Cat Grass	-이미지 속 모든 장면과 상황을 인식 할수있게 가공하는 고차원의 방법 -장점: 장면을 잘 이해할수 있음 -단점: 많은작업 → 높은공정비용추가

"끝"

문 160) 이미지 데이터 어노테이션 (Data Annotation) 유형과 기법

답)

1. 이미지 Data 전처리, Image Data Annotation 정의
   - 이미지 Data 분석 & 활용을 위해 이미지 수준, 객체(object)수준, 픽셀(pixel) 수준으로 추가 정보를 부여하는 Annotation(메타데이터 추가) 기법

2. 이미지 Data Annotation의 유형과 기법

   가. Image Data Annotation의 유형

```
              ┌─────────────┐
              │ Image Data  │
              │ Annotation  │
              └─────────────┘
        ┌───────────┼───────────┐
   ┌─────────┐ ┌─────────┐ ┌─────────┐
   │이미지 수준│ │ 객체 수준 │ │ 픽셀 수준 │
   └─────────┘ └─────────┘ └─────────┘
```
   · 이미지 전체 단일식별   · 이미지 내부 객체식별   · 이미지 각 픽셀식별

   정밀도 낮음   정밀도 높음

   - 이미지 Data 활용목적과 수준 & 범위에 따라 적절한 수준의 Annotation 유형선택 필요

   나. Image Data Annotation의 기법

유형	기법	설명
이미지 수준	이미지 분류	이미지 파일 단순분류 (예: 고양이 등)
객체	바운딩 박스	객체의 최소 사각형으로 분류
수준	폴리곤	객체윤곽 따라 다각형으로 어노테이션

			객체	키포인트	객체의 주요특징점 Annotation
			수준	3D 큐보이드	객체를 3차원 Box로 식별, 위치 & 크기 식별
			픽셀 수준	시멘틱 세그멘테이션	이미지의 각 pixel별 class 지정
				인스턴스 세그멘테이션	class 내에서 개별객체를 구분해 pixel Label 지정

- 이미지 Data Annotation을 지원하는 도구 & platform 활용으로 자동화하여 Annotation 비용 절감

3. Image Data Annotation 표준 & 도구 설명

		유형	도구	설명
		표준	PASCAL VOC	객체인식 & 분류 위한 Annotation 형식 제공
		참조 Dataset	COCO	Microsoft 제공 대규모 Image Annotation Data set
		도구	Labelbox	Web 기반 접근성 높은 Data Annotation Tool (도구)
			Super Annotate	Computer vision Model 위한 Annotation 도구

- Annotation 표준 & 도구 활용해 고품질의 Image Data 생성 & 머신러닝 Model 성능 최적화 기대

"끝"

문 161) AIaaS (AI as a Service)와 도입시 고려사항

답)

1. AI → 인공지능 서비스(AIaaS), AIaaS의 개요

가. Cloud 환경 AI 서비스 제공, AIaaS의 정의

- AI를 Cloud에 구현해서 제공하는 서비스

AI +	IaaS	인프라	⇒ 서비스
	PaaS	platform	제공
	SaaS	Software	

나. AIaaS (AI as a Service)의 특징

구현성	이미 구현된 AI 서비스를 API로 활용
편의성	Cloud platform 내의 서비스 사용
운영효율성	'사용한 만큼만 지급'(pay as you go)
접근성	단말기기에 관계없이 Cloud 서비스 이용

2. AIaaS의 구조 및 설명

가. AIaaS의 구조 (예시)

AI API		IaaS
머신러닝 프레임워크	→ AIaaS ←	PaaS
AI Application		SaaS

AIaaS는 IOT, BigData 분석 등에 활용 가능

4. AIaaS의 서비스유형

구분	서비스유형	서비스목적및 활용
인공지능 기능 측면	AI API	-AI기능 제공 (open API) 등
	엔진 서비스	-자연어 처리(NLP) 엔진, AI학습모델
	머신러닝	-실 Data 기반 AI 엔진 학습 FW 제공
	프레임워크 서비스	-수집, 전처리, 패턴분석, 빅Data 분석등
	AI Application	-다양한 AI 엔진조합 → AI SW 제공 등
	서비스	-사용자 맞춤형 AI모델, 사용자 정의기능
Cloud 서비스 측면	IaaS기반AI	-AI서비스위한 cloud 기반 H/W환경제공
	HW 인프라서비스	-GPU, NPU, 병렬처리등 오토스케일링 서비스
	PaaS기반학습	-HW 기반환경에 AI 개발도구및 플랫폼제공
	모델개발환경	-정형정보 추출, 모델 학습/검증서비스
	SaaS기반AI	-기존 AI SW와 연동하는 API형태 제공
	API서비스	-머신러닝 모델 API/SDK 서비스등

3. AIaaS 도입시 고려사항

가. 기업과 기관등에서 AIaaS 도입시 고려사항

AI 직접도입시 고려사항

인공지능 기술역량 확보	AI platform 구축및운영 예산 확보	AI/ML 전문인력 수급	AI학습/ 모델링 작업시간 확보

FW = Framework

4. AIaaS 도입 시 고려사항 설명

항목	부족항목	세부 원인
AI 기술역량 확보	AI 기술 자체역량 부족	-AI플랫폼 전영역 자체역량 확보 어려움 -수집/전처리, 모델링등 전과정 전문성 필요 -신기술 변화에 따른 최적 AI 기술활용 어려움
AI플랫폼 구축&운영 예산확보	CAPEX/OPEX 비용부담	-AI플랫폼 구축시 막대한 구축/운영비용부담 -슈퍼컴퓨터, GPU등 고가 AI 인프라 구축방↑ -경직된 기술투자로 ROI관점에 공격적투자불
AI/ML 전문인력 수급	AI/ML 전문인력 수급어려움	-AI/ML전문인력은 해외 빅테크 기업 소속 -전문기업 제외, AI/ML전문인력 부족 -인프라, 모델링, 분석전문가등 필요
AI학습/모델링 작업시간 확보	충분한 작업 시간 확보 어려움	-AI/ML 전과정 시행착오, 반복작업 -단계별 플랫폼구성, 학습등 수행 시간과다 -기업에서 시간은 곧 생존의 문제로 시간확보곤

4. AIaaS의 장단점 및 사용시 고려사항

가. AIaaS의 장단점

구분	장/단점	세부 설명
AIaaS 장점	선택과 집중 가능	-완전관리형 AI서비스로 별도인력불 필요 -기업전략목표(KPI) 달성에 집중 가능
	AI운영투명성	-AI개발,운영, 유지보수비용 ←투명성 제공
	투자위험감소	-낮은 초기투자 비용으로 실패서 B운영향도 낮음

	AIaaS 단점	학습 데이터/모델 보안성 취약	- AI 학습 및 결과분석 위해 공개망에 데이터 [저장 형태] - AI 학습 모델 & 결과물 분석 과정이 블랙박스
		Cloud 기반 데이터 활용 제한	- 특정 국가 & 지역, 분야별 AI 데이터 Cloud [분산] 저장 제한, 지역에 따라 특정 유형 AIaaS 사용

4. AIaaS 사용 시 고려사항

구분	고려사항	대응 방안
AIaaS 단점 (보안 측면)	Cloud 및 AI 보안성 향상	- 처리흐름 추적, 내부/외부 서비스 격리 - XAI 반영, AI 모델 및 결과에 대해 설명
	데이터 거버넌스 & 법률 준수	- MasterData 별도 관리 - EU-GDPR, 전자의무기록관리 등 준수
AIaaS 사용 시 경쟁력 강화측면	융합 프로젝트 강화	- Cloud 인프라 활용 우선 지원 & 문제점을 AIaaS 기반으로 해결하는 All AIaaS 강화
	기업 간 협업	- 기업 단독 AI, IoT 등 다수 개발은 역부족 - 대/중/소 기업 협업 Alliance 체계 강화

- AIaaS는 금융, 공공, 의료, IT산업 등을 중심으로 머신러닝 모델, 자연어 처리 분야의 서비스로 비대면, 자동화 추세에 따른 수요로 성장이 지속적으로 촉진될 전망임

"끝"

문 162) 전이학습(Transfer Learning) - 1

답)

1. 학습치 재사용 기법, 전이학습의 개념 & 필요성

개념	필요성
Data 세트(Set)가 유사한 분야에 학습치를 전이하여 Fine Tuning 기반 신경망 학습 재사용 기법	데이터 부족 해소 학습시간 단축 학습치 재사용

2. 전이학습의 구조 및 설명, 알고리즘의 종류

가. 전이학습의 구조(예시)

나. 전이학습 구조(메커니즘)의 설명

구분	메커니즘	설명
①	Feature Learning	Data set 기반 학습 수행
②	Transfer Parameter	학습치(parameter) 전이
③	Classifier Learning	Fine Tuning 기반 미세조정

다. 전이학습의 유형과 알고리즘

		유형	알고리즘	설명
		Inductive (귀납적)	-Multi-task 학습	하나의 훈련셋으로 여러 분류 모델 처리
			-Self-taught 학습	Labeled Data로 Feature 생성, 최종분류자 변환
		Trans-ductive (변환)	-Domain 적응	Feature 생성후 Target 도메인 구별자
			-Sample Select Bias	-학습치 샘플선택, 해당학습치만 전이
3		Transfer Learning의 한계점 & 해결방안		

한계점	해결 방안
소스모델 (Source Model)의 학습 데이터로 목표 모델에 적용가능여부 예측 어려움	-Feature Representation -소스·목표 모델간 공통 Feature 탐색, 오류 감소 등

"끝"

문 163) 전이학습(Transfer Learning) -2

답)

1. 학습 데이터(Data) 부족 극복, Transfer Learning 정의

학습 데이터가 적은 AI 모델의 빠른 학습을 위해 데이터가

풍부한 분야의 "Pre-Trained" 모델을 전이/재사용하는

머신 러닝(Machine Learning) 준지도 학습

2. 전이학습의 구성도와 구성요소

가. Transfer Learning의 구성도

<학습 Data 분야>　　　　　　　<다른 Data 분야>

Pre-Trained (사전학습)　　　　　Fine Tuning

학습　　"Domain Adaptation"　　추론

모델 A　→　지식　→　모델 B

- 전이학습은 학습 데이터수가 적을 때 효과적이고 빠른 학습 가능

나. 전이학습의 구성요소

구분	구성요소	설명
학습	Domain 적응력	유사한 타 도메인 데이터 재학습
모델	Pre-Trained	전체 데이터 사전 학습(바둑→오목)
관점	Fine-Tuning	타 도메인 내용 일부 학습후 사용
학습	Feature-Extraction	Data의 특성 추출
훈련	Layer Re-use	기존 모델 일부 Layer 재사용
관점	Multi-Tasking 학습	동시 다수분류 처리

전이학습은 동일 도메인 지식을 전달하는 지식증류와 상이함

3. 전이 학습과 지식 증류의 비교

구분	전이 학습	지식 증류
Domain	다른 Domain의 빠른 학습	동일 도메인 지식만 전달
주요 구성요소	Pre-Trained (사전학습)	Teacher 모델
	Fine-Tuning	Student 모델
특징	유사모델 생성	경량화

"끝"

- 지식증류 (Knowledge Distillation) : 커다란 모델에서 핵심적인 지식만 뽑아내어 작은 모델에 전달하는 과정

문 164) 프리 크라임 (Pre-Crime) 시스템

답)

1. AI통한 범죄예방, Pre-Crime 시스템의 개요

개념	주요기능
치안 Data수집및 Deep Learning 분석통해 범죄가 일어나기전에 사건을 예측하여 범죄자를 식별, 추적, 차단 하는 최첨단 치안시스템	-실시간 용의자 식별/ 검색/추적/수사의사 결정지원 -실시간 범죄/테러방지

2. Pre-Crime System의 개념도및 주요기술

가. Pre-Crime 시스템의 구성도

추적된 범죄데이터를 기계학습을 통해 범죄예측 데이터의 Real time 제공, Monitoring 및 예측 제공

4. Pre- Crime (프리크라임) System의 주요기술

구분	기술요소	세부기술
사전 학습	범죄Data 클렌징	데이터라벨링(시간/장소등), 표준화
	범죄Data 수집/저장	Cloud, Big Data, IoT, 지능형CCTV

			범죄영상/이미지	딥러닝, CNN, RNN
		분석/추적	범죄Data분석	SNA, 상관/관계분석, 패턴분석
			범죄자 식별	안면인식, 홍채스캔, 유전자, 음성등
			범죄자 추적	위치, C-ITS, 경찰드론, 전자발찌
		모니터링(예측/예방)	범죄예방설계	CPTED(범죄예방환경설계)
			유사사건 분석,검색	Text-Mining, 유사도분석, 시계열분석
			우범지역 모니터링	도시범죄지도, Data가시화

3. Pre-Crime System의 사례

구분	사례	세부기술
국내	AI 활용음란물차단	Data Labeling, Data 표준화
	전자발찌	-범죄 징후 예측 +전자발찌(행위,동선)
	범죄분석 &예측	-과거 Data분석, 분류, 패턴화
국외	미국(PredPol)	-범죄확률 높은 지역 예측→사전출동
	영국 (OASys) (4)	-수감자 재범예측, 재범확률등
	일본(CCTV+행위분)	-절도행위 예측, 범죄자추적등

"끝"

- CPTED : Crime Prevention Through Environment Design

- PredPol : 미국 실시간 범죄 예측 모델

- OASYS : 영국 범죄자 분석 System

문 165) 머신러닝(Machine Learning)의 학습방법은 크게
3가지 [지도학습(Supervised Learning), 비지도 학습
(Unsupervised Learning), 강화학습(Reinforcement
Learning)]로 분류한다. 인공지능 소프트웨어 개발
프로세스를 V모델 기준으로 도식화하고 관련 기술의
최신 동향및 안전 취약성을 설명하시오.

답)

1. AI S/W 개발 process 기준, V모델의 도식및 설명

가. AI S/W 개발 process V모델

Biz 분석, Data수집, 전처리   Biz 검증

Biz/Data 정의   오류사항확인

Verification   데이터 정제   Data 품질 확보   Validation

AI아키텍쳐   모델 검증
수립

AI 학습및 개선

→ S/W공학의 Verification과 Validation과 유사

나. AI S/W 개발 Process의 상세설명

구분	영역	상세설명
Veri-fication	Biz 분석	Biz 분석통한 AI모델, 유형등 파악
	Data 수집	동영상, 이미지, Text, 음성등으로 구분
	Data 정의/정제	AI모델에 적용될 Data 정의 / 정제
	AI아키텍쳐수립	AI모델, AI 프레임워크 선택, 알고리즘등

			AI모델 검증	Cross Validation 등 기법을 통해 Overfitting, Underfitting 문제 해결
		Vali-dation	Data 품질확보	Data 정제통한 정확성, 일관성등 확보
			Biz. 검증	개발된 AI S/W가 요구사항을 충족하려

-Data 정제후 알고리즘, Framework 설계 등을 통해

인공지능(AI) Software 개발

2. 인공지능 관련 기술의 최신동향

가. AI 관련 기술의 최신 등향

```
        ┌─────────────────────────────┐
        │    기존의 인공지능 알고리즘    │
        └─────────────────────────────┘
                      │
                      ▼ 개선
      ┌──────────────┐      ┌──────────────┐
      │   학습 개선   │      │   절차 개선   │
      └──────────────┘      └──────────────┘
```

- 적대적 생성 Network (GAN)
- 전이 학습
- 연합 기계학습

- 적응적 기계학습
- 상황인식, 자율적
- 설명 가능한 AI (XAI)

-Data 과학 + 상황인식 + 적응형등으로 연합 기계학습 화

나. 인공지능 관련 기술의 최신 등향의 상세 설명

구분	등향	설명
학습 개선	GAN, DCGAN (적대적 생성 Network)	생성과 분류라는 상호 경쟁하는 신경망 모델을 구성하여 원본 데이터와 최대로 유사한 Data를 생성하는 기술

		학습 개선	전이학습	학습시간을 단축하기 위해 이전에 학습된 머신러닝 Model을 재사용하는 기술
			연합 기계학습	분산환경활용 (예: 개인휴대폰에서 모델학습 후 중앙서버에서 취합후 공통모델 생성)
		절차 개선	적응형 ML	학습과 검증두단계로 나누는 것이아닌 실Data 활용, 동작하는 과정에서도 새롭게 학습
			상황인식 ML	자율주행자동차 처럼 향후 예측 가능 상황을 지속적으로 Monitoring
			XAI (AI) (설명가능한)	AI결과를 사용자가 이해할수 있게 만드는 방법, 역산과정 추가하여 구현가능

- GAN, DCGAN은 진짜같은 가짜를 만들어내는 기술로 AI 학습의 새 장을 마련, XAI통한 신경망 학습에서 결과에 대한 적절성을 찾음

3. AI의 안전(Safety) 취약성

가. 인공지능의 취약성

데이터측면
↳ 영문 Training Data
↳ 무가치한 Data
(민감정보 인식누락) (처리)

알고리즘 측면
↳ open source 취약점
↳ Best practic 사례 부재

편향성측면
↳ 윤리문제
↳ 가짜 Training Data

		AI, ML등 이전 기술발전과 동일하게 '취약점'등이 존재	
4.		인공지능의 취약성에 대한 상세 설명	

구분	취약점	설 명
Data 측면	명문 학습 Data	익명화 된 Data, 토큰화 된 Data를 사용하면 모델구축 더 힘들어짐 (비 전문성 Issue)
	민감정보 처리 부재	Training, Test Data 에도 민감한 정 보가 포함될 수 있음
알고리즘 측면	Open Source 취약점	Open Source 내 악성코드, 취약점이 존재 할때 대응어려움
	Best practice 부재	안전한 인공지능 알고리즘을 생성하기 위해 적용할수 있는 기준 부재
편향성 측면	윤리문제	- Kill Switch 등과 같은 윤리문제 - AI 동작과 윤리문제 고려 필요
	가짜 Training Data	공격자가 알고리즘을 조작하기위해 Data를 오염시키는 경우

- AI, ML은 복잡한 알고리즘, 많은 Data등이 필요하기에
  안전 취약점에 대한 대응이 절실함

4		인공지능의 취약성 해결 방안
가		Data 측면의 취약성 해결 방안 (개선 방안)

Data 보호	해결 책	→ Training Data를 포함, AI 시스템에도 동일한 Data 보호 기준이 적용되어야 함

4. 알고리즘 측면

| 머신러닝 모델 사용 | → | 기업 고객들의 로그/기타 정보 Data에 존재할수도 잇는 사이버 보안 위협감지 |

다. 경향성 측면

| 보안측면 | → | 정보 보안에 대한 Best practice Framework 적용 |

"끝"

문 166) 인공지능 개발과정에서 중점적으로 점검할 항목에 대해 기술하시오.

답)

1. 인공지능 개발과정의 순서 (Flow)

개발 방법론 → 분석 모델&구축 → 아키텍쳐 DB → Training &평가, 보안 → 운영

- 개발 방법부터 모델, System 구축, 평가, 운영까지의 전과정

2. 인공지능 개발 중점 점검 항목

절차	상세 설명
개발 방법론	- 기존 개발 방법론 → 커스터 마이징, Open S/W - 반복적 Agile Iteration, In-House
분석모델& 구축	- 적정한 AI 요소기술 (STT, NLP, Vision 등) - Self 구축 (M/L, D/L) vs API 방식
아키텍쳐	- 적정 AI platform 선정 & 선정근거 - 서버용량, DB용량, N/W 대역폭 (Bandwidth) - AI 요소기술간 Interface
지식 Base DB	- 데이터 (Data) Crawling 및 정제 - 데이터 정형화 및 데이터 품질 확보 - 정형/비정형 Data 수집 및 Annotation - 목적에 맞게 확보 및 DataBase화
Training 및 평가	- 학습 및 테스트 데이터 확보 - 평가 기준 및 적용, 점검 시 나리오 확보

		보안 (Security)	-민감 데이터 Masking (민감정보 처리) -Data 통신시(연계시) 암호화
		운영 (Operation)	-운영조직 및 process 확보, 관리자 기능. -Re-Training (FeedBack)
3.		인공지능 개발중점 점검 항목 예시	

ChatBot	이미지인식	음성인식/합성
•Intent	•Data량	•Corpus(말뭉치)량
•Entity	•이미지 전처리	•Training 횟수
•Dialog Flow	•적용모델	•녹음량 & 시간
•Answer DB	•평가기준/적용	•평가기준/적용

"끝"

-STT (음성인식, Speech To Text): 음성 Data → Text로
변환하는 기술

문 167)	인공지능 데이터 품질 요구사항

답)

1. 인공지능 데이터 품질의 개요

가. <u>다양성, 정확성, 유효성 확보 필요</u>, AI 데이터 품질이란 인공지능 기술(모델 & 알고리즘)에 활용되는 데이터가 다양성, 정확성, 유효성등을 확보하여 사용자에게 유용한 가치를 줄 수 있는 수준.

나. 인공지능 데이터 품질 확보의 범위

AI 구축 전 단계	AI Data 구축 전 단계에 적용
일반 요구사항	품질대상을 데이터 자체의 품질관리
AI 구축 요구사항	Data 구축과정의 품질관리

2. 인공지능 데이터 품질 요구사항

- Data 상태에 따라 원시 데이터, 데이터 라벨링, 인공지능 활용 품질 요구사항으로 구분 가능

구분	원시 데이터 품질	데이터 라벨링 품질	인공지능 활용 품질
주요 요구사항	• 기능 적합성 • 대표성, 다양성, 사실성등 • 기술 적합성 - 표준 포맷 준수여부	• 라벨링 정확성 - 의미적 정확성 - 구문적 정확성	- 유효성

3. 인공지능 데이터 품질 구축절차 요구사항

- 품질관리가 수행되어야 하는 데이터 구축단계에 따라 데이터 획득, 정제, Labeling (라벨링), 품질

검수 & 활용 품질 요구사항으로 구분 가능

구분	획득	정제	가공(라벨링)	품질 검수
주요 요구사항	-법/제도 준수 -획득 환경 -획득 대상 등	-정제 기준 -비식별화 -중복성 방지 등	-라벨링 포맷 -라벨링 도구 -작업 방식 등	-검수기준 -검수방법 등

"끝"

문 168) 디지털 카르텔 (Digital Cartel)

답)

1. 인공지능의 담합, Digital Cartel의 개요

가. 알고리즘 기반 담합, Digital Cartel의 정의

투명성이 높은 시장환경에서 기업이익만을 극대화

하는 병행, 선호, 자가학습등의 알고리즘 기반 담합 기법

나. Digital Cartel의 등장배경

- 투명한 거래 → 담합 (Cartel) 에 유리
  (정보공개로)
- 알고리즘 기반의 묵시적 Cartel, 이익추구위한 AI 학습
- 인공지능 독자 판단의 법적/제도적 공백 활용

2. Digital Cartel의 유형과 알고리즘 역할/기술

가. Digital Cartel의 유형

유형	개념도	설명
Messenger	기업 ↔ 기업 (직접전달)	- 명시적 합의 동일알고리즘 (가격 자동조정) - 모니터링, 병행 알고리즘 사용
Hub & Spoke	Hub 플랫폼 / spoke 기업 기업 기업	- 수평적 가격 담합 - platform정책수용→묵시적 합의
Predictable Agent	기업 → 예측대응 ← 기업	- 의식적 병행 행위, 알고리즘 가격결정 - 상호예측, 즉각대응
Autonomous Machine	A기업 B기업 A.I ↔ 담합 A.I	- 자율적 병행행위, AI 행위 인지 어려움 -Big Data 경쟁 환경

나. Digital Cartel 의 알고리즘 역할 & 기술

역할	기술요소	역할및 구현기술
모니터링 알고리즘	-웹 크롤링 -아파치 스트리밍	-가격담합이탈시 통보 -Kafka, Flume, HBASE
병행 알고리즘	-블록체인 합의 -스마트 컨트랙트	-동일 가격 공동이용 -Solidity, 전자서명, DApp
신뢰 알고리즘	-전자봉투기술 - SSL/TLS, IPSec	-가격조정 암호화 송수신 -RSA, SHA-2, PKI, SEED
자가학습 알고리즘	-Q-Learning -통계적 급강하법	-AI시장 Data 학습 - 벨만 방정식

3. Digital Cartel 해결을 위한 방안

알고리즘감사/법적지위	XAI 기반 알고리즘 해석
-경쟁제한적 사전평가	-Digital Cartel 조기 발견
-알고리즘 법적 지위 부여	-인공지능 불확실성 감소
-고유 법인 형태 책임 부여	-Compliance 준수 여부

"끝"

문 169) XAI (eXplainable AI, 설명 가능한 인공지능)

답)

1. 설명가능한 인공지능 (XAI)의 개요

가. AI행동 → 인간이 쉽게 이해, XAI의 정의

어떤 과정을 통해서 결과를 도출해 냈는지 설명할 수 있

다면 사람들이 훨씬 더 잘 받아들이고 AI를 신뢰할수 있음

나. XAI의 등장배경

-인공지능 시스템에 대한 사회 수용/신뢰우려

-전문가 시스템 도출결과 이해불가 한계를 극복

2. AI와 XAI의 비교

가. 일반 AI의 동작과정

일반 AI는 결론에 대한 의문, 신뢰, 에러수정등 Black Box

나. XAI의 동작과정

-결론과정이해, 성공&실패사유, 신뢰성, 에러 정확히 개선

3. XAI가 인공지능에 미치는 영향

-사회적 / 기술적 / 법·제도적 / 산업측면 다양함.

구분	적용사례	고려사항
사회적 측면	사용자, 고객등	-다양한 분야(금융, 보험) 활용
	신뢰확보	-AI 사용자로부터 신뢰확보
	사회적수용	-편향된 결과 제거
	공감대형성	-타당한 설명가능
기술적 측면	고성능	-동일 목적과 결과를 갖는 학습 모델
	학습모델도출	도출, 성능향상
	신규인공지능	-Big Data 기반 패턴 추출
	전략도출	-새로운 전략 도출 가능
법/제도 측면	분쟁원인	-잘못된 판단 원인 파악 가능
	파악용이	-분쟁 발생 시 중재 가능 (원인 설명)
	GDPR등	-개인정보보호 규정등
	규정준수	-규정준수 여부 판단 가능
AI 산업 측면	인공지능	-부정적 인식 제거
	산업활성화	-산업활성화 환경조성
	Biz 활용	-효과적 의사결정 가능
	수요증대	-Biz 활용수요 증가

「끝」

문 170) 인공지능(AI) 데이터 평가를 위한 고려사항

답)

1. 인공지능(Artificial Intelligence) 데이터 평가 개요

가. 수집 → 전처리 → 모델생성 → 활용, AI 데이터 구축 process

```
(수집) ──→ (전처리) ──→ (모델  ──반┐ ──→ (활용)
                          생성)  복
데이터획득    데이터 가공    머신러닝.        AI응용서비스
```

나. AI 데이터 평가의 정의와 목적

| 정의 | AI 응용서비스 위한 데이터 수집, 가공, 모델생성 절차에 맞는 데이터 정합성 & 품질을 검증하는 평가 활동 |
| 목적 | 모델생성, 응용서비스 개발지원, AI데이터 활용도 제고 |

2. 인공지능(AI) 데이터 평가를 위한 고려사항

가. 인공지능 데이터 대상별 고려사항

자연어데이터	기계 번역후 편집시 국립국어원 표기법 준수
이미지데이터	데이터분류 체계및 검수자동화 작업도구 가능확인
영상데이터	원시 영상데이터 속성 지침준수 여부
지식베이스	국가 법령 상/하위 구조 체계 준수 여부
오픈데이터	사용자 접근용이성, 과제 수행후 승계 & 관리

- AI Data는 모델생성 통한 응용서비스 구현이 목적

나. 인공지능 데이터 관리 측면의 고려사항

AI Data	원천 데이터 선정및 수집시 저작권 확인
거버넌스	모델링 & 요건 변화에 유연한 Data 아키텍처구축 &
데이터품질	데이터 편향에 대한 검증절차 & 방법론 부여

		데이터 정합성	데이터 표준화, 큐레이션(Curation), 라벨링 (Annotation=주석)을 통한 전처리후 심층학습모델링	
		보안	데이터 접근&사용자별 보안 통제 거버넌스 수립, 민감정보 수집활용시 암호화&비식별처리 절차준수	

\- AI 데이터 관리 수준은 모델링, 성능및 서비스 수준에 반영 되므로 빅데이터 라이프 사이클중심의 포괄적인 관점으로 접근필요

3. 인공지능 데이터 활용동향

AI HUB 플랫폼	AI 데이터, AI SW API, Computing 자원 통합 platform을 통한 데이터 활용 지원
AI Data 전략	데이터 전략 기반의 인공지능 백서를 통한 AI 정책 프레임워크 (Framework) 활용및 구축 필요

"끝"

문 171) 파인튜닝(Fine-Tuning) - 1교시

답)

1. AI 품질향상 및 학습시간 단축, Fine-Tuning의 개요

가. | 정의 | 사전에 학습된 AI 모델의 가중치를 새로운 Data에 맞게 세밀하게 조정하여 성능 향상 및 학습시간을 줄이는 과정

나. Fine-Tuning의 필요이유

학습시간의 단축	적은 양의 Data로 좋은 성능과 효과
특정도메인 최적화	일반적으로 성능우수하나 특정영역에 특화
새 Data에 적응	새로운 Data에 적용하고 추론 성능 향상 기대

- ex) 오토바이 타는법 숙지 시, 자동차 탈때 속도, 조작등 쉽게 조정

2. 파인튜닝(Fine-Tuning)의 절차 & 모델별 상세기법

가. 파인튜닝(Fine-Tuning)의 절차

Model 별 아키텍처 이해 → 파인 튜닝 Data 준비 → 미세 조정 수행

↑ Feedback

모델 성능 평가 ← 적용 ← 모니터링

- 컴퓨터비전, 자연어처리, 음성인식등 다양한 분야 적용

나. Fine-Tuning의 모델별 상세기법

구분	설명	세부 내용
컴퓨터 비전 모델	레이어 추가	CNN등 중간 Layer추가 작업 특성 캡쳐
	가중치 업데이트	새 Data Set의 손실 최소화 조정
	데이터 증강	대규모 ImageNet등 훈련 모델 도입
	데이터 특성추출	새 Dataset의 Feature 추출 → 신규모델적용

			자연어 처리	전이학습	BERT, GPT등 대규모 Text 모델 도입
				Tokenizer 튜닝	토크나이저 조정 & 새로운 신어 학습개선
				도메인 어휘추가	특정 도메인 용어는 모델에 직접추가(ex 법률)
			음성 인식	전이 학습	공공 & 민간 Data 개방된 음성인식 추가
				음성 Data 증강	Noise, 속도조절, 변조등 증강시도
			모델	하이퍼파라미터 튜닝	학습율, Batch크기, 최적 알고리즘미세조정

- 모델별 미세조정후 재조정을 거치는 Feedback 과정 반복수행

3. Fine-Tuning의 성능 평가 방안

평가방안	설명
평가지표 사용	평균제곱오차(MSE), 평균절대오차(MAE) 적용
신규 Dataset 사용	별도 신규 Dataset → 파인튜닝 → 실제환경 평가
모델간 비교	다양한 모델 파인튜닝 → 우수 모델 선택

- 전체 재학습보다 기존 훈련된 모델을 미세조정을 통해

더 빠른 반응성 (Response) 제공 가능

"끝"

문172) 파인튜닝(Fine-Tuning) - 2교시

답)

1. 미세 조정기법, Fine-Tuning 의 개념 & 필요성

가. | 개념 | 인공지능 모델이 특정작업이나 도메인에 적합
하도록 이미 훈련된 AI 모델에 특정 데이터 셋(Data
Set)을 적용하는 미세 조정 (Adjust)기법

나. 특정 Data set 부족시 유사 Data set 적용 | 필요성 |
① 특정 Job/Domain 에 적합한 Model 생성
② 적은 데이터 셋(Data set)으로 높은 학습 효과 지향
③ 신규(New) 데이터에 대한 추론 성능 향상
- Fine Tuning 통해 학습 데이터가 작은 상황에서 특정
분야 인공지능(AI) 모델의 일반화 성능 향상

2. 파인튜닝 절차와 설명

가. Fine-Tuning 의 절차

- 일반적으로 Source Model (소스 모델)의 Layer를
복제하여 Target 모델의 일반화 능력 향상시킴

소스 모델	Source Data Set	Layer 1	Layer N-1	출력 Layer
	①		②	③ 무작위 초기화
		복제	복제 복제	
타겟 모델	Target Dataset	Layer 1	Layer N-1	출력 Layer

		Target Dataset	→	Layer 1	→ ... →	Layer N-1	→	출력 Layer

④ Fine-Tuning

4. Fine-Tuning의 절차 설명

No	단계별 수행 내용
①	소스 Dataset에서 신경망모델 사전 훈련
②	새로운 신경망 모델 (Target 모델) 생성시 출력 Layer를 제외한 Layer의 매개변수 복제 (복제되는 모델 매개변수에 소스 Dataset에서 학습된 지식포함)
③	출력 Layer를 Target 모델에 추가시 모델 매개변수(parameter)를 무작위로 초기화
④	타겟 Dataset에서 타겟 모델 훈련시 출력 Layer는 처음부터 훈련되지만 다른 Layer의 매개변수는 소스모델의 매개변수 기반의 미세 조정

3. AI Model별 Fine-Tuning 기법

AI모델	파인튜닝기법	상세 수행	T캡처
Computer 비전 모델	레이어추가	CNN등 중간 Layer추가, 신규작업특징	
	가중치update	신규 Dataset 손실 최소화하도록 조정	
	데이터 증강	대규모 Image Set등 훈련된 모델도입	
	Data 특성추출	신규 Dataset 특징추출, 신규모델 적용	
자연어 처리 모델	전이학습	BERT, GP등 대규모 Text 코퍼스모델도입	
	토크나이저학습	토크나이저 조정, 새로운 단어학습 개선	

				도메인 어휘 추가	특정 도메인(Domain)에 관련된 용어는 모델(Model)에 직접추가
				전이학습	공공 & 민간 데이터(Data) 개방된 음성인식 Model(모델)에 추가
		음성 인식 모델	음성 Data 증강		음성 데이터 잡음(Noise), 속도조절, 변조기반 증강
			학습모델 다양화		모델(Model)이 다양한 관점으로 학습하여 성능을 일반화
			하이퍼파라 미터 튜닝		학습률, 배치크기, 최적화 알고리즘 등 미세조정(Fine-Tuning)

- 파인튜닝은 신규모델 생성시 대량의 학습시간과 Dataset이 불필요하고 성능향상이 가능하지만 학습률(Learning Rate)에 따른 과적합(Over-Fitting) 등을 고려하여 사용 필요

4. Fine-Tuning 사용시 고려사항 & 대응방안

  가. 과적합(Over-Fitting) 등 고려사항

① 데이터 셋이 작을 경우, Over-Fitting으로 일반화 성능(Performance) 저하 발생 가능
② 높은 학습률은 훈련(Training)된 파라미터 손상 낮은 학습률은 학습 효과 저하 발생 고려 필요

  나. 위의 ①, ② 대응방안

① 다양한 훈련 Data 확보, 정규화 / 표준화,
　 Dropout(연결망을 제거) 사용
② 분석 모델 유연성 및 충분한 학습 데이터 확보,
　 교차 검증(Cross Validation) 적용

완전 무작위 초기 parameter를 적용하지나 일반
적인 특징을 학습한 Layer의 Parameter 학습에
주의 필요. 검색증강생성(RAG)을 적용하는 방안도
고려하여 적절한 Fine-Tuning을 통해 AI 모델
최적화 필요.

"끝"

문 173) 초거대 AI Data 품질관리 지표

답)

「개요

1. 초거대 AI Data 품질 정량화, AI Data 품질관리

가. AI 데이터 품질관리 가이드라인 AI Data 품질관리 정의

- 데이터 생애주기분석, 데이터 구축 & 품질 관점의 일치

성 분석, Data 품질관리 기준분석을 통해 구축 & 활용

관점을 반영한 정량적인 품질관리 방안

나. Data 품질 정량화 (수치화), AI Data 품질관리 목적

① 초거대 AI 데이터특성 반영, 품질 관리 강화 (활용극대화)

② 구축된 Data를 활용할 사용자의 요구사항 만족

③ 필수요소확인, 객관적인 품질 수준을 제시에 활용

- Chat GPT등 초거대 AI 발전 → Data 형태 & 수준도 발전

- NIA (한국지능정보사회진흥원) - "초거대 AI Data 품질

관리 가이드라인" 통해 품질관리 지표 제시함

2. NIA 제시한 품질관리 지표

가. 품질관리 주제영역

구축공정	데이터 적합성	데이터 정확성	학습모델
- 준비성	- 기준적합성	- 구문 정확성	- 알고리즘
- 완전성	- 기술적합성 - 다양성	- 의미 정확성	- 적정성
- 유용성	- 유사성 (중복성)	(전달성)	- 유효성
	- 편향성 (유해성)		

	4.	AI 데이터 품질관리의 세부 지표	
		What	데이터 품질수준을 측정하기 위한 관점을 항목화한 것, Data의 품질을 정량적으로 수치화 하기 위해 "무엇을 측정할 것인가"에 대한 기준
		How	AI 데이터 구축목적에 따라 요구사항을 정의, 데이터 구축 생애주기에 따라 최적의 품질을 확보 하도록 검사와 개선을 수행

3. 구축공정과 데이터 적합성 분야의 품질지표(관리)
가. 구축공정분야의 품질관리 지표

품질지표	설　　명
준비성	초거대 AI 데이터 품질관리를 위해 기본적으로 관리해야 하는 정책, 규정(저작권, 초상권, 개인정보보호등에 대한 검토결과포함), 조직, 절차 등을 마련하고, 최신의 내용으로 충실하게 관리되는지 검사
완전성	초거대 AI 데이터를 구축함에 있어 물리적인 구조를 갖추고, 정의한 데이터 형식 & 입력값 범위에 맞게 Data가 저장되도록 설계/구축되었는지 검사
유용성	발주기관(수요자)의 요구사항이 충분히 반영되었는지, 임무정의에 적합한 인공지능 학습용 데이터의 범위와 상세화 정도, 요구사항의 정확성등이 충족되는지 여부 검사

4.	데이터 적합성 분야의 품질관리 지표	
	품질지표	설 명
	기준 적합성	구축 데이터가 AI학습용으로 적합한지 기준을 선정하기위해 다양성, 신뢰성, 충분성, 균일성 사실성 (The Fact)등 측정
	기술 적합성	AI학습용으로 적합한지 기술적으로 판단 하기 위해 파일 Format, 문장길이, 음질등 측정
	다양성	데이터의 편향성 방지를 위한 문어체 / 구어체, 수집처별 분포, 문장길이, 어휘 갯수등을 측정 - 초거대 AI 특성상 편향(Bias)성 방지가 중요 하여 주제 분류별 다양성이 골고루 분포되는지 확인
	유사성 (중복성)	데이터의 중복 & 내용적인 유사도를 측정 - 초거대 AI 데이터의 특성상 유사한 문장이 많을 수 있으며, 증강기법 사용시 유사도 높아짐
	편향성 (유해성)	특정성별 인종, 나이 등에 대한 경향성 & 사회적 으로 부정적 의미에 해당하는 Data & 혐오표현 등의 포함 여부 확인 - AI특성상 환각현상 방지를 위한 사실성 측면의 검사를 포함

4.	데이터 정확성와 학습모델 분야의 품질관리 지표		
가. Data 정확성	구문 정확성	-데이터 구조(형식) & 입력값 범위와의 일치성 측정 지표. -데이터 개방시 데이터를 쉽게 활용위해 필요

		의미 정확성 (전달성)	-구축목적에 대한 의미 적정성과 데이터의 의미가 명료하고 표현이 자연스러운 의미전달성 측정 -AI 데이터의 원문 적정성, 내용 전달성, 질의 적정성, 답변 적정성 등을 측정 -AI는 활용처 이외에 지식학습을 위한 질의/응답 데이터가 중요하여 질의/응답 적정성 포함	

4. 학습모델 분야의 품질관리 지표

		알고리즘 적정성	-학습모델의 Task가 적정한지 판단 -AI학습을 위한 파운데이션 모델 & 미세조정, 지식학습 방식의 적정성 판단 필요	
		유효성	-AI 모델을 학습용 데이터로 훈련후 측정된 성능이 유효한지 측정하는 지표 -AI의 유효성 지표는 PPL, BLEU, ROUGE 등의 정량적 지표와 사람이 판단하는 정성적 지표로 구분	

"끝"

문 174) 머신러닝 (Machine Learning) 성능지표

답)

1. Model 성능 정량화, Machine Learning 성능지표 개요

```
            ┌─────────────────────┐
            │  Machine Learning    │
            └─────────────────────┘
                      │
        ┌─────────────┼─────────────┐
      ( 지도 )      ( 비지도 )      ( 강화 )
      ( 학습 )      ( 학습  )       ( 학습 )
```

| 정의 | 실제값과 Model에 의해 예측된 값을 비교하여 |

어신러닝 모델이 얼마나 잘 학습 했는지 평가하기위한 척도

2. Machine Learning 성능지표

가. 지도학습 성능지표

```
        ┌───────────────┐          ┌───────────────┐
        │   회귀모델     │          │   분류모델     │
        └───────────────┘          └───────────────┘
        -MAE: 평균 절대오차        -정확도: Accuracy
        -MSE: 평균 제곱오차        -정밀도: Precision
        -RMSE: 평균 제곱근오차     -재현율: Recall
        -R2 Score                 -F1 Score: 조화평균
                                  -AUC/ROC Curve
```

-R2 Score는 회귀모델에서 독립변수를 얼마나 잘 설명

해주는지 나타내는 지표임

나. 비지도 학습 성능지표

모델유형	성능지표	설명 「따는지표」
군집분석	실루엣 계수	자신이 속한 cluster에 얼마나 잘속하는지 나타
	Davies-Bouldin Index	Cluster 간의 유사도를 측정하는 지표

		차원 축소	재구성 오차	원본↔재구성 데이터 사이의 차이를 측정
			분산설명	주성분들이 전체 Data의 분산을 얼마나 설명하는지를 나타내는 지표
		연관 규칙 분석	지지도-Support	전체 항목중 항목 A와 B가 동시 포함된 거래비율
			신뢰도 Confidence	항목 A의 거래중, 항목 B가 포함된 거래의 비율
			향상도-Lift	두 항목간 연관성이 강한지를 측정하는 척도
3		강화학습 성능지표		

- (보상) : 강화학습 Agent가 행동을 수행한 결과로 받는 즉각적인 보상 (가치)
- (수렴속도) : Agent가 최적의 정책에 얼마나 빠르게 수렴하는지 나타내는 지표
- (성공율) : Agent가 특정목표를 달성한 비율
- (할인된보상) : 미래의 보상을 현재의 가치로 환산한 값
- 환경과 상호작용하며 보상을 최대화 하도록 학습

"끝"

문 175) 인공지능(AI) 신뢰성

답)

1. AI 가치 실현을 위한 인공지능, AI 신뢰성 개요

가. AI 위험, 부작용 방지 인공지능 신뢰성 정의

- Data & Model의 편향, AI 기술 위험과 한계 극복, AI 활용하고 확산하는 과정에서 부작용 방지 준수 가치기준

나. AI(Artifical Intelligence) 신뢰성의 필요성

인류 안전 보장	자율주행, 의료AI등 인간 환경에 위험 제거
투명성 기반 신뢰향상	AI 동작의 설명 가능한 (XAI) Flow 신뢰향상
편향 & 차별 방지	차별 & 편향없이 공정성 확보

- AI의 안전한 사용 & 사회적 수용 위한 AI 신뢰성 필수적

2. 인공지능 신뢰성의 핵심속성 설명

가. AI 신뢰성 핵심속성 (Attribution)

나. AI 신뢰성의 핵심속성별 의미

안전성 - Safety	AI 판단/예측 결과로 System 동작/기능 수행 사람과 환경에 위험 가능성 완화 & 제거

			설명가능성 (XAI)	- AI 동작과정이 설명가능/이해가능 방식제시 - 문제 발생시 원인 추적이 가능한 상태
			투명성 Transparency	- AI 결정에 대한 투명, 근거가 추적 가능 - AI목적 & 한계 정보가 적합한 방식으로 전달
			견고성 Robustness	AI이 외부 간섭 & 극한 운영환경 등에서도 사용자 의도 수준의 성능 & 기능을 유지하는 상태
			공정성 Fairness	AI 데이터 처리시 특정 Group에 대한 차별 & 편향성나 타내거나 편향포함 줄론 안됨

- Privacy, 지속가능성(Sustainability) 등도 핵심 속성임

3. AI 신뢰성 정책
- 과학기술정보통신부 : 사람 중심이 되는 「AI 윤리기준」
- NIA : 인공지능 학습용 데이터 품질 가이드라인 등
  다양한 관점에서 AI 신뢰성 확보 필요

"끝"

문 176) 대규모 AI 서비스를 위한 데이터센터 구축 기술에 대하여 설명하시오

가. 저 지연 기술과 스케일링 확보 기술

나. DCI(Data Center Interconnect) 기술

답)

1. 대규모 AI 서비스를 위한 Data 구축의 개요

- 대규모 AI 서비스 위한 Data 구축을 위해 초고속 Network, Scaling 확보, DCI 기술등이 필요

초고속 N/W
6G등

고성능 인프라
SDN, NFV

수평/수직
Scaling

대규모 AI
위한 Data
Center 구축

WDM
-광섬유소재, 고속전송

WAN 최적화
-Edge Computing

OTN, VPLS

Micro Service

저지연   대규모 AI   DCI 기술
Scaling 확보   서비스 지원

2. 저 지연 기술과 Scaling 확보기술

가. 대규모 AI 서비스 지원을 위한 저 지연 기술

구분	기술	설 명
초고속 N/W	초고속 광케이블	-Fiber TAP 광케이블 T P 이용 -500Gpbs 광속수신 엔진 사용 신호연결

구분	기술	설명
초고속 N/W	N/W 최적화	-6G등 초저 지연통신 수행
		-무선통신간 연결/데이터 전송 학습
	Edge Computing	-Edge 컴퓨팅 이용한 실시간 AI 학습
		-디바이스내 AI이용 학습인프라 최소화
	CDN	-자주 사용 학습 데이터 최근거리 유지
		-지리적 근접성이용, 지연 최소화
고성능 인프라	SDN	-SDN 이용 제어 간소화&향상
	NFV	-N/W 가상화통한 장비사용 간소화
	고성능 H/W	-고성능 Computer, AI학습속도↑
		-병행 처리통한 다양한 저지연 개선

4. 대규모 AI 서비스 지원 위한 Scaling 확보 기술

구분	기술	설명
수평적 스케일링	Server 추가	-여러대의 서버 추가를 통한 스케일링
		-하나의 Job을 다수 서버가 수행
	Clustering	-서버를 하나로 묶어 사용하는 방법
		-Clustering에 의한 추가 비용 발생가능
수직적 스케일링	고성능 Memory	-메모리 용량 확대 (512GB이상)
		-속도향상 & 성능추가가능
	고성능 CPU	-연산 속도 향상&속도 지연 감소
		-CPU 향상에 의한 비용 증가 우려
오토 스케일링	서비스 자동화	-스케줄링 기반 자동 증/감 가능
		-리소스 부하기준으로 증감하여 지원

			Auto Scaling	관리 자동화	-CPU 사용률, 트래픽 점검 등 모니터링
					-Alarm 통한 작업 시작 & 완료 간
					사전 알람 통한 관리

- DCI 기술 활용 Data 전송 안전성 보장 가능

3. DCI(Data Center Interconnect) 기술

가. DCI(Data Center Interconnect) 기술의 개념

- 서로 다른 Data Center 간의 고속, 안정적인 Data 전송을 지원하여 안정성과 성능 보장 기술

나. DCI의 주요기술

구분	기술	설명
고속 전송	Coherent Optical 통신	-고속 Data 전송을 가능하게 하는 기술
		- High Bandwidth와 저지연 제공,
		Data Center 간 안정적 연결 보장
	WDM	-Wavelength Division Multiplexing
		-광섬유, 여러개 파장 동시 사용 Data 전송
N/W 최적화	WAN 최적화	-전송속도 개선, 대역폭 사용 최적화
		-Data Center 간 연결성능 향상 가능
	Ethernet Frame 전송	-표준 프로토콜 적용, 호환성 유지
		-낮은 Cost로 Data 전송 가능 지원
N/W	OTN	-Optical Transport Network
		- N/W 서비스 통합, 광섬유로 전달하는 기술
가상화	VPLS	- virtual Private LAN Service

				-분산 Datacenter를 하나의 가상 N/W 연결
			-보안위협에 대한 대응방안 필요 「대응방안
4.			대규모 AI 서비스 위한 Datacenter 구축시 보안위협 &

구분	보안위협	대응방안
사이버 공격	DoS/ DDoS 공격	-IPS/IDS 통한 N/W 방어 체계구축 -Traffic Monitoring 통한 공격 감지
	랜섬웨어 공격	-Data 정기적 Backup & 소산정책 -신속 복구계획 마련 & 모의훈련실시
자료 유출	무단접근	-Data 암호화 & 접근제한 -접근통제 정책강화 & Monitoring
	Data 유출	-강력한 인증 & 접근제어 메커니즘 -강한 암호화 알고리즘 사용
내부자	내부자 위협	-내부자 위협 감소위한 정기보안교육 -내부직원의 주기적 행동 모니터링
	데이터 손상	-내부자에 의한 Data 손상 방지 정책 -해시함수 이용한 변조방지 대책필요

-지속적인 보안교육 & Monitoring 필요

"끝"

문 777) 회피공격 (Evasion Attack)

답)

1. 입력 데이터 변조, Evasion Attack의 개요

가. 오동작 유발, 회피공격의 정의
- 인간의 눈으로 식별하기 어려운 노이즈 데이터 (Noise Data, 오류 Data)를 삽입 (학습데이터에) 하여 변조

나. Evasion Attack의 사례 (정지표시판에서)

구분	입력값	딥 뉴럴 Network	출력값(클래스)
원본	STOP	0.03 / 0.05 / 0.92	"3 : 정지"
Eva-sion	STOP (Noise)	0.49 / 0.03 / 0.48	"1 : 직진"

- 정지 표시판을 속도 제한 표시로 잘못 인식하여 자율 주행 자동차의 오동작을 유발 (적대적 스티커)

2. Evasion Attack의 생성원리 및 공격유형

가. Evasion Attack의 생성원리

나. Evasion Attack의 공격유형

구분	공격 유형	설 명

공격 목표	표적공격	공격자가 의도한 Class로 인식
	무표적공격	임의의 Class로 인식
모델 정보량	화이트박스 공격	구조, Parameter 사전 인지
	블랙박스공격	대체모델 생성, 전송공격
변형샘플 Distance	L0	모든 픽셀 자리 차의 합
	L2	유클리드 거리의 합(Total 값)
공격 종류	FSGM	DNN 피드백 기울기 최적화
	CW Attack (Carlini & Wagner's)	신뢰값 반영 성공률 조정

- FSGM(Fast Gradient Signed Method)

3. <u>회피공격의 대응방안</u>

구분	대응 방안
예방	-(적대적 훈련) 머신러닝 훈련단계에서 예상가능한 적대적 사례 Data를 충분히 입력하여 저항성을 향상 -사례 : Defense-GAN
탐지	원래의 모델과 별도로 적대적 공격 여부를 판단하기 위한 모델을 추가하여 결과값을 비교

"끝"

문 178) 인공지능에서 적대적공격 (Adversarial Attack)과 대응방안

답)

1. 머신러닝 공격기법, Adversarial Attack의 정의
- 딥러닝의 심층신경망을 이용한 모델에 적대적 교란 (Pertubation)을 적용하여 오분류를 유발하고 신뢰도 감소를 야기하는 머신러닝 공격기법

2. AI에서 적대적공격 구성 및 공격유형

가. 인공지능에서 Adversarial Attack의 구성 (예시)

트레이닝 단계 (정상학습)	테스팅 단계	트레이닝 단계 (적대적 공격)
정상모델	예측	손상모델
학습알고리즘		학습알고리즘
전처리	전처리	전처리
학습 데이터	신규데이터	학습데이터 (오염)

- 트레이닝 단계에서 학습데이터 오염통한 손상모델 생성

나. 적대적 공격 (Attack)의 유형

유형	설 명
회피공격 (Evasion Attack)	- 인간의 눈으로 식별불가능 Noise 데이터 삽입하여 변조 -사례 : 정지표지판을 속도제한 표지로 오인식 → 자율주행자동차 오작동 우발

		중독공격 (Poisoning Attack)	-데이터 셋에 악성 데이터를 삽입하는 것과 같이 AI 모델의 학습과정에 관여하여 AI System 자체 서비스를 중단시키는 공격 예 : 악의적 공격(옥설등)에 일정시간 서비스 중단
		탐색적공격 (Exploratory Attack)	-AI 모델의 주어진 입력에 대해 출력되는 분류 결과와 신뢰도를 분석하여 역으로 데이터 추출 예 : Open API 통해 학습모델 추출 하여 기능적으로 유사모델 구현 가능 Black-Box Attacks

3. Adversarial Attack 대응방안

구분	대응방안
예방	-(적재적 훈련) 머신러닝 훈련 단계에서 예상 가능한 적재적 사례 데이터를 충분히 입력하여 저항성 향상 -사례 : Defense GAN
탐지	원래의 모델과 별도로 적재적 공격 여부를 판단 하기 위한 Model을 추가하여 결과값 비교
차단	반복적 Query 조회 또는 공개된 API의 실행 횟수 제한
은닉	-결과값이 노출되지 않도록 처리 -분석 불가능 하도록 암호화 또는 가명처리

"끝"

문 179) AI 리터러시 (Literacy) - 1교시

답)

1. AI 활용능력, AI Literacy의 개요

가. 데이터 통한 안목 확대, AI 리터러시의 정의
   - Raw Data에서 Pattern을 찾아 활용, 문제 해결능력 배양
   - AI에 대한 필수소양으로 윤리적 태도를 가지고 AI 관련
     기술과 Data의 관리, 활용, 구성 등 문제 해결하는 역량

나. Lost Mile problem 극복 (AI Literacy 탄생 배경)

```
질문 → Data → 분석 → 해석 → 활용
              └─ Lost Mile ─┘
```

   - Data에서 쓸모 있는 패턴을 발견(식별)하여 더 좋은
     의사결정에 활용하지 못하는 문제 (역량부족 개선 필요)

2. AI Literacy의 관점 & 역량

가. AI 리터러시의 관점

구분	관점	설명
기술	AI 이해	AI 원리 & 활용사례, 범위에 대한 이해
역량	AI 적용	AI의 지식, 개념 & Application에 사용되는 기술 숙지하고 활용, 적용
윤리 역량	AI 평가 & 생성	AI의 Application을 이용한 고차원적 사고 Skill (평가, 예측, 설계 등)

		윤리 역량	AI 윤리	인간 중심적 고려사항 (공정성, 책임성, 투명성, 윤리&안전)

4. AI Literacy의 역량

구분	역량	설명
기술 역량	데이터 처리	정형, 비정형 데이터수집, 전처리, 분석등
	AI모델 개발	신경망에 대한 이해와 개발
	AI모델 평가	모델 검증절차&평가, 개선, Feedback 등
	Prompt 활용	AI모델에 질의하는 prompt 작성능력
윤리 역량	정확성	모델의 투명성과 신뢰성
	책임성	자기 책임 영역 범위, 사회적 책임 확대
	비판적 사고	비판적 사고 능력 필요
	디지털 시민의식	올바른 시민의식 갖고 활용 필요

3. AI Literacy 향상방안

구분	향상 방안	설명
개인	교육&자기계발	AI활용 교육 참여 & 자기계발
	윤리적 가치관 확립	윤리적 문제 인지하고 책임있는 행동. 가치관 확립
사회 (국가)	교육기회 제공	AI 체험등 다양한 교육기회 제공
	법, 제도 마련	AI 기본법등 안전사용 법, 제도마련

"끝"

문 180)	인공지능 (AI) 리터러시 (Literary) - 2 교시	
답)		
1.	AI기반 교육의 핵심역량, AI 리터러시 정의	
	사전적 정의	AI(인공지능) 기술에 대한 이해와 활용 능력 (AI + Literary의 합성어)
	협의적 정의	AI 기술의 원리와 작동방식, 이를 활용하고 문제를 해결하는데 필요한 능력
	- AI기술 발전, AI기술이해 & 활용능력이 필수 역량	
2.	AI Literary 영역과 교육유형	
가.	AI(인공지능) 리터러시 영역	
	영역	세부 내용
	① 기초지식	- AI 기본원리, 핵심개념, 알고리즘 이해 - 머신러닝, 딥러닝(Deep Learning), 자연어처리, 컴퓨터비전 등 AI 기초지식 습득
	② 응용지식	- AI 기술을 다양한 문제 해결과 상황에서 적용할 수 있는 능력 - 알고리즘, Data, 모델선택 & 최적화 이해 - 기술한계와 특성고려한 지식요구
	③ 비판적 사고	- AI 장단점, 가능성과 AI 한계점 - AI 기술의 영향예측, 이해 능력 - AI 기술이 가져올 사회적, 경제적, 윤리적 문제인식 & 대응가능사고

		④ 윤리와 법률	- AI 기술 관련 윤리적/법적 이슈 이해능력
			- 데이터 프라이버시 (data pravacy)
			알고리즘 편향, 인공지능의 책임소재

- AI Literacy 위해 유형별 커리큘럼 기획 & 전문가 필요

4 AI (인공지능) 교육 유형

유형	교육 내용
① AI 이해교육	- AI 용어, 지식, 개념, 원리, 법칙, 알고리즘 학습
	- AI 원리, 인공지능 자체를 이해하는 학습
	- 이론 & 실습, AI의 지식과 기능을 다루는데 중점
② AI 활용교육	- 실생활에서 주어진 문제를 해결위한 교육
	- AI 작동원리를 몰라도 AI Tool을 사용하여
	학습에 적용하고 도움을 받는 것에 중점적 학습
	- 이론보다는 기능적이고 실용적 내용 중점적 다룸
	- 이미 개발된 다양한 인공지능 기술을 활용하여
	실생활이나 학습에 적용
③ AI 개발교육	- 인공지능을 만드는 교육
	- AI 알고리즘, 머신러닝, 딥러닝 등을 적용한
	AI을 만들수 있도록 설계, 개발, 시험 등 교육

- AI 리터러시 격차 해소 위한 AI 나노디그리 과정,
  AI 디지털 교과서, AI 기반 챗봇 서비스 활용 증가

3 AI 기반 교육 서비스, 챗봇 설명

가. 단계별 chatbot의 종류

	1단계	2단계	3단계
분류	챗봇서비스 (Chatbot)	지능형 비서 (Inteligent Assistant)	감성 비서 (Conscious Assistant)
제공 방식	Text, 음성 자료	Text, 음성, 시각 자료	Text, 음성, 시각자료, 행동인지
입력 방식	폐쇄형, 개방형 일부	폐쇄형, 개방형 일부	개방형, 폐쇄형 복합사용
주요 기술	패턴 매칭, Keyword, 연관어 추출	딥러닝, 머신러닝, 자연어 처리, 기타 신기술융합	감성 인지기술, Data 정형화 기술등
내용	-학습된 내용에 제한 질의응답 -사용자와 단순소통 -검색 결과 제공	-사용자 패턴, 상황을 고려한 개인 맞춤형서비 -간단 업무 처리	감정교류를 통한 서비스 & 각종 서비스에 대한 선제적 대응
AI기술	AI 기술없음	AI 기술 적용됨	

나. AI 적용 유무에 따른 chatbot의 종류

분류	질의응답형 챗봇	상담형 챗봇
	단방향 정보전달 -	쌍방향 정보교류 -대화
대화 방식	사용자 질문에 대한 답변만 가능하며 추가 질문은 어려움	Agent가 주도적으로 사용자와의 질문-답변 과정을 반복하여 부족한 정보를 보완

			포괄적 정보제공 - 일반	맞춤형 정보제공 - 대화 Agent
		정보 제공	적인 정보만 제공하기 때문에 자신에게 맞는 정보인지 스스로 판단 필요	가 주도적으로 사용자와의 질문-답변 과정을 반복하여 부족한 정보를 보완
			사용자 스스로 질문주도	대화통한 전문가의 도움
		정보 획득	사용자는 자신에게 적합한 정보를 얻기위해 스스로 질문 & 답변 찾는과정 반복	지식이 없는 사용자도 대화 Agent의 가이드에 따라 원하는 정보에 빠르고 Easy 접근
		AI기술	AI 비 적용	AI 적용

- AI기술 이외 AI윤리원칙, Metabus 윤리윤칙 등 윤리, 사회적 영향에 대한 이해, 교육 필요.

"끝"

문 181)	디지털 리터러시 (Digital Literacy) - 1	
답)		
1.	디지털 융수, 디지털 정보선별 능력, D.L.의 개요	
가.	정보선별, 학습, 사회참여, Digital Literacy 정의	
	- Digital Device를 통해 찾아낸 여러가지 형태의 정보	
	를 이해하고 자신의 목적에 맞는 새로운 정보로 조합	
	(Combine)하여 올바로 사용하는 응용 능력	
나.	Digital Literacy의 목적	
	Digital 시민성교육	Digital 시대에서 시민으로서의 자세와 도덕적 행동육성 (인간 존엄성 & 예절)
	Information 접근과 이해	정보에 대한 접근, 평가, 필요한 정보에 대한 선별능력 (문제해결, 의사결정 등)
2.	디지털 리터러시 교육가이드 라인 (KERIS)	
	- KERIS : 한국 교육 학술 정보원	
	- 문제해결 ① } - 디지털 (Digital)의 사소통과	
	- 의사소통 ② 문제해결	
	③ 활용 } - 디지털 (Digital) 정보의	
	④ 수집 활용과 생성 (수집부터 활용까지)	
	⑤ 윤리 } - Digital 윤리와	
	⑥ 정보보호 정보보호	
	⑦ AI/SW 활용 } - 디지털 기기와	
	⑧ H/W 활용 } Software의 활용	

3 Digital Literacy의 체계

No	대 영 역	소 영 역
①②	의사소통&문제해결	디지털의사소통과 문제해결
③	디지털 정보의	- 자료의 수집&저장, 분석&표현
④	활용과 생성	- 디지털 콘텐츠 생성
⑤⑥	디지털윤리&정보보호	- 디지털윤리&디지털정보보호
⑦	디지털 기기와	- 디지털(Digital) Device 활용
⑧	S/W활용	- S/W의 활용 & AI의 활용

"끝"

문182)	디지털 리터러시 (Digital Literacy) -2
답)	
1.	디지털 소양, Digital Literacy의 정의
	-Digital 지식과 기술에 대한 이해와 윤리 의식을
	바탕으로 정보를 수집&분석하고 비판적으로 이해
	&평가하여 새로운 정보&지식을 생산&활용하는 능력
2	디지털 리터러시 6가지 요소
	-영국 교육 정보화 기관: JISC (Joint Information
	Systems Committee)

구분	영역	세부 내용
디지털 사회	기술, 예절	기술요소 습득, 인간 존엄성의 예절
이해&시민의식	권한, 보안	정보관리 권한, 개인 정보보안
의사소통과	의사소통	디지털 기술 이용자 간의 사소통
협력	디지털 학습	학습능력 향상 (디지털 기반)
비판적 사고&	검색&수집	검색&수집, 능력향상
정보소양	평가&활용관리	선별수용 평가능력, 정보관리 등
컴퓨팅 사고&	추상화, 모델링	추상화, 객체화 통한 현실세계
문제 해결	알고리즘 사고	프로그래밍 사고 통한 문제해결
창의 융합사고	창의&융합사고	창의성, 융합적 사고능력 배양
&콘텐츠 제작	콘텐츠 제작	창의, 활용성 고려 콘텐츠제작
정보 Data,	매체 문해력	Data 마이닝, 정보 선별능력
미디어 리터러시	미디어 활용	올바로 사용하는 응용 능력

		-	4/5차 산업혁명의 시대에 필요한 핵심역량 기준
			으로 도출된 핵심 디지털 리터러시 역량이 요구됨
3			Digital Literacy 육성 방안

구분	설 명
정책 입법	교육 정보화 & Digital 포용 추진 계획을 통한 격차해소 (디지털원주민 보호 정책)
교육 사업	AI 디지털 교과서 활용등 초/중/고 수준별 디지털 시민 교육 & 컨설팅 수행
예방 상담	사이버 목적 & 예방교육, 게임 과몰입 등 취약계층 관리 수행

- 범정부 협의체, 민관 거버넌스, 교육기관 연계를 통한 선순환 생태계 구축 방안 마련 & 재정 지원 필요

"끝"

문183) Data Literacy

답)

1. <u>추상에서 구체화</u>, Data Literacy의 정의
- 데이터를 통해 세상을 보는 안목 강화(Raw Data 에서 숨겨진 pattern을 찾아 세상에 대한 더 좋은 (실용적인) 설명/활용을 찾는 Action)

2. Data Literacy 통한 Insight 과정

| Data | → | It's Funny | → | Data Literacy | → | Insight |

- 데이터를 읽을수 있어야 새로운 해석도 가능

① 복잡계, 실제 작동방식 100% 알수없음

② 세상의 작동방식에 대한 최선의 (만족스러운) 설명

③ 세상의 작동방식에 대한 기록, 세상의 Sampling

④ 세상에 대한 더 나은 설명, 새로운 해석

3. Literacy 관련, Last Mile Problem 해결책

| Last Mile Problem의 정의 | 기업이 Data 에서 쓸모있는 pattern을 발견하여 더 좋은 의사결정에 활용하지 못하는 문제 |

원인	해결책
-분석 부재 : Excal, 대시보드등	-현업 스스로 데이터에
-분석 분리 : 현업과 분석가의 분리 (질문→분석 →활용순으로 선순환 안됨)	대한 질문, Pattern 발견/해석/활용가능
·선순환 부족	-Data Literacy + Right Tool

"끝"

문184) ChatGPT(Chat Generative Pre-trained Transformer)

답)

1. 초거대 언어모델(LLM), ChatGPT의 개요

가. 인공지능(AI) 서비스, ChatGPT의 정의

- 초거대 언어모델(LLM)을 기반으로 다양한 주제에 대해 대화(Chat)할 수 있도록 개발된 GPT(Generative Pre-trained Transformer, 사전 학습된 생성형 트랜스포머) 기반의 대화형 인공지능 서비스

나. ChatGPT의 특징

특징	설명
초거대언어모델(LLM)	Large Language Model, 대규모 언어모델 수백억 개 이상의 Parameter 갖는 AI Model
인간피드백 통한 강화학습(RLHF)	Reinforcement Learning from Human Feedback, 사람과 구별 불가능할 정도로 자연스러운 문장 구사, Turing Test 통과 수준
확장성	외부 확장 program에서 ChatGPT의 기능을 사용할 수 있도록 Open API 제공
플러그인(Plug-In)	ChatGPT 이용자 최신정보에 Access, 계산 실행 가능, 타사 서비스와의 상호작용 가능

2. 초거대 언어모델과 인간 피드백 통한 강화학습

가. 초거대 언어모델(LLM)

정의 ─ 문장내 앞서 등장한 단어를 기반으로 뒤에 어떤 단어가 등장해야 문장이 자연스러운지를 예측하여 문장을 완성하는 자연어 처리 모델

특징 ─ 대규모 텍스트 데이터를 학습, 대화 맥락이해, 대화를 기억하는 등 사람처럼 응답하는 능력 보유

딥러닝 기반의 언어 모델 분류

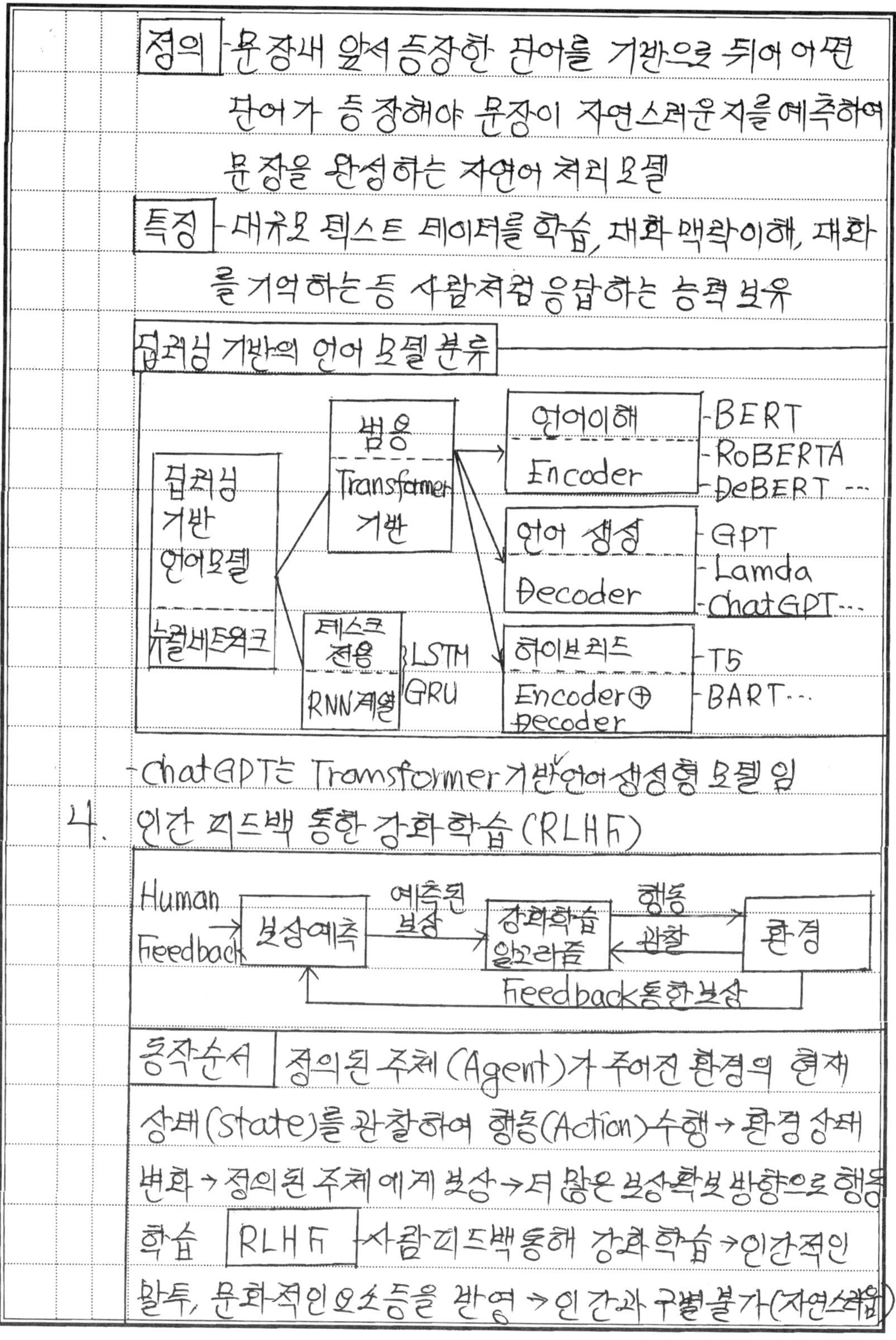

─ ChatGPT는 Transformer 기반 언어 생성형 모델임

4. 인간 피드백 통한 강화학습 (RLHF)

등작순서 │ 정의된 주체 (Agent)가 주어진 환경의 현재 상태 (State)를 관찰하여 행동 (Action) 수행 → 환경 상태 변화 → 정의된 주체에게 보상 → 더 많은 보상확보 방향으로 행동 학습

RLHF ─ 사람 피드백 통해 강화 학습 → 인간적인 말투, 문화적인 요소 등을 반영 → 인간과 구별불가 (자연스러움)

3. chat GPT 구성 및 설명   Topow 2개

가. Chat GPT의 구성 (Plug-in & 확장 PGM 2개, 레이어)

- 사용자 입력과 서버 응답은 필요에 따라 ChatGPT 확장

프로그램 (Extension) 또는 chatGPT plug-in을 거쳐

사용자에게 출력 가능

나. Chat GPT에서 Data 흐름도 (①~④) 설명

흐름	설명
①	사용자입력 : 사용자의 Prompt 입력
②	확장프로그램 (chat GPT 기능확장)

확장 프로그램	특징
Prompt Jini	ChatGPT 자동번역기
AIPRM	질문요청, 템블릿 제공
chat Writer	글쓰기 도움 (환경, 변수지정)
Web chatGPT	Web상 실시간 정보 탐색
Talk to chatGPT	음성인식 (Text + 음성)
유튜브 요약	유튜브 영상 내용 요약

| | chatGPT to Notion | 답변, URL Notion에 저장
one click으로 해당 정보 검색 |
| | 멀린(Merlin) | 확장 프로2램 도움 지원 |

③ open AI 서버 : 사용자가 입력한 데이터는 open AI 서버(GPT-X(version))에 입력되고 해당모델은 입력을 분석하고 적절한 응답을 생성한 후 반환

④ 플러2인(plug-in) : 브라우징, Code Interpreter, 검색(Retrieval), 서드 파티(Third-Party)
플러2인 등 각각 다른 기능과 역할을 수행하여 챗GPT 서비스의 다양한 기능과 확장성 제공

프로2램	특 징
브라우징	Web에서 최신 정보 검색, 접근, 참조링크
Code 인터프리터	파이썬(Python) Code 바로실행, 그래프 작성, CSV & Excel 업로드→분석, 이미지 모함 실시간 차원 연접가능
검색 (Retrieval)	Web 실시간 정보 검색→사용자 제공 검색 결과오 약된 내용, 링크, 이미지, 비디오 포함
Third-party	외부 개발자가 특정 기능 확장가능 예) 익스피디아 - 호텔 / 항공권 온라인 예약

4 chatGPT와 기존 검색 엔진간 차이(비교)

구분	chatGPT	기존 검색 엔진

		인공지능 기술	인공지능 기술인 언어모델링, 사용자 질문에 대한 답변생성	키워드 검색 통한 정보 제공
		생성성	질문에 대해 새로운 정보를 생성 → 생성적인 답변 제공	새로운 정보 생성 불가
		상호작용	사용자의 친화적인 상호작용을 통해 질문 이해 → 답변	키워드 검색으로 상호작용 없음
		질의 & 컨텍스트 이해도	질의 이해, 의도에 맞는 결과 제공. 사용자의 이전 질문기억, 연관성을 고려 → 유연한 답변	키워드 검색 통한 정보 제공. 각 검색마다 독립적으로 정보제공

"끝"

문 185) 랭체인 (LangChain)

답)

1. LLM 서비스 개발 Framework, LangChain 정의, 필요성

| 정의 | 효율적인 LLM 기반 Service 개발을 위해 다양한 언어 모델과 Agent, Callback 등 기능 연결 & 통합을 간소화하도록 설계된 언어 모델 기반 Application 개발 Framework (단순화, 간소화, 통합, 효율성) |
| 필요성 | - 생성형 AI기반 Appl. 개발에 유용한 Lib.
- 모듈식 구성으로 Application 구현 간소화 필요
- Module을 chain으로 연결하여 기능 확장성 확보
- API 기반 LLM 교체/update 반영 용이
- 검색 증강 생성 (RAG) 파이프라인 구현 필요성 |

2. LangChain 의 Framework & 처리과정

　가. 랭체인의 Framework

4. Langchain의 처리과정

Langchain (랭체인)	① 검색 →	Data Source
	② 외부자료 ←	
	③ 질문 →	Word Embedding
	④ 질문벡터 ←	
	⑤ 질문 벡터 →	Vector Database
	⑥ 벡터 정보 ←	
	⑦ vector정보기반 프롬프트 →	LLM
	⑧ 결과물 ←	

- 다양한 기능 모듈을 체인으로 연결하고 출력을 다른 모듈의 입력으로 사용하여 기능 확장 가능

3. Langchain의 구성요소

구분	구성요소	역 할
핵심 모듈	Agent	- 수행할 작업들을 동적 체인으로 구성 - Prompt 행동 계획 추출 기능 단순화
	Memory	- 모델에 장 단거 메모리 추가 지원 - 최근 대화 기억, 과거 메시지 분석 지원
	Callback	- 특정이벤트사 사용자 지정 콜백 핸들러작성 - 로깅, 모니터링, 스트리밍등
	Data Connection	- PDF 등 외부 문서 로드, Word 임베딩 - 변환, Vector DB저장, 쿼리 기반검색등

	핵심 모듈	Chain		-구성요소와 LLM 활용, 파이프라인 구축 -Query부터 모델출력까지 자동화구성
		Model I/O		-LLM과 상호작용 수행 -프롬프트 생성, 모델 API 호출, 결과 해석
	외부 도구	Data Source		-다양한 외부 소스에서 Data 액세스 & 검색 -PDF, 웹페이지, CSV, 관계형 DB 등
		Word Embedding		-외부 소스에서 검색된 Data를 Vector로 변환 -선택한 LLM 기반 최적 임베딩 모델 선택
		Vector DB		-생성된 임베딩의 유사성 검색 저장소 -다양한 소스에서 Vector 기반 저장, 검색
		LLM		-OpenAI, Cohere 등 주류 LLM -Hugging Face 지원 오픈소스 LLM

-Langchain은 상호운용성과 다양한 Model & Vector
 저장소 처리능력으로 기업/기관에 LLM 등 생성형 AI
 적용 활성화에 기여할 것으로 예상됨

4. 랭체인을 활용한 기업/기관의 LLM 적용방안
-기업/기관의 사용자 질문에 대해 Vector화된 내부
 문서와 내/외부 System, 인터넷 검색후 최적의 응답
 prompt를 생성하여 LLM으로부터 최적의 답변 생성
-모든 기능은 모듈화되어 API로 호출되고, 체인으로
 연결되어 전체 process는 Agent의 자동화 process를

통해 최적의 결과물 도출

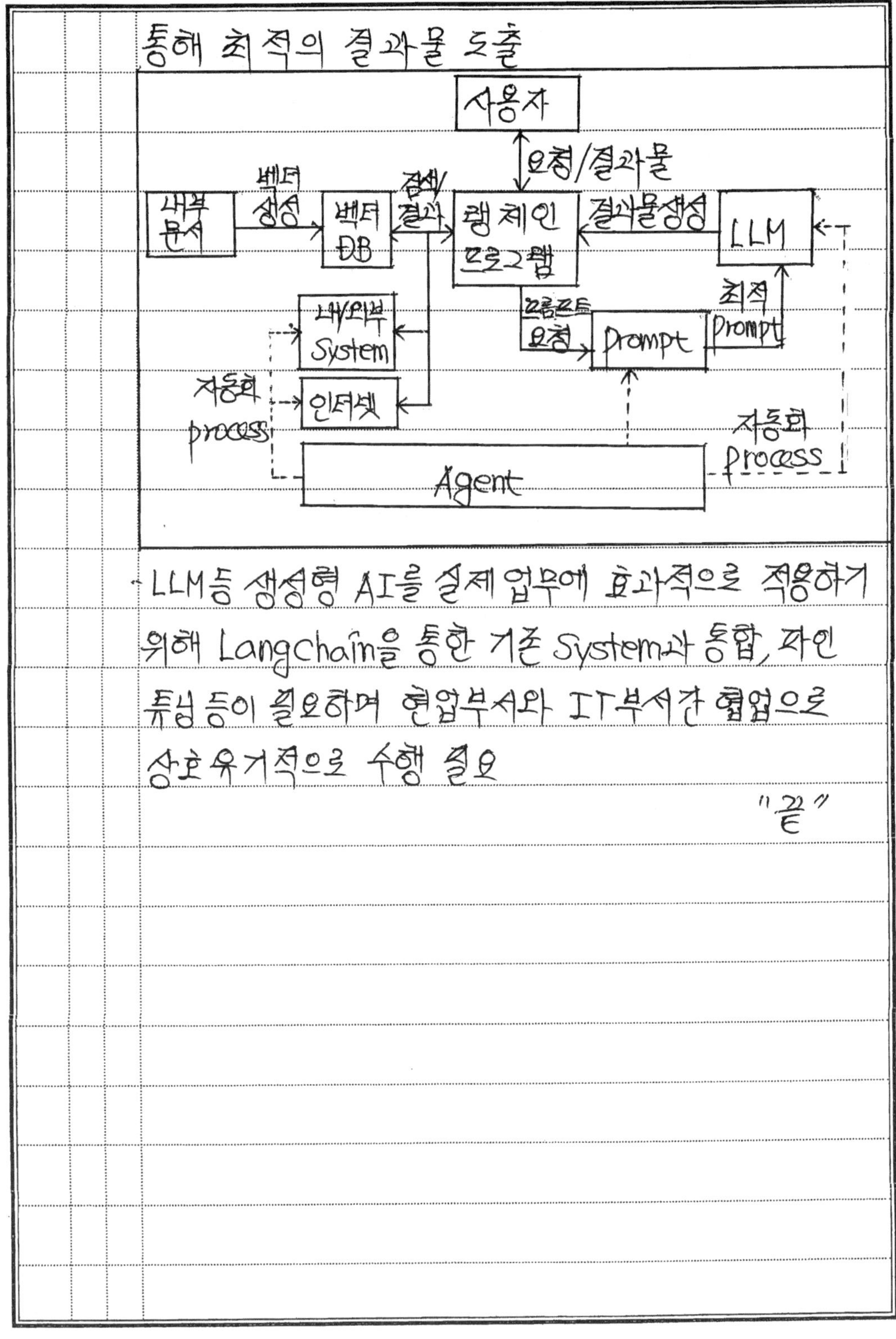

· LLM등 생성형 AI를 실제 업무에 효과적으로 적용하기 위해 Langchain을 통한 기존 System과 통합, 파인 튜닝 등이 필요하며 현업부서와 IT부서간 협업으로 상호 유기적으로 수행 필요

"끝"

문 186) 대규모 언어 모델 (LLM : Large Language Model)

답)

1. 생성형 AI 적용, Large Language Model 개요

가. 정확한 의미 생성, LLM의 정의

- 인간의 언어 이해와 생성을 위해 대량의 언어 Data 학습, 파인튜닝 하여 생성된 인공신경망 기반의 생성형 (Generative) AI 언어 Model

나. Large Language Model의 특징

적절한 응답 생성	LLM은 대량의 언어 Data로 훈련하여 맥락 파악후 적절한 응답 (Response) 생성
정확한 의미 생성	한 단어가 끝나고 다음 예측시 단어 사이 유사성, 문맥 파악 하여 정확한 의미 생성

다. 대규모 언어 모델의 등장배경

대규모 Dataset 출현 — H/W 기술발전 — LLM 등장 — NLP 분야혁신

-Internet/ 모바일 발전 대량 Data 축적 | -GPU, CUDA TPU, NPU 연합/편아 학습 | -자연어 이해 -생성능력 향상 | -High 수준의 자연어 이해/ 생성

-NLP : Natural language Processing : 자연어 처리

-LLM은 생성형 AI의 한분야이며 인공신경망 기반 대량의 언어 Data 학습을 통해 높은 (High) 수준의

언어 이해 / 생성가능한 AI 언어 Model

2. LLM의 구조 & 유형

가. LLM의 Encoder / Decoder 구조

<추상화>

LLM

Input → Tokenizer → Encoder → Decoder

output1. <token-1>
output2. <token-1><token-2>

<예시>

Paris is the city → In → Tokenizer

	Paris	is	the	city
	165	5	42	77

Paris is the city → LLM (model) → logits → (Softmax) → 확률

of	//////	∅.337
with	//////	∅.832
in	//////	∅.436

나. 대규모 언어 Model의 유형

유형	메커니즘	주요모델
Encoder 모델	- Transformer의 Encoder 만 사용 - Encoder가 초기문장의 단어에 접근 - 주어진 문장중 임의 단어 Masking 후 원래 문장을 찾자사 복원 (적합) - 전체문장의 이해를 요구하는 Task에	BERT (Google)

	Decoder 모델	-Transformer의 Decoder 만 사용		-GPT (OpenAI)
		-Decoder의 Attention Layer는 문장내 단어 바로 앞 단어만 접근		-LLaMA (Meta)
		-문장의 다음 단어 예측 중심, Text 생성 관련 Task에 적합		
	Encoder- Decoder 모델	-Transformer의 Encoder와 Decoder 모두 사용		
		-Encoder가 초기 문장의 단어에 접근		
		-Decoder의 Attention Layer는 입력에 주어진 단어 앞 단어만 접근		-BART (Meta)
		-새로운 문장을 생성하는 요약, 번역, 생성적 질문 답변에 적합		

3. LLM의 구성요소 & 기술요소

  가. 대규모 언어모델의 구성요소

구분	구성요소	역할
기반 요소	Parameter	신경망모델 가중치 결정 매개변수
	Token	LLM이 인식하는 문자 데이터 단위(형태소)
	파운데이션모델	일반 작업을 수행할 수 있는 기초 AI모델
인공 신경망	임베딩 Layer	입력 Text로부터 의미론적 Embedding생성
	순환신경망	현재/과거 Data고려, 순차 Data 처리
	Attention 메커니즘	입력 시퀀스의 다양한 부분에 가중치부여

  4. LLM의 기술요소

구분	기술요소	메커니즘
학습 모델	제로샷 러닝	Prompt를 통해 명시적 훈련없이 요청에 응답
	퓨샷 러닝	적은 Data로 새로운 작업, Domain 학습
	파인튜닝	용도에 따라 LLM 미세 조정과정 (후처리)
프레임 워크	랭 체인	Agent, Call back 등 기능연결 & 통합 간소화
	벡터 DB	벡터 임베딩, 유사도 기반 신속 인덱싱 DB
	Prompt 엔지니어링	원하는 결과 도출위한 Prompt 설계, 제작

- LLM은 대량의 언어 데이터 학습 & 인공신경망 활용에
따른 개인 정보유출, 환각 현상 등의 문제점 발생 가능,
검색 증강 생성 (RAG), 합성 데이터 등 사용필요

4. LLM 활용시 문제점 & 대응방안 (개선)

문제	검증되지 않은 응답 생성 (환각)
개선	신뢰지식 베이스 기반 검색 증강 생성 (RAG)
문제	훈련 Data 확보 어려움, 개인 정보 유출
개선	개인 정보 없이 실제와 유사한 합성 데이터 사용
문제	편향된 결과 및 응답 품질 저하 발생
개선	Prompt 엔지니어링 기반 최적 입력 설계
문제	LLM 확장/Release 어려움
개선	랭 체인, Vector DB 등 기반 Framework 적용

"끝"

문 187) RAG (Retrieval Augmented Generation)

답)

「의 정의

1. 외부 지식 참조, RAG (Retrieval Augmented Generation)

- 대규모 언어모델 (LLM)의 출력을 최적화 하기위해 응답 생성전 외부의 신뢰할수 있는 지식을 참조하여 증강(Augmentation)하는 기술

2. RAG의 메커니즘과 기술요소

가. Retrieval Augmented 의 메커니즘

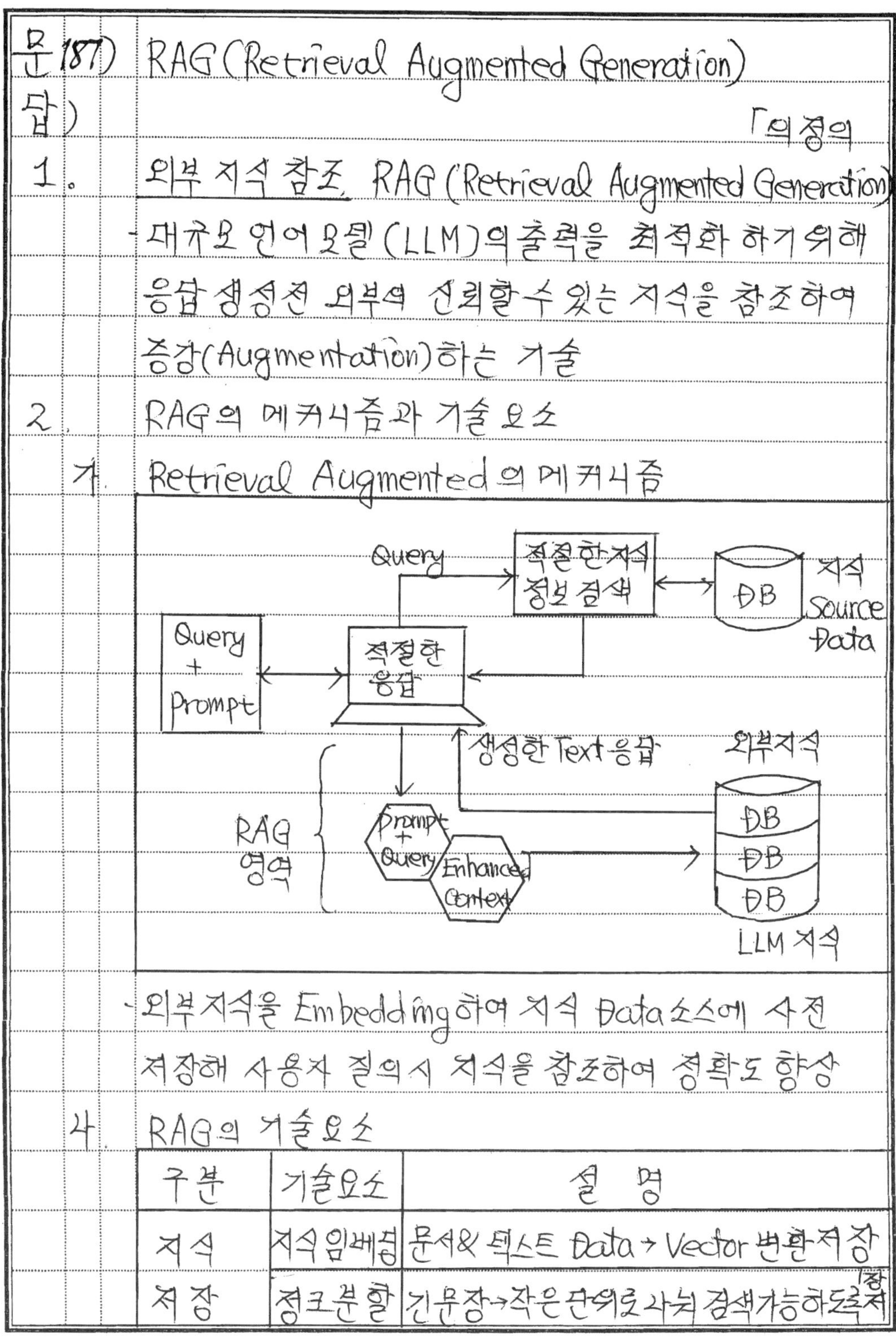

- 외부지식을 Embedding 하여 지식 Data소스에 사전 저장해 사용자 질의시 지식을 참조하여 정확도 향상

나. RAG의 기술요소

구분	기술요소	설명
지식	지식 임베딩	문서& 텍스트 Data → Vector 변환저장
저장	청크분할	긴문장→작은 단위로 나눠 검색가능하도록저

측면	벡터DB	임베딩된 Vector 저장, 유사성 검색 수행
	Indexing	저장된 문서 & Data의 빠른 검색 위함
	질의 임베딩	Query를 Vector 변환, 지식 Data와 비교
검색	동적 검색	사용자 Query 기준, 실시간 관련 정보 검색
증강	지식 통합	검색 결과 결합, 하나의 응답으로 생성 과정
측면	신뢰성	검색 정보와 일치 하는지 여부 검토,
	필터링	응답(Response) 품질 보장

- 정확도 향상 위한 Multi-Modal RAG 진화

3. RAG의 진화, MM-RAG (Multi-Modal RAG)

- 다양한 형식의 Data를 Embedding 하여 Vector Database에 저장 후 Multi-Modal 질의에 대한 지식을 참조

"끝"

문 188) 검색 증강생성(CRAG, Retrieval Augmented Generation)

답)

1. AI 환각 해소, RAG의 정의 & 필요성

가. LLM 최적화, Retrieval Augmented Generation 정의
- 생성형 AI 모델의 정확성과 신뢰성 향상을 위해 응답 생성전 외부의 신뢰할수 있는 지식 베이스를 참조하는 대규모 언어 모델(LLM) 최적화 기술

나. The Fact 실현, RAG의 필요성

거대언어모델(LLM)의 문제점	- 오래 되거나 일반적인 정보 제공, 최신 정보 부재
	- 신뢰할수 없는 출처로부터 응답 생성 & 답변
	- 가능한 답변이 없으면 허위 정보 제공
	- 용어 혼돈등으로 응답 부정확

▽ RAG 적용 ▽

검색증강생성(RAG)의 필요성	- 뉴스등 정보 소스 직접 연결로 최신 정보 제공
	- 소스 (원본)의 저작자 표시로 정확한 정보 제공
	- 비용, 효율적인 파운데이션 모델 구현
	- 관리자가 적절한 응답을 생성 하도록 관리 가능

- RAG는 사실에 근거한 최신 정보를 통해 AI환각 현상 등 거대 언어 모델(LLM)의 문제점을 해소하고 사용자 질의에 대한 응답을 최적화함

2. RAG의 동작절차 & 구현기술

가. RAG(검색 증강 생성)의 동작 절차

기업 데이터 → 문서 검색 & 수집 → 전처리 문서 → 문서 → 임베딩 모델 → 문서 임베딩 → Vector DB (Langchain, LlamaIndex)

사용자 → 질의 / 응답 → 챗봇 Web App. → 사용자 질의 → 질의임베딩 된 질의 → prompt, 질의, 개선된 컨텍스트 → LLM

스트리밍 텍스트 응답(생성)

문서등 수집 데이터에 대한 임베딩 모델을 활용하여 문서 임베딩을 Vector DB에 저장후 사용자 질의 발생시 연관된 정보를 시맨틱 검색하여 획득된 정보를 바탕으로 질의 컨텍스트 개선 & 최적화

나. 검색 증강 생성(RAG)의 구현기술

1) 검색기(Retriever)의 구현기술

구분	구현기술	핵심 기능
시맨틱 표현	청크(Chunk) 최적화	입력된 문서를 적당한 크기의 조각(Chunk)으로 분할하고 적절크기로 조절
	임베딩 모델 미세조정	청크(Chunk)와 질의를 의미론적 공간에 임베딩하는 단계에서 미세 조정을 통해 더 정확한 의미론적으로 표현 도출
질의와 문서	질의 재작성	원래 질의와 문서간 의미론적 일치를 향상시키기 위해 질의를 변형

		일치화	임베딩 변환	질의와 문서를 동일한 의미론적 공간에 매핑(Mapping)하여 관련성 향상
		검색기와 LLM	LLM 감독학습	대규모 언어 모델(LLM)로부터 피드백 신호를 받아 임베딩 모델을 파인튜닝
		일치화	어댑터 플러그인	외부의 어댑터를 추가적으로 부착(plug-in) 하는 방식으로 정렬

2) 생성기(Generator)의 구현기술

구분	구현기술	핵심 기능
검색 결과 후처리	정보 압축	방대한 입력정보 압축하여 크기를 감소
	순위 재설정	결과 문서 재배열하여 관련성 높은 항목을 상위 배치 (우선 순위화)
생성기 최적화	최적화 Process	일반적인 파인 튜닝(Fine Tuning)방법과 유사하게 모델(Model) 학습
	대조 학습 활용	다양한 유형의 데이터(Data)를 사용하여 일반화 능력향상

3. 증강 방법(Augmentation Methods)의 구현기술

구분	구현기술	핵심 기능
증강 단계	사전학습	Text 생성품질을 향상시키고 세부 작업에서 잘 동작하는 기본 모델을 제공
	파인튜닝	정보 검색을 개선하기 위해 REPLUG, UPRISE 등의 방법사용

				추론	정보 검색 & 생성을 개선하기 위해 DSP, DREA-ICL 등의 방법을 사용
		데이터 소스증강	비정형 Data 증강	프롬프트 Data나 언어 Data 등 Text Data Source를 포함, 언어모델 예측개선
			정형 Data 증강	검증된 고품질 Data 컨텍스트와 정확하고 신뢰할 수 있는 정보를 제공
		증강 Process	반복적 검색	사용자의 질의(Query)와 모델이 생성한 Text를 기반으로 추가 문서를 수집
			적응형 검색	검색 타이밍과 내용을 능동적으로 판단하고 최적화하여 검색 대상에 접근

- REPLUG 방식 : 검색된 문서의 확률분포를 계산
- UPRISE 방식 : LLM 파라미터 고정, 프롬프트 검색기 가이드

RAG 주요지표	- 답변충실성, 답변관련성, 문맥관련성
RAG 기능평가	- Noise 견고성, 부정적 거부, 정보통합, 사실적 검증

- LLM에 검색 증강 생성을 적용하여 기술, 정책, 매뉴얼, 동영상, 로그(Log) 등을 지식 베이스로 전환하여 LLM의 신뢰성을 향상 시키고 현장 지원, 직원 교육, 개발자 생산성 등 다양한 분야에서 활용 가능.
- 외부 지식이나 검색 정보 의존 등 한계점 존재

4.	RAG의 한계점 & 개선 방안	
	한 계 점	개 선 방 안

	①외부 지식 & 검색 정보에 의존. ②창의적인 콘텐츠 생성이 제한 ③민감 데이터 접근으로 개인정보보호문제	①콘텐츠 추천 & 가상비서←개인 맞춤형 ②강화학습 등 타 AI 기술과 통합 하이브리드모델적용 ③합성 데이터 기반 개인 정보 접근 최소화

- RAG는 창의적 콘텐츠 생성이 어렵고 개인정보보호문제 등을 가지고 있지만 신뢰성을 확보한 LLM 사용이 가능하므로 챗봇, 개인 맞춤형 가상비서 등에 사용 가능 예상

"끝"

문 189) 그래프 (Graph) RAG

답)

1. 데이터간 맥락 파악, Graph RAG 개념 & 특징

개념	특징
생성형 AI 모델의 복잡한 관계 추론을 위해 Graph의 노드-엣지 기반 데이터의 맥락관계를 이해 하는 대규모 언어모델(LLM) 최적화 기술	- 복잡한 관계추론 - 전체 맥락 파악 - 명시적 지식구조화 - 설명가능성 지원

- 기존 Vector RAG는 Chunk 단위로 데이터 처리, 전체 연결 관계 (맥락)를 놓치고 지식구조화 어려움
- 맥락 관계 이해를 위해 Graph RAG가 적용됨

2. Graph RAG의 동작 & 동작 원리

  가. Graph RAG 동작 Flow

Data → Graph 생성 → Graph → 연관성 구성 → 연결 정보 → Graph RAG → LLM

연관성 탐색

사용자 ⇄ (질의 / 응답) 챗봇, Web App → 사용자 질의 → 프롬프트 → LLM

스트리밍 Text 응답 (생성)

- 프롬프트 생성시 Graph RAG 적용

  나. Graph RAG 동작원리

단계	동작원리	내용
1단계	① 지식 Grape	- 문서, DB, Webpage에서 정보추출

		구축	-노드/엣지 관계 표현
Graph 구축 & Indexing	② Grape 저장 & 인덱싱		-노드/엣지 정보 → Graph DB에 저장 -그래프 구조 Indexing, 그래프 임베딩
	③ 정보그룹화 & 요약		-대규모 연관정보에 탐색 알고리즘 적용
2단계 검색 & 생성	④ 질의분석 & 쿼리 변환		-질문의도 파악 & 관계 식별 - Graph QL (Query Language)
	⑤ Graph 탐색		-변환된 Query 기반 정보 탐색 - Multi-hop 추론 (Reasoning)
	⑥ 컨텍스트 구성		-탐색 결과인 구조화된 정보 가공 - LLM 활용 가능 컨텍스트 형태로 변환
	⑦ 답변 생성		- 컨텍스트와 원본질의를 LLM에 전송 -사실 관계 정보 기반 최종 답변 생성

다. Graph RAG에서 Node와 Edge

- Graph 기반, 정보 표현으로 단순 Text 검색이 아닌

지식 간의 연결성 활용, 더 정교한 답변 생성

- Node와 Edge를 통해 N/W 형성, 질문 의도 파악

하고 관련 정보를 깊이 있게 Search (검색, 탐색)
및 생성가능 (생성형 AI에 활용가능)

3. Vector RAG와 Graph RAG 비교

항목	Vector RAG	Graph RAG
검색 방식	의미유사성, 단 임베딩 Vector거리계	관계정보, 지식 Graph 노드-엣지 탐색
처리 Data	비정형 Data (문서, Text, 오디오등)	정형 + 비정형 Data (RDB, Table, CSV)
매칭원리	키워드/의미유사도 수준	Data간 맥락관계이해
장점	빠른검색, 확장성	문맥이해, 관계추론
단점	문맥손실가능, 관계표현불가	초기비용↑, 성능문제
활용 사례	의미/문서 검색, 간단한 Q&A	복잡한 관계분석, 설명가능한 AI (xAI)

- Vector RAG와 Graph RAG 결합한 Hybrid RAG
적용과 Light RAG, Node RAG 등 Graph 기반
Indexing 활용한 기법으로 복잡한 질문에 대한
다 단계 추론 (Multi-hop Reasoning)에 강점이 있음

"끝"

문 190) 벡터 데이터베이스 (Vector Database)

답)

1. 신속검색, 빠른 처리, Vector Database 개념, 필요성

　가. 유사도 비교 기반, 벡터 DB의 정의

대량의 고차원 Data 저장 & 조회 위해 컨텐츠 벡터 임베딩 & Query Vetor 유사도 비교 기반의 신속하게 인덱싱(Indexing)하는 Database

　나. 고차원 Data, LLM 등, Vector DB의 필요성

- 고차원 Data 저장 & 조회 (Query) 수요 증가
- Data 내용의 유사성(Similarity)에 따른 맥락이해
- AI Service의 신속한 연산 처리요구 (Quick Response)
- 대규모 언어 모델(LLM)에 장기 기억 메모리 필요

　다. 최적화 (저장/조회), Vector DB 필요성

- AI Appl.은 Vector Embedding에 의존하고 다수의 속성(Attribute)/특징(Feature)으로 관리하기 어려움
- Embedding Data 최적화 & 저장/조회위해 특화 필요
- Vector DB 기반 AI서비스에 시멘틱 정보검색, 장기 기억 메모리(Memory)등 고급기능 구현 가능

2. Vector Database 동작과정 & RAG 동작 절차

　가. Vector Database 동작과정

- Indexing → Querying → Post Processing 순 동작

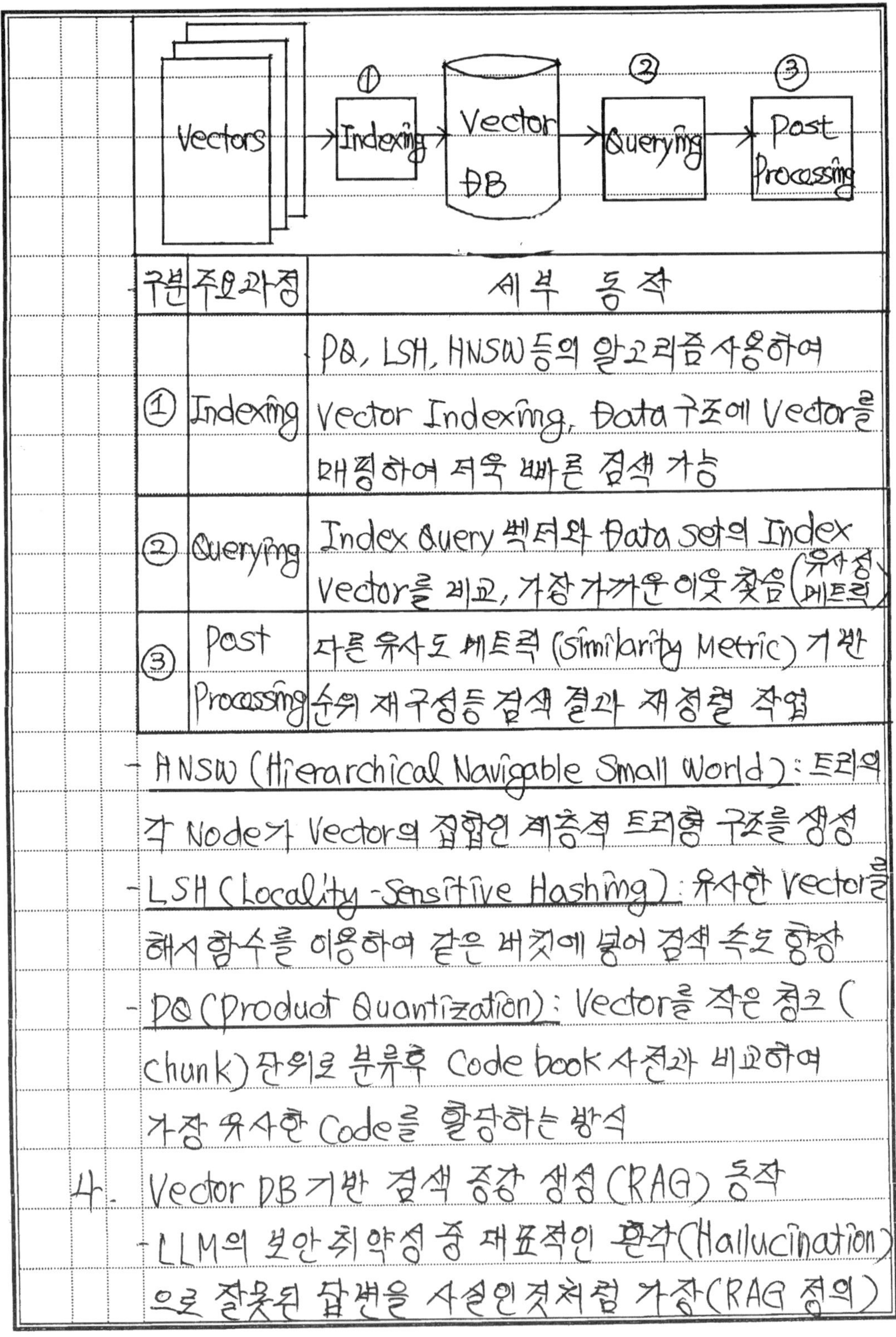

구분	주요과정	세부 동작
①	Indexing	PQ, LSH, HNSW 등의 알고리즘 사용하여 Vector Indexing, Data 구조에 Vector를 매핑하여 더욱 빠른 검색 가능
②	Querying	Index Query 벡터와 Data set의 Index Vector를 비교, 가장 가까운 이웃 찾음 (유사성 메트릭)
③	Post Processing	다른 유사도 메트릭 (Similarity Metric) 기반 순위 재구성 등 검색 결과 재정렬 작업

- HNSW (Hierarchical Navigable Small World) : 트리의 각 Node가 Vector의 집합인 계층적 트리형 구조를 생성
- LSH (Locality-Sensitive Hashing) : 유사한 Vector를 해시 함수를 이용하여 같은 버킷에 넣어 검색 속도 향상
- PQ (Product Quantization) : Vector를 작은 청크 (chunk) 단위로 분류 후 Code book 사전과 비교하여 가장 유사한 Code를 할당하는 방식

4. Vector DB 기반 검색 증강 생성 (RAG) 등작
- LLM의 보안 취약성 중 대표적인 환각(Hallucination)으로 잘못된 답변을 사실인 것처럼 가장 (RAG 정의)

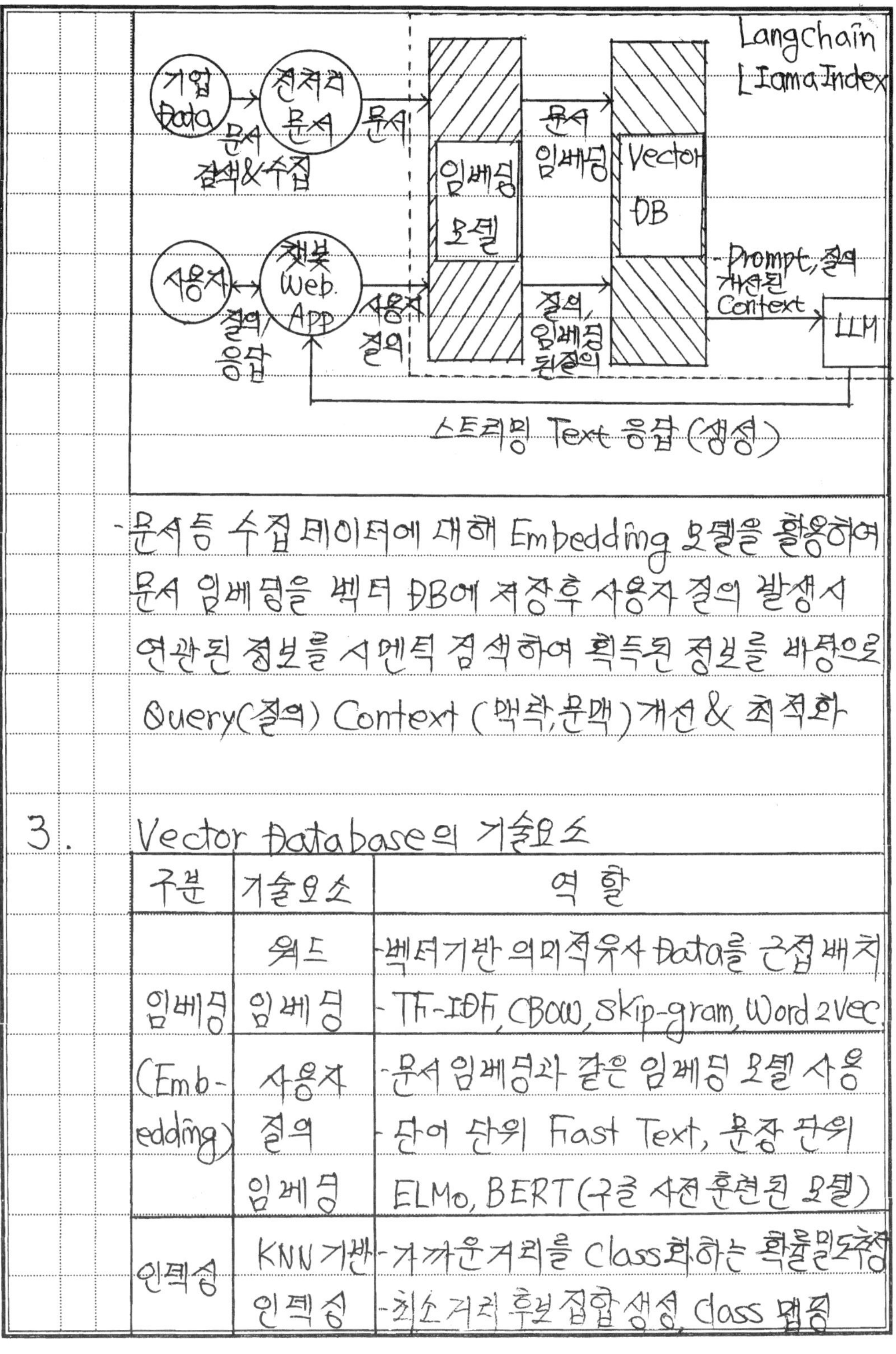

-문서 등 수집 데이터에 대해 Embedding 모델을 활용하여 문서 임베딩을 벡터 DB에 저장후 사용자 질의 발생시 연관된 정보를 시멘틱 검색하여 획득된 정보를 바탕으로 Query(질의) Context (맥락,문맥) 개선 & 최적화

3. Vector Database의 기술요소

구분	기술요소	역 할
임베딩 (Emb-edding)	워드 임베딩	-벡터기반 의미적 유사 Data를 근접 배치
		-TF-IDF, CBOW, Skip-gram, Word 2Vec
	사용자 질의	-문서 임베딩과 같은 임베딩 모델 사용
		-단어 단위 Fast Text, 문장 단위
	임베딩	ELMo, BERT (구글 사전 훈련된 모델)
인덱싱	KNN 기반	-가까운 거리를 Class화 하는 확률밀도추정
	인덱싱	-최소 거리 후보 집합 생성, Class 멤핑

			Indexing 기반인덱싱	SPTAG	-입력 Query를 벡터로변환, 신속검색 -Graph 분할기법, Fast 이웃검색
			유사도 비교	코사인	-두벡터사이의 각도기반 유사도 측정
				유사도비교	-각도가 작을수록 유사도 증가
				유클리디안 거리 비교	-두벡터사이 직선거리기반 유사도측정 -직선 거리가 가까울수록 유사도증가
			LLM 프롬프트	프롬프트 엔지니어링	-생성형 AI입력 prompt 설계 & 제작 -퓨샷 러닝, 메트릭 러닝, GNN
				결과추출 &시각화	-결과 추출 데이터의 시각화 도구 연계 -Metabase, Superset, Redash, Grafana등
			프레임 워크	검색 증강 생성(RAG)	-외부 신뢰가능 지식 베이스참조, 최적화 -검색기, 생성기, 파인튜닝, 추론, 데이터 증강
				랭체인 (Langchain)	-LLM서비스 언어모델콜백등 기능연결 -Callback, Chain, Model I/O 등

- <u>BERT(Bidirectional Encoder Representation from Transformers)</u>: 구글이 공개한 사전 훈련된(pre-trained)모델 (트랜스포머의 인코더를 쌓아올린 구조)
- <u>SPTAG</u> : M/S의 Open Source 기계학습 알고리즘
- 기존 스칼라 기반 Database & standalone Vector Index에 비해 고차원 Data 접근성, 확장성등 장점 있지만 대용량 Storage가 요구되고 Query & Data 최적화가 어려움

4	Vector Database의 한계점 & 대응방안	
	한계점	대응방안
	- 검색 정확도와 속도간 Trade-off 관계	- KNN 기반 유사도 작업, SPTAG 활용 검색 성능향상
	- Embedding 관리용 대용량 Storage (스토리지) 요구	- 효율적인 임베딩 (Embedding) 모델로 Vector Embedding 개선, 최적화
	- 전문 Query & Data 최적화 어려움	
	- 특화된 AI 반도체 적용 & Computing 능력필요	- GPGPU, 뉴로모픽칩 등 AI 전용 Computing 반도체 활용

- 향후 Vector DB 기반 대규모 언어 모델을 통해 장기 기억 Memory & 데이터 내용유사성에 따른 고품질 생성형 AI 서비스가 제공될 것으로 예상

"끝"

문 191) 프롬프트 엔지니어링(Prompt Engineering)

답)

1. 최적 입력값 → 원하는 결과 도출, P/E 개요

- Prompt와 Prompt Engineering 정의

| Prompt | 최적입력값 → | 생성형 AI | - 최적 입력값을 통해 생성형 AI로 |
| Text, 이미지 | ← 원하는결과 | | 부터 원하는 결과 도출 |

← Prompt Engineering →

| Prompt의 정의 | - Text, 질문(query) & 이미지(Image)를 언어모델등 생성형 AI모델에 입력하는 값 |

| Prompt Engineering의 정의 | - 대규모 언어모델(LLM)등 생성형(Generative) AI로부터 원하는 결과를 정확하게 제공받을 수 있도록 prompt를 설계 & 제작하는 기법 |

2. Prompt Engineering의 부각 배경

| 기존 생성형 AI 활용 한계점 | ① 사용자 원하는 결과 범위 도출 어려움 ② 산업별 특화요소 활용부족 ③ 데이터 편향성 (Bias) ④ 학습데이터 부족시 상황 대응능력 저하 |

▽ 성능향상, 산업별특화, 투자려상, 모범사례

| 프롬프트 엔지니어링 부각 배경 | ① 사용자 희망 결과 범위 도출 ② 다양한 산업에서 생산성 향상 ③ AI모델에 최적화된 Prompt 제공 ④ 학습 데이터 부족문제 해소 |

3. Prompt 생성가이드

방 법	설 명
쉽고(Easy) 간결한 표현	-불필요한 형용사 등 문구 제거 -작은 입력(Input) 큰 변화
지시의 맥락을 함께 입력(Input)	-현재 상황 구체적으로 Input -AI Model의 현재 상황 이해
작업 조건을 구체적으로 명시	-원하는 결과를 구체적으로 Input -AI 수행 작업을 명확히 지시(order)
의문성 질문보다 구체 지시성 질문	-의문문이 아닌 지시문 Input -AI의 답변 선택 여지 차단
원하는 결과물의 예시를 함께 입력	-표, 그림등 결과 예시 입력 -필요한 결과물의 Sample 제공
충분한 테스트와 반복수행	-Prompt 최적화/추가 개선 -Guide의 방법을 반복 적용

- Good Prompt는 인공지능이 이해하기쉽게 요구 사항을 잘 정리한 것이고 반면 모호하고 불명확한 Prompt는 혼란하고 부실한 결과를 초래할수 있어 Model별 Prompt의 특성에 대한 이해가 필요

"끝"

저자 소개

저자 권영식

- 성균관대학교 정보통신대학원 정보보호학과 졸업(공학석사)
- 삼성종합기술원 연구원
- 삼성전자 선임/책임/수석 연구원
- 컴퓨터시스템응용기술사
- 정보시스템수석감리원
- 정보통신특급기술자
- 과학기술정보통신부 IT 멘토
- 데이터관리인증심사원(DQC-M)
- 韓(한) · 日(일)기술사 교류회 위원
- http://cafe.naver.com/96starpe 운영자

저자 권대호

- 연세대학교 전기전자공학부
- 중앙대학교 소프트웨어학부 컴퓨터공학사

정보관리기술사
컴퓨터시스템응용기술사 – 인공지능

2021. 6. 14. 초 판 1쇄 발행
2026. 4. 15. 개정증보 1판 1쇄 발행

지은이 | 권영식, 권대호
펴낸이 | 이종춘
펴낸곳 | **BM** ㈜도서출판 **성안당**

주소 | 04032 서울시 마포구 양화로 127 첨단빌딩 3층(출판기획 R
　　　 10881 경기도 파주시 문발로 112 파주 출판 문화도시(제작 및 물류)

전화 | 02) 3142-0036
　　　 031) 950-6300

팩스 | 031) 955-0510
등록 | 1973. 2. 1. 제406-2005-000046호
출판사 홈페이지 | **www.cyber.co.kr**
내용문의 | simon_kwon@naver.com
ISBN | 978-89-315-8995-5 (13000)
정가 | 50,000원

이 책을 만든 사람들
책임 | 최옥현
진행 | 최창동
본문 디자인 | 이다혜
표지 디자인 | 박원석
홍보 | 김계향, 임진성, 김주승, 김도희
국제부 | 이선민, 조혜란
마케팅 | 구본철, 차정욱, 오영일, 나진호, 강호묵
마케팅 지원 | 장상범
제작 | 김유석